2015年(第二批)陕西高校人文社会科学青年英才支持计划（简称"人文英才计划"）；西北农林科技大学委托项目"科技推广支撑三农发展的西农模式研究"（编号：XTG2015-44-01）；2015年试验示范站（基地）科技成果推广项目"以导向式评价机制提升农业科技推广效率的模式构建研究"（编号：TGZX2015-39）。

"西农模式"案例研究丛书

推广的力量：

眉县猕猴桃产业发展中的
技术变迁与社会转型

赵晓峰 等◎著

中国社会科学出版社

图书在版编目（CIP）数据

推广的力量：眉县猕猴桃产业发展中的技术变迁与社会转型／
赵晓峰等著．—北京：中国社会科学出版社，2017.8

（"西农模式"案例研究丛书）

ISBN 978 - 7 - 5203 - 0871 - 7

Ⅰ. ①推… Ⅱ. ①赵… Ⅲ. ①猕猴桃—产业发展—研究—眉县

Ⅳ. ①F326.13

中国版本图书馆 CIP 数据核字（2017）第 207633 号

出 版 人	赵剑英
责任编辑	马　明
责任校对	郝阳洋
责任印制	王　超

出　　版	中国社会科学出版社
社　　址	北京鼓楼西大街甲 158 号
邮　　编	100720
网　　址	http://www.csspw.cn
发 行 部	010 - 84083685
门 市 部	010 - 84029450
经　　销	新华书店及其他书店

印　　刷	北京君升印刷有限公司
装　　订	廊坊市广阳区广增装订厂
版　　次	2017 年 8 月第 1 版
印　　次	2017 年 8 月第 1 次印刷

开　　本	710×1000　1/16
印　　张	18
插　　页	2
字　　数	276 千字
定　　价	75.00 元

"西农模式"案例研究丛书

编委会主任： 钱永华

编委会副主任： 王亚平　朱宏斌　赵晓峰

编委会委员（按姓氏笔画排序）：

孔　荣　付少平　朱玉春　刘天军

张正新　吴　锋　郭占锋　赵　丹

夏显立　韩虎群

前　言

　　2011 年 8 月，我在新教工入职培训时，第一次听说西北农林科技大学创建的"以大学为依托的农业科技推广模式"，顿感眼前一亮。对于大学教授到农村帮助农民致富，我并不以为奇。因为在读本科期间，我就接触了不少走进田野从事乡村建设试验的专家。但是，一个国家重点支持的 985 高校，单设科技推广岗，推动一大批大学教师扎根泥土，以扶民致富为立身之命，却前所未闻。由此，接触、了解和深入研究这种农技推广模式，就成为我入职后想要做的一项重要工作。

　　2015 年暑期，在校科技推广处的课题资助下，我们依托西北农林科技大学农村社会研究中心，组织中国农业大学农业与农村发展学院和西南大学中国乡村建设学院的农村研究力量共同参与，成立了一支由近 10 名教师、20 多名硕士研究生和本科生构成的调研团队，分赴陕西的白水、千阳和眉县开展农技专项调查，获得了丰富的调研资料，撰写了不少的调研报告和研究论文，从而对西农模式有了初步的认识。

　　2016 年暑期，我们决定集中力量，深入眉县农村，调研猕猴桃产业发展中的农技推广机制，试图定点突破，揭示科技推广支撑三农发展的西农模式。这次调研，我们组织的研究力量来自武汉大学、华中科技大学、中山大学、南开大学、华中农业大学、海南师范大学和西北农林科技大学等高校。之后，我们决定策划出版《"西农模式"案例研究丛书》，并将丛书的第一本定名为《推广的力量：眉县猕猴桃产业发展中的技术变迁与社会转型》。于是，从 2016 年 9 月到 2017 年元月，我们又多次赶赴眉县，开展专题调研，为本书的撰写搜集更加丰富详实的材料。

　　秦岭太白山是我国猕猴桃的原生地，也是猕猴桃的最佳适宜种植区。

眉县坐落于秦岭太白山下,拥有发展猕猴桃产业的天然优势。早在 20 世纪 80 年代中期,眉县县委、县政府开始试点推广猕猴桃种植,但成效一直不明显。2005 年,西北农林科技大学与宝鸡市、眉县决定共建猕猴桃试验示范站。为加速先进实用技术普及推广,推动产业发展,2006 年,学校与眉县政府签署战略合作协议,共同实施(第一期)"眉县猕猴桃产业化科技示范与科技入户工程",由此为眉县猕猴桃产业的跨越式发展插上了腾飞的翅膀。

2006 年,眉县猕猴桃种植面积仅有 8 万亩,产量为 11 万吨。到 2016 年,眉县猕猴桃种植面积达到 30.1 万亩,产量增加到 46 万吨。目前,眉县 98% 的行政村都在发展猕猴桃种植产业,农民户均栽植猕猴桃 4.5 亩,人均 1.16 亩,从业人员数量达到 12 万人,全县人均猕猴桃收入超万元,猕猴桃已经成为农民增收致富的"金蛋蛋","一县一品"的产业发展格局基本成型。经过 10 年的不懈努力,眉县猕猴桃已经享誉国内外,其品牌价值在 2015 年已达到 91.50 亿元,是全国 59 家区域品牌(地理标志保护类)中唯一的猕猴桃品牌。

眉县猕猴桃产业取得的成绩见证了"校县合作"模式的成功,见证了农业科技"推广的力量"。10 年来,"校县合作"结下了累累硕果,西北农林科技大学的专家也与眉县人民结下了深厚的情谊。西北农林科技大学在横渠镇西寨村建立了猕猴桃试验示范站,试验站专家和眉县农技人员在科技推广过程中研发出"十大关键技术",编制出《陕西省眉县猕猴桃标准化生产技术规程》,为眉县猕猴桃产业的长期持续发展提供了强有力的技术支撑。同时,经过长期的实践探索和经验总结,试验站专家和眉县农技人员还建立起"1 + 2 + 2 + n"的农技合作推广新模式,使科教专家与基层农技力量融为一体,促进实用农技进村入户,解决了农技推广"最后一公里"的难题,提高了眉县果农的作务技术水平。西北农林科技大学专家的辛勤付出,眉县人民看在眼里,记在心里。金渠镇田家寨村的"西农路",就见证了双方在两期"科技示范与科技入户工程"实施过程中建立起的深情厚谊。

本书记录了眉县猕猴桃产业发展 10 年来的历程,阐述了农技推广体制创新的理论逻辑,总结了眉县猕猴桃产业发展的成功经验。我们用"接点推广"的理论框架来分析农技推广的内在逻辑,试图厘清现代农业科技进村入户的基本逻辑。我们认为以自然村为分界点，农业技术表现为两种截然不同的知识体系：村落之外，高等院校的科教专家和县乡农技推广人员共同分享作为科学性知识的现代农业科技；村落之内，乡村技术骨干以乡乡土专家的身份与普通农民共享的是作为经验性知识的小农耕作传统。这两种知识体系遵循着不同的技术运作逻辑，需要以自然村为接点在它们之间搭建起一套精巧的承接与转换为核心内容的衔接机制，才能真正实现农业科技推广的目标。

"接点推广"的关键是构建起农技推广的"双向轨道"：在自上而下的轨道上，现代农业科技通过高校专家、县乡农技推广人员与村组干部的连接，被输入村落社会传递给乡土专家，再经过乡土专家的翻译和转录，以可操作的实用技术的形式输出给科技示范户及其他普通村民。而在自下而上的农技需求信息传递的轨道上，农民在一线生产实践中遇到的技术难题，如果通过乡土专家依靠其掌握的既有技术资源无法提供解决办法，就可以通过村组干部等体制性力量向县乡农技推广机构反馈农技需求信息，再经由县乡农技推广机构告知高校科教专家加以技术研发，然后再通过自上而下的农技推广轨道加以化解。如此，以乡土专家为中介，现代农业科技与小农耕作传统之间的"双向轨道"就得以无缝衔接。

整体来看，在眉县猕猴桃产业发展的过程中，试验站专家和眉县农技人员构建起的"1＋2＋2＋n"的农技合作推广模式符合"接点推广"的理念，在现代农业科技与农民耕作传统之间构建起一套有机衔接机制，扭转了农技"无人推广、无心推广、无力推广"的局面，提高了农技成果的到户率、到田率和到位率，是一种建立在家庭承包经营基础上的高效模式。

但是，随着眉县猕猴桃产业的转型升级，现有的农技推广模式也面临新的挑战，农技推广开始出现明显的"内卷化"现象。为此，西北农林科技大学和眉县县党委、县政府已经开始实施第三期"科技示范与科技入户工程"，探索"龙头企业＋合作社＋基地＋农户"的发展模式，由高校提供创新技术，合作社为果农统一提供技术服务，大型企业统一收购贮运销售。眉县县域内已有齐峰果业、金桥果业等 11 个猕猴桃生产加工重点龙头企业和 146 个猕猴桃农民专业合作社，初步形成了"以大型龙头企业为引领，农民专业合作社为主体，标准化生产基地为基础"集生产、贮藏、加工、销售为一体的完整产业链,农业科技推广模式的"升级版"已初现雏形。

目前,学校正在积极推动以大学为依托的农业科技推广模式升级增效,进一步提升学校的社会服务能力和水平。按照《西北农林科技大学"十三五"发展规划》的安排部署,学校将围绕主导产业优化试验站建设布局,重点建设一批核心试验示范站,使其成为区域产业科技创新中心、技术推广服务中心、产业领军人才培养中心、国际合作交流平台和创新创业孵化器;正在抓住机遇,构建由"核心试验示范站+示范推广基地+基层推广站"组成的技术推广体系;正在根据国家实施"一带一路"的战略需要,在丝绸之路经济带沿线探索建设农业试验示范站,积极拓宽服务区域。

同时,学校已经提出,要从理论高度对我国大学农技推广实践加以凝练,到"十三五"末,形成比较完善的中国大学推广模式理论体系,指导大学推广实践,形成可复制、可推广的大学推广模式。我们希望,社会科学研究能够为构建成熟的升级版大学推广模式提供理论支持,使社会科学工作者也能够更好地实现"志在富民"的学术理想。

本书集体智慧的结晶,全书由赵晓峰负责章节布局和稿件统筹,第一章、第五章由赵晓峰和范凯文撰写,第二章、第七章由冯润兵撰写,第三章由赵祥云撰写,第四章、第六章由范凯文撰写,第八章由安永军撰写,第九章由朱战辉撰写。书稿的最终完成,还要感谢每一位参与调研和讨论的老师和同学们。

目前,依托陕西省哲学社会科学重点研究基地"西北农林科技大学陕西省乡村治理与社会建设协同创新研究中心",我们已经成立农业治理研究课题组,课题组将持续关注以大学为依托的农技推广模式,持续出版《"西农模式"案例研究丛书》,为打造升级版大学推广模式服务。

目　　录

第 一 章

"西农模式"：应运而生

第一节　我国农业技术推广体系的变迁历程

在农耕文明源远流长的华夏大地上，中国古人很早便有"民为邦本，本固邦宁"的意识。据史料记载，中国很早便开展了今人所言的农业技术推广工作。在上古尧舜时期曾有后稷"教民稼穑"，"树艺五谷"。从周朝开始设立了专门用于推广农业技术的官职和机构，进行"劝农""课桑""教稼"等事务。秦汉时期又沿袭旧制设置"劝农官"一职专事农业活动，比如秦朝的"治粟内史"、汉朝的"大农令"。[①] 新中国成立以后，我国的农业技术推广体系改制工作虽历经曲折，但最终建立了一套相对成熟的推广体系。从农技推广体系变迁的角度看，可以将我国农业技术推广体系的改制工作划分为五个时期：（1）以县示范农场为中心时期；（2）区农业技术推广站时期；（3）地、县农业技术推广站时期；（4）四级农业科学实验网时期；（5）全国农业技术推广体系时期。[②] 其中，第五个时期包括恢复发展、巩固提升和改革创新三

---

① 参见吴茂东《以高等农业院校为依托的农业推广体制研究》，硕士学位论文，山东农业大学，2005年。

② 本书中五个时期的资料，综合参考了多篇文献。其中，吴茂东的《以高等农业院校为依托的农业推广体制研究》（硕士学位论文，山东农业大学，2005年）和白亚娟的《我国农业科技推广体系研究》（硕士学位论文，西北农林科技大学，2006年）两篇文献将我国的推广体制划分为四个时期；而宋睿的《我国农技推广体系新探索》（硕士学位论文，河南农业大学，2009年）将我国的推广体制划分为六个时期；张蕾的《我国农业技术推广体系发展历程、特点及改革方向》（《中外企业家》2013年第1期）则划分为五个时期。本书采取五个时期的划分。

个阶段。①

一 "以县示范农场为中心"时期（1949—1954 年）

新中国成立之初，因为党和国家对农业生产活动的高度重视，一系列相关的政策法规陆续出台并相继实施，由此推动了农业技术推广体系的建立与完善。此阶段的主要特征是建立起一个以县示范农场为主体的农业技术推广体系，该体系的主要内容是形成一个以农场为中心，互助组为基础、劳模技术员为骨干组成的农业技术推广网络。

1951 年制定的《中共中央关于农业互助合作的决议（草案）》指出，除有计划地创办若干机耕半机耕的国营农场外，"每个县至少有一个至两个农事试验性质的国营农场，一方面用改进农业技术和使用新式农具这种现代农场的优越性的范例教育全体农民；另一方面按可能的条件，给农业互助组和合作社以技术上的援助和指导"。1952 年，农业部提出"以农场为中心，互助组为基础、劳模技术员为骨干组成技术推广网络"。这是在新形势下结合决议精神以及总结试点经验走出的推广体制改革第一步。我国最初的农业技术推广体制的构建模式和企业主导型农业技术推广体制的最初形式便诞生于此。当时该体系的主要内容包括以农业企业—农场为推广主体，以附近的农民为推广对象，以良种等物化技术为推广的主要技术，实行无偿援助式服务。管理方式上，不设专门的农业技术推广人员，行政管理主体和农场直接管理者合二为一。

1952 年 10 月，农业部在全国农业工作会议上提议建立技术指导站，要求以县为单位，根据经济区划的要求，平均每 15 万亩（一个区）设一个包括农、林、水利的综合技术指导站，并且规定技术指导站行政上受县农科所的直接领导，业务上受上级技术指导部门领导。这种在技术指导站上首创的"双重领导"管理体制打破了以行政区划分为设站标准的限制。1953 年，农业部颁布了《农业技术推广方案》，要求各级政府设立专门的农业技术推广机构，并配备专职人员开展农业技术推广工作。1954 年，农业部正式颁布《农业技术推广站工作条例》，对推广工作的性

---

① 参见夏敬源《中国农业技术推广改革发展 30 年回顾与展望》，《中国农技推广》2009 年第 1 期。

质、任务等做出了具体的规定,同时规定专区、县农场的目标由成为技术推广网络中心转变为促增产实现生产自给。这一规定的出台标志着以农场为中心的推广体制开始瓦解。

"以县示范农场为中心"的农业技术体系主要目的是迅速地恢复与发展满目疮痍的农业生产,因此其影响的范围相对较小,发挥的作用也十分有限。

二 "区农业技术推广站"时期(1955—1957年)

在农业生产得到初步的恢复与稳定后,中国政府开始大力推动发展农业生产合作社,并围绕农业生产大力推广先进成熟的农业生产技术。此阶段推广体系的主要特征表现为对基层机构的集中建设,充实与建立区农业技术推广站,更为重视总结推广较为成熟的生产经验。

1955年,农业部发出的《关于农业技术推广站工作的指示》要求农业技术推广站按县以下的行政区设置综合办站,将耕作技术、作物良种、病虫害防治、土壤肥料、新式农具、灌溉排涝、水土保持、畜牧兽医和会计辅导等纳入推广站的主要工作中。还要求农业技术推广站进行精简上层,充实基层的整顿工作,因此当时多数省撤销了省、地、县三级农业技术推广机构,充实和新建了区农业技术推广站。到1957年底,全国基本上做到了区区设站。

这个时期在全国范围内建立起来的区农业技术推广站不仅规模较大,而且重视基层力量,和农民群众的关联密切,极大地促进了当时的农业生产的发展。不足之处表现为:一方面,从体制上看,基层力量虽得到重视,但从中央到地方未能形成完整的体制架构;另一方面,由于我国当时农业技术科研力量非常薄弱,科技促农收效甚微,推广的内容主要是总结传统农业经验和推广优良品种。

三 "地、县农业技术推广站"时期(1958—1965年)

由于受国内"大跃进"和"人民公社化"运动的影响,我国农业技术推广体系第一次遭遇到巨大挫折。之后为了发展农业生产,农技推广在农业生产中的地位备受重视,县及县以上的地区行政单位内开始设置农业推广站,对农业技术推广体系进行调整与充实。并且农业技术推广机构的工作内容也由综合性向专业化方向转变。

在国家处于严重经济困难时期,政府被迫精简机构,各地的农业技术推广机构首当其冲。1959 年"精简"后,全国农业技术推广站被砍掉1/3,人员减少 2/3,许多农技人员被下放或改行。1962 年,由于国民经济实行"调整、巩固、充实、提高"的八字方针,因此农业技术推广工作再度受到重视。同年 12 月,农业部发出《关于充实农业技术推广站,加强农业技术推广工作的指示》,对设站方式、农业技术推广工作任务、工作方法、人员配备、生活待遇、奖励制度以及领导关系等做出了进一步的明确规定。各地根据这一指示精神对农业技术推广站进行了整顿、充实和加强。在一部分地区和县设立了推广站,使得推广工作在一定范围内形成体系,推广的组织体系得到恢复和加强,运行制度也得到进一步的完善。

这一时期,推广组织的领导体制是以行政领导为主,推广工作仍然实行无偿服务,政府为推广机构提供推广活动经费,推广人员的素质也有了很大提高,农业技术推广工作得到加强。此阶段农推体制最突出的特点是组织功能由综合性向专业化方向转化,主要表现为相比于 20 世纪50 年代具有综合性特色的农业技术推广机构,60 年代设立的农业技术推广站主要承担种植业的技术推广服务,一改之前农业、畜牧、水产、种子、农机、会计辅导等综合设站的方式,将畜牧兽医、种子、农机单独设站。

四 "四级农业科学实验网"时期(1966—1977 年)

由于受"文化大革命"的影响,农业技术推广体制第二次遭遇巨大挫折,农技推广体系几乎完全崩溃。因农业生产的现实需求,地方上自主艰难地探索出一些成功经验并且受到中央重视而被推广到全国。"四级农业科学实验网"正是在这种特殊的历史背景下建立,它依托当时的人民公社而存在,随着农村社会家庭联产承包责任制的兴起而瓦解。

"文化大革命"开始以后,大批农技员或被下放到农村或转业,农业技术推广体制瓦解。在农业生产不尽如人意、生产活动无人指导的现实压力下,社队干部支持并联合在农技站过去办过试验点的地方保留下来的农民技术骨干、基层农技站和插队落户的部分农技干部等技术人员建立各种形式的试验组,开展新品种、新技术的试验、示范,引导农民科学种田。1969 年,湖南省华容县在总结群众经验的基础上,县委决定创办由县、公社、大队、生产队组成的富有需求型的农技推广体制——"四级农业科学实验网"。随后,"四级农业科学实验网"的经验在湖南全省得到了推广。1974 年,中央农林部和中国科学院在华容县召开了"四级农科网经验交流会",从此在全国开始推广华容县的经验。到 1975 年底,全国有 1140 个县建立了农科所,26872 个公社建立了农科站,33.2 万个大队建立了农科队,224 万个生产队建立了农科组。1978 年,各省基本上建立了省、地(市)、县、公社四级农技推广机构。

"四级农业科学实验网"的体制特征是一种行政主导下的自给式的农技推广体制。主要内容包括在组织上依托"三级所有,队为基础"的人民公社;机构的领导主体是县、公社、大队、生产队的各级行政干部;投资主体是生产队,农技人员在生产队记工分,分粮食,年终结算时领取一部分盈余现金,上级政府部门不承担推广经费;推广的技术主要是操作技术;推广方式主要是农技员到社队蹲点,用搞样板田和运用示范、培训的方法推广农业技术。这种推广体系在当时的特殊动荡时期发挥了积极的历史作用,表现在它有助于普及农业科学技术、培养农民技术骨干以及提高农民的科学种田意识。

五 "全国农业技术推广体系"时期(1978 年至今)

1978 年,随着农村家庭联产承包责任制的推行和人民公社的解体,"四级农科网"也相应解体,"五级一员一户"的农技推广体系(即在中央、省、市、县、乡设立推广机构,村设农民技术员和科技示范户)逐步建立起来,奠定了我国农业技术推广体系的基本框架,之后虽仍有改革但此体系长居主体地位。根据推广体系的不同特征,可以将 1978 年以后的发展历程划分为恢复发展、巩固提升以及改革创新三个阶段。

第一阶段:恢复发展阶段(20 世纪 70 年代末至 80 年代末)。

这一时期,农技推广为适应农村家庭承包经营体制和农业农村经济发展的需要,建立了相应的全国性农业技术推广体系,并逐步形成了国家扶持与自我发展、有偿服务与无偿服务相结合的新机制。由于庞大的财政压力和市场化改革的影响,农业技术推广体系一方面改革财政拨款制度,将农技推广站的各项权力由县下放到乡镇;另一方面鼓励各地基层农技站积极为农业生产建设服务,多渠道争取经费来源。

人民公社的解体以及家庭联产承包责任制的发展要求作为中心的县级农科所进行适时调整。在此阶段农科所恢复之前撤销的农业技术推广站和种子、经济作物、植保等专业站,并在土壤普查的基础上新建了土肥站。1979 年 1 月,农业部召开关于农业科学试验、推广、培训中心试点县座谈会,决定在全国 29 个省、市、自治区各选择一个县作为改革试点,将原来的各个农技推广站整合成一个中心,使其成为全县试验、示范、培训、推广相结合的农业技术推广中心。1982 年,中央 1 号文件的出台,为全国县级农技推广体系建设指明了方向。同年,农牧渔业部组建了全国农业技术推广总站,将植保局、种子局分别转为全国植物保护总站、全国种子管理总站,并于 1986 年组建了全国土壤肥料总站,由此形成了全国农业技术推广体系各专业站的上层机构,标志着现代农技推广体系的初步建立。1982 年 7 月,农业部总结并肯定了 150 个县农业技术推广中心的建设经验,明确在今后十年或更长时期内,把全国两千多个农业县的"中心"都建起来。到 1989 年,全国共成立县级农业技术推广中心 1003 个,畜牧技术服务中心 198 个,水产技术推广服务中心 198 个,这标志着我国农技推广体系基本形成。

1983 年,农牧渔业部颁发了《农业技术推广条例》(试行),对农技推广的机构、职能、编制、队伍、经费和奖惩做了具体规定。同年,中央 1 号文件明确指出:"农业技术人员除工资收入外,允许他们同经济组织签订承包合同,在增产部分中按一定比例分红。"国务院 74 号文件决定,"在县以下(不含县级)工作的农林科技人员,在原来工资基础上,向上浮动一级工资,作为岗位津贴"。这标志着农技推广人员的待遇有了政策保障。

1984 年,农牧渔业部颁发了《农业技术承包责任制试行条例》,号召广大农技人员深入基层,开展技术承包活动,用经济手段推广技术。这一政策的出台表明政府鼓励各地自行解决经费来源。1985 年,中央 6 号文件提出:"要推行联系经济效益报酬的技术责任制或收取技术服务费的办法,使技术推广机构和科学技术人员的收入随着农民收入的增长而逐步增加。技术推广机构可以兴办企业型经营实体。"1989 年,国务院提出要大力加强农业科技成果的推广应用，建立健全各种形式的农技推广服务组织，进一步稳定和发展农村科技队伍等。这标志着基层农技推广体系的职能由无偿技术推广拓展到有偿技术服务，初步探索出了适应当时农业生产和农村经济发展需要的方式方法。

通过这一时期的发展建设，恢复了基层县级农技推广机构，健全了中央和省、地（市）级的农技推广机构；加强了队伍和基础设施建设，调动了推广人员的积极性。农技推广为粮食及主要农产品生产实现"丰产丰收"提供了有力的技术支撑。到1990年，全国种植业推广系统人数31.6万人，其中县乡两级有27.5万人。与1978年相比，机构和队伍都明显壮大。但是，一些地方政府实行了错误的政策导向，认为基层农技部门可以自主经营养活自己，从而对其进行"断奶""脱钩"以及"抽血"，导致农技部门遭遇到第三次较大的挫折，基层农技推广机构开始出现普遍的"网破、线断、人散"的现象。

第二阶段：巩固提升阶段（20世纪90年代初至20世纪末）。

针对出现的一些"断奶"问题，党和国家高度重视，出台与实施了法律政策以及组织实施相关的一些农业项目工程。这一时期我国出台了《农业技术推广法》，落实了乡镇农技推广"三定"工作，组织实施了丰收计划、植保工程、种子工程和沃土工程等重大项目，促进了农技推广体系的稳定和农业生产的发展。这个阶段之中，我国重视基层农技服务工作，增强其能力建设。之前实行"三定"工作后造成人员迅速膨胀，而后受到行政体制改革的影响，基层农技推广体制改革成为乡镇机构改革的重要组成部分。

1991年，国务院59号文件强调指出："为了鼓励大中专毕业生到农村第一线服务，决定把乡级技术推广机构定为国家在基层的事业单位，其编制员额和所需经费，由各省、自治区、直辖市根据需要和财力自行解决。"1992年，农业部、人事部联合颁发了《乡镇农技推广机构人员编制标准（试行）》，为稳定和充实乡镇农技推广队伍提供了政策依据。1993年，《中华人民共和国农业技术推广法》正式颁布实施，明确了我国农技推广工作的原则、规范、保障机制等，这也就标志着乡级技术推广机构成为国家在基层的全民事业单位。1995年，农业部将全国农业技术推广总站、全国植物保护总站、全国土壤肥料总站、全国种子总站合并组建了全国农业技术推广服务中心。1996 年,中央 2 号文件再次提出增加农业技术推广的经费投入。这些文件的出台,促进了乡镇农技推广机构的建设。这个时期的政策保障了基层农技人员的基本工作与生活条件,同时仍然认为农技人员可以从事有偿服务。

1996 年,全国各个乡镇开始全面组织开展"五有"(即有一支服务队伍、有工作场所、有服务设施、有服务实体、有试验示范基地)乡镇农技站活动。1998 年,中共中央办公厅 13 号文件进一步明确在机构改革中推广体系要保持"机构不乱,人员不散,网络不断,经费不减"。1998 年,党的十五届三中全会提出了"以家庭承包经营为基础,以农业社会化服务体系、农产品市场体系和国家对农业的支持保护体系为支撑"的农村经济体制基本框架。同年,农业部成立了农业社会化服务体系领导小组,并设立了办公室,统筹协调种植业、畜牧兽医、农机化、水产和农村经营管理五个系统推广体系的建设。针对一些地方在机构改革中对基层农技推广体系造成的影响,1999 年,国务院办公厅批准了《关于稳定基层农业技术推广体系的意见》,特别要求解决农技推广体系改革中的人员稳定问题。这些文件为在机构改革中稳定农技推广体系发挥了重要作用。

通过这个时期的发展,促进了农技推广体系和推广队伍的稳定,为粮食及主要农产品生产实现"高产、优质、高效"提供了有力的技术支撑。但是,"定性、定编、定岗"政策("三定"政策)的确定导致基层农技推广体系的人员迅速膨胀,利用"三定"政策时增加的编制,安置一些非专业人员进入农技推广机构是一个普遍的现象。比如 1996—2002 年,农业部课题组调查的 363 个专业站新进 1062 人,其中转业军人安置、行政机关转入人员占 30%,农技专业调入和农民技术人员转正占 9%,而新进毕业生只占 31%。[1] 到 1998 年,我国政府农业技术推广人员达到 105.8 万人,其中县乡两级达到 99.8 万人。[2] 这是我国农技推广队伍人员

---

[1] 参见中国农业技术推广体制改革研究课题组《中国农技推广:现状、问题及解决对策》,《管理世界》2004 年第 5 期。

[2] 参见黄季焜、胡瑞法、智华勇《基层农业技术推广体系 30 年发展与改革:政策评估和建议》,《农业技术经济》2009 年第 1 期。

数量最多的时期。当时政府的财政投入与人员的膨胀以及工资的增长之间存在差距,因而大多数的推广经费被用于发放人员工资,而用于业务开展的经费比重严重不足。据国务院发展研究中心的调查,这个时期我国财政支农资金仅有不足 30% 直接用于农业生产。①

第三阶段:改革创新阶段(21 世纪以来)。

面对人员膨胀以及经费与人员不匹配的问题,党和政府开始关注机构与人员精简问题。同时,乡镇机构改革、农村税费改革等政策的实施对基层农技推广体系也提出了新的要求。农业部通过积极组织试点,探索强化农技推广系统的公益性职能、剥离经营性服务,构建"一主多元"的新型农技推广体系,推进了全国基层农技推广体系的改革和建设。

2000 年,中共中央办公厅、国务院办公厅下发《关于市县乡人员编制精简的意见》后,各地纷纷把农口设在乡镇的农技推广机构合并为农业综合服务中心,其"人权、财权、物权"下放到乡镇管理。由于一些地方在具体操作中盲目减机构、减人员、减经费,使基层农技推广工作遭到明显削弱。2001 年 4 月,国务院发布了《农业科技发展纲要(2001—2010 年)》,提出积极稳妥推进农业技术推广体系改革,大力调动农民、企业等社会力量参与农业技术推广,逐步形成国家扶持和市场引导相结合、有偿服务与无偿服务相结合的新型农技推广体系。2002 年,中央 2 号文件提出:"继续推进农业科技推广体系改革,逐步建立起分别承担经营性服务和公益性职能的农业技术推广体系。"2003 年,农业部会同中编办、科技部和财政部,联合在 12 个省、直辖市开展基层农技推广体系改革试点工作。同年,农业部、中编办、科技部、财政部、人事部在北京联合召开了全国基层农技推广体系改革试点工作会议。会议后,几个部门联合下发了《关于开展基层农技推广体系试点工作的意见》,明确基层农技推广服务的公益性职能,提出逐步将国家农技推广机构承担的经营性服务分离出去,按市场化方式运行。2004—2006 年的中央 1 号文件,都对农技推广改革发展提出了具体要求。2005 年,五部办联合向国务院上报了《关于基层农技推广体系改革试点情况的报告》。2006 年,国务院下发了《关于深化改革加强基层农业技术推广体系建设的意见》,拉开了

---

① 参见刘炜《我国农村发展资金运行中的问题与对策》,《经济界》2006 年第 5 期。

全国基层农技推广体系改革的序幕。

2007 年和 2008 年的中央 1 号文件进一步提出要建立健全基层农业技术推广体系,切实保障各地的经费以及资金使用。2008 年 10 月 12 日,党的十七届三中全会通过的《关于推进农村改革发展若干重大问题的决定》对我国农业技术推广体系改革和建设做出了战略安排,要求加强农业技术推广公共服务能力建设,创新管理体制,提高人员素质。2011 年,国家"十二五"规划中明确指出要加强农业公共服务能力建设,加快健全乡镇或区域性农业技术推广、动植物疫病防控、农产品质量监管等公共服务机构,积极培育多元化的农业社会化服务组织。2012 年颁布实施的《中华人民共和国农业技术推广法》将"有利于农业、农村经济可持续发展和增加农民收入"作为农业技术推广应当遵循的首要原则,并着重区分了公益性推广和经营性推广的管理分类。2013 年,中央 1 号文件中提出,"构建农业社会化服务新机制,大力培育发展多元服务主体",即加快发展现代农业进一步增强农村发展活力的思路。国家在大力推进新型城镇化中,也在着力加快推进农业现代化和建设社会主义新农村,加快完善现代农业产业体系,发展高产、优质、高效、生态、安全农业。提高农业科技创新能力,做大做强现代种业,健全农技综合服务体系,完善科技特派员制度,推广现代化农业技术。目前,全国基层农技推广体系改革和建设正在全面展开。

当前,我国确立了构建"一主多元"农业社会化服务新体系的指导思想,突出了国家农技推广体系的公益性职能与主体地位,探索了新的推广体制、机制和方法,为粮食及主要农产品生产实现"高产、高效、优质、生态、安全"提供了有力的技术支撑。"十二五"期间,农业现代化取得显著成就。粮食生产实现"十二连增",连续三年超过 12000 亿斤,"菜篮子"产品供应充足。农田有效灌溉面积占比超过 52%,农业科技进步贡献率达到 56%,农作物良种覆盖率稳定在 96% 以上,主要农作物耕种收综合机械化水平超过 63%,主要农产品加工转化率超过 60%。① 我国农业现代化已具备坚实基础,这个过程离不开农业技术推广体系的支撑。新出台的《全国农业现代化规划(2016—2020 年)》更是强调农

---

① 参见《全面推进重点突破加快实现农业现代化》,农业部,2017 年 1 月 10 日。

业技术创新的作用，提出要把科技创新作为农业发展的根本动力。从中可见，我国农业科技成果正不断涌现，科技贡献率稳步提升。

农技推广体系经历 60 多年的不断发展，从单纯的产中技术指导发展到覆盖产前、产中、产后的社会化服务，实现了为广大农民提供更优质、更贴切的技术服务的目的。当前我国基层农技推广体系呈现出多元化的发展特征，表现为"一主多元"的农技体系，这种体系就是以政府公益性的农业科技推广组织为主体，以社会营利性推广机构以及科研单位和高校推广机构作为补充的体系。这种体系有助于将农业技术创新在体系内运作与解决，有效避免之前出现的条块分割，以及技术落后等问题。其中，高校发挥了极其重要的作用。

第二节 我国大学依托型农业技术推广模式的兴起

一 我国大学依托型农技推广模式兴起的背景

追溯历史，"大学推广"（university extension）早在 19 世纪 80 年代就有记录，其起源于英国，但是真正进行试验则开始于美国。大学推广活动是由英国剑桥大学的詹姆士·斯图亚特（James Stuart）开始实践，主要是给英国北部地区的妇女协会和男劳动者俱乐部进行讲学，他提出组建由大学指导和监督的"推广讲学"（extension lectures）中心。当然这里的推广不是指农业技术推广，而是把大学的思想和知识延伸到大学之外。剑桥大学在 1873 年正式采纳了推广讲学制度，英国的伦敦大学在 1876 年开始效仿这种体系，而牛津大学在 1878 年也开始推行这种推广讲学制度。由于经济体制和社会背景的不同，世界各国存在着多种类型的农业推广体系，美国是以大学农业推广为主导的典型代表。特别是 1914 年，美国国会通过合作推广服务的《史密斯—利弗法》，给"农业推广"赋予了新的意义，从而也形成了美国赠地学院教学、科学试验和农业推广三者结合的体制，实现了"把大学带给人民"和"用知识代替资源"的目标。

我国当前的大学依托型农业技术推广模式是个新事物，更多是结合我国农业现代化的需求，借鉴美国高校服务农业科技的职能而建立起来的。改革开放以来,由于对基层农技推广的职能和定位认识不清,我国农业技术体系经历了商业化和"两上两下"改革。① 在长期的农技体系改革过程中,我国已经逐步区分出公益性职能与经营性职能两种不同的农业技术推广方式,开始形成"一主多元"的农业技术推广体系。在这种新型农业技术推广体系中,高等学校和相关农业科研单位是我国农业科技创新的主体。农业科研院所是我国农业科学知识、人才培养和各类相关信息的创新源头和辐射基地,对农业科技的发展和社会的进步起着巨大的推动作用。

目前全国有独立建制的高等农业院校 37 所,其中高等农业本科院校 31 所,高等农业专科院校 6 所。60 多所农业高校以及相关的科研单位参与到农业技术推广之中,可以有效地改善农业科技推广人员的知识结构与科技素质,有效提高农业科技成果转化率。据农业部科技司统计,全国所有农业大学中有 30 多个国家重点学科、4 个国家重点实验室,平均每年有 300 多项科研成果获得省级以上的奖项,高校已经成为农业科技成果发明的主力军。但是,我国农业科技成果的转化率远低于欧美等发达国家(70%—80%)的水平,且真正形成规模的不到 20%。大量农业科技成果停留在科技创新阶段,农业技术的"棚架"尚未形成。

《农业科技发展纲要(2001—2010 年)》明确提出要以改革为动力,加速新型农业科技创新体系的建立。2004 年,中央 1 号文件明确指出,"支持农业大中专院校参与农业技术的研究与推广",这就为大学进行农业科技推广模式创新和参与农业技术推广工作提供了依据。2012 年,中央 1 号文件聚焦农业科技,提出"要提升农业技术推广能力,引导高等学校、科研院所成为公益性农技推广的重要力量,强化服务'三农'职责"。这才明确要求农业科研和教育机构要积极开展农业科技推广服务,大力鼓励其建立农业科技推广示范基地,集成、示范、推广最新农业科技成果。② 同年 8 月底通过的《推广法》进一步要求:农业科研单位和有

---

① 参见黄季焜、胡瑞法、智华勇《基层农业技术推广体系 30 年发展与改革:政策评估和建议》,《农业技术经济》2009 年第 1 期。

② 参见刘光哲《中美大学主导型农业科技推广体系的比较研究——以西北农林科技大学农业科技推广模式为例》,《西安电子科技大学学报》(社会科学版)2010 年第 3 期。

关学校应当适应农村经济建设发展的需要，开展农业技术开发和推广工作，加快先进技术在农业生产中的普及应用。这些相关法律为农业大学主动参与农业科技推广服务工作提供了政策依据。总体来说，农业高校进行科技推广工作，增强为"三农"服务的能力，不仅是高校办学理念的升华，也是高校服务社会的一种具体实践形式。①

二 大学依托型农技推广模式的典型案例②

"太行山道路"是 1986 年河北农业大学开创的我国较早的"大学依托型农业技术推广模式"。20 世纪 90 年代末，许多高校为破解农技推广的"最后一公里"难题，进行了积极的探索。1999 年，西北农林科技大学根据宝鸡市农业发展需要，由地方政府出资在 10 个县区共同建了 32 个科技专家大院；南京农业大学自"九五"时期开始推行送科技下乡的"科技大篷车"活动，2003 年又与江苏省连云港市合作实施了"百名教授科教兴百村小康工程"，在此基础上进一步发展产生了"专家工作站"模式；2004 年湖南农业大学正式启动"双百科技富民工程"；西北农林科技大学经过多年的实践后，在 2005 年建立试验示范站；河北农业大学于 2006 年提出"一县一业一园农业科技示范工程"；湖南农业大学经过十余年的探索，2005 年提出"双百科技富民工程"；2009 年，东北农业大学建立"大庆模式"、中国农业大学在曲周首创"科技小院"；2010 年，浙江大学形成"农业推广联盟"模式等。由此可见，许多大学为探索新型"大学模式"都做出了积极尝试，并取得了较好的效果。

（一） 河北农业大学的"太行山道路"

"太行山道路"属于"农业综合开发"模式。从 1979 年起，河北农业大学承担和实施了河北省政府的科技项目——"太行山综合开发"。在

① 参见孙武学《创新大学农业科技推广机制增强服务新农村建设能力》，《中国高等教育》2006 年第 24 期。

② 这些典型案例，综合参考了多篇文献。请参见刘光哲《以大学为依托的农业推广体系的构建》，《西北农林科技大学学报》（社会科学版）2007 年第 1 期；许明、朱世桂《农业高校产学研合作创新的实践与对策建议》，《农业科技管理》2007 年第 6 期；于水、黄自俭、钱宝英、袁登荣《基于高校为依托的农业科技推广体系研究》，《科技与经济》2008 年第 5 期；赵丽华《高校依托型农业技术推广体系研究》，硕士学位论文，浙江大学，2012 年；申秀霞《我国农业大学科技推广模式优化研究》，硕士学位论文，西北农林科技大学，2016 年。

这一项目的推动下，河北农业大学将自身的教学力量与农村服务实践相结合，通过对贫穷落后地区的综合开发，提高当地农民的科技素质和文化水平，帮助农民摆脱贫困、走上富裕之路，其目的是改变太行山山区的生态环境，探索帮助农民迅速脱贫的途径。通过建设科技示范基地、农民示范户、农民夜校，扶持农民协会和青年志愿者服务队来进行农业科技推广工作。20多年来，当地的科技成果贡献率从开发前的14%增加到40%以上，创造了近100亿元的社会经济效益。

（二）南京农业大学的"产学研合作模式"

作为教育部直属，国家"211工程"重点建设的南京农业大学，其产学研模式的探索历经三个发展阶段。一是20世纪80年代到90年代中期推行的"科技大篷车"模式，是一种以实现农业发展、农民增收、农村经济繁荣为目的的送科技下乡综合服务模式，其主要形式是培训讲座、科技咨询、现场指导、赠送资料、考察规划等。"科技大篷车"的行程已有几十万公里，遍及江苏、江西、安徽、湖北等地的60多个县（市）、500多个乡村，每年有3000人次的师生在乡村蹲点和巡回指导。据初步统计，通过多种形式的科技推广活动和项目实施，为社会培训人员十多万人次，累计创造社会效益300多亿元。二是21世纪初与连云港市合作的"百名教授兴百村工程"模式。2003年3月，南京农大百位专家对接服务100个村并建立长期的合作关系，"双百工程"取得了初步成效。三是实施科技创新战略，与企业进行产学研合作阶段，形成了特色产业建设模式、双向成果转化模式、园区规划模式、成果转让服务与龙头企业模式等。学校充分利用专业优势和人才优势，全面实施创新能力建设，积极推进产学研合作，以实际行动为新农村建设服务，为统筹城乡协调发展做出了积极贡献。

（三）东北农业大学的"农业专家在线"和"大庆模式"

2002年，东北农业大学建成并运行"农业专家在线"，其实质是"农业信息咨询模式"，学校将农学、植物保护、畜牧、兽医、食品科学、农业机械等10个学科30多名专家作为"农业专家在线"的在线专家，负责提供科技咨询、农情分析、市场评估、国内外农业科技动态、灾害预测及病虫治、畜禽疾病防治等方面的服务。现已发布信息11000多条、平均日访问量3000多次，"农业专家在线"日益成为黑龙江省与国内外交流农业科技信息的窗口。2009 年起,东北农业大学向大庆市集中选派 33 名中青年专家赴杜蒙县、大同区、肇州县任职科技副县(区)长及科技副乡(镇)长,下派专家依托各自学院,联合组建科技指导服务队伍,扎根村屯开展面对面的支农服务。通过为当地村屯做规划、搞科技培训、培养村屯科技明白人、技术推广骨干、种养殖大户,建立了"大学—县市区—乡镇—村屯"直插基层的科技传播网络。这种做法之后被总结为"大庆模式"。

(四) 湖南农业大学的"双百科技富民工程"

自 2005 年以来,湖南农业大学动员 100 名教授带队,组成由研究生、本科生参与的示范团队,深入全省与 100 个农业大户或农业产业化组织进行对接,构建起一个以大学为中心的农技推广新网络。"双百科技富民工程"在三湘农村已经产生了广泛的经济社会效益。这种合作方式成为高校与地方的"联姻",具体做法是:在湖南省不同的经济生态区域,选择 100 个种植、养殖、加工业的农户、企业或农民合作社成立示范基地,湖南农业大学组织 100 个由专家教授、中青年教师、研究生和高年级的大学生组成的科技服务小组,这些小组与示范基地制订 3—5 年的科技对接服务计划,进行优良品种和先进适用的新型技术推广和示范,并以他们为中心,辐射带动 100 个乡村农业经济的发展。在激励机制的建设方面,湖南农业大学把农业示范基地的建设和推荐申报课题有效结合起来,做得好的教师可以获得优先推荐申报课题的资格;对于长期在一线从事农业科技推广服务的小组成员,在评职称的时候给予一定的倾斜,表现出色的还会给予一定的奖励。"双百工程"实现了教学、科研、示范、推广、培训相结合,为建设社会主义新农村提供了重要的技术支撑,是一种新型的农业科技推广模式。

(五) 中国农业大学的"科技小院"

2009 年,曲周"双高"示范基地首创以"科技小院"为核心的综合配套农业技术创新和服务体系。2012 年 12 月,科技小院模式在全国正式做示范推广。2015 年 5 月,科技小院在全国增至 55 个,根据不同的农业种植类型全方位地服务于当地农业,全国科技小院网络基本成型。以曲周"科技小院"为例,推广体系由科技小院、科技人员、科技农民、科技试验田、科技示范方、宣传设施、服务设施、科技培训设施组成;通过科技人员融入基层生活，围绕生产问题开展"双高"技术的集成创新与示范推广以推动农村文化建设并探索人才培养的模式；通过高校科技人员与政府推广人员的最优组合，促进研究与应用的结合、科研院所与地方的融合。"科技小院"各要素（政府、学校、教师、学生、农民、企业）间的良性互动打通了供需双向沟通渠道。"科技小院"相对独立，县政府不直接干预其活动，其筹资渠道是多元的，但主要来源是中央和地方政府的科研项目。曲周"科技小院"的主要技术支撑来源于中国农业大学，并借力于全国的技术网络。

（六）浙江大学"农业推广联盟"模式

2010 年，在省委省政府的支持下，浙江大学在湖州原有的农业科学试验站、农业技术推广平台建设和运行的基础上，深化农业科技推广体系改革的实践，开展了"1 + 1 + n"的农业推广联盟建设，即浙江大学为主的专家团队（1），有机整合当地的农业技术推广力量（1），共同服务于当地的 n 个农业主导产业和农业龙头企业、合作社，建立了联盟领导小组和联盟理事会。学校已有近 40 位教师被聘请为农业主导产业的首席专家，开创了政府支持下有机整合现有农业技术推广力量的农科教、产学研一体化的农业科技推广新模式。

第三节 "西农模式"的发展历程

一 "西农模式"的形成过程①

西北农林科技大学建校 80 多年来，一直将服务区域农业和农村经济社会发展作为一项重要任务。早在 1934 年建立之初，学校就把"经国本，解民生，尚科学"作为办学的宗旨，并且专门设立了农村事务处，积极对接与处理农村事务。之后更是成立了全国唯一一个农业技术推广

---

① 2012 年 9 月，陕西省咨询委员会撰写报告《一种创新型的农业技术推广模式——西北农林科技大学面向区域主导产业建立试验示范基地的调查》，对西北农林科技大学创建的"以大学为依托的农业技术推广模式"给予充分肯定。陕西省原省委书记赵乐际、原省长赵正永等分别作了批示。赵乐际批示，应重视"西农模式"的总结和推广；赵正永批示，我省农技推广模式要进一步完善。参见李晓春《我校创立的"西农模式"得到陕西省委省政府领导肯定》，《西北农林科技大学报》，2012 年 9 月 28 日。

处,专门从事农业技术培训与推广工作。1998 年,西北农林科技大学与宝鸡市人民政府探索建立"农业科技专家大院"。这种合作方式主要是借助于农业示范基地,通过西北农林科技大学派送专门的科技专家到基地,主要开展信息咨询和技术培训,带动当地农业产业化与规模化发展。这种合作主要形成了五种基本模式:一是"专家 + 龙头企业 + 农户"的科技产业化模式;二是"专家 + 技术推广机构 + 农户"的科技推广模式;三是"专家 + 科技企业 + 农户"的科技推广模式;四是"专家 + 中介组织 + 农户"的科技推广模式;五是"专家 + 科技示范园"的科技推广模式。为此,西北农林科技大学共建立了 32 个农业专家大院,创造社会经济效益 5 亿多元。其模式主要是以建立农业科技示范基地为主体,以建立信息化咨询服务网络和农业科技培训体系为两翼的科技推广平台,以科技示范户、农村经济合作组织和龙头企业为结合点,带动、组织农民开展农业产业化经营,从而实现农业发展、农民增收、农村经济繁荣的艰巨任务和目标。①

为了有效解决农业科技推广"最后一公里"问题,更好地服务三农发展,西北农林科技大学在国内率先提出了建立"以大学为依托的农业科技推广新模式"的构想,并得到了国家相关部委和陕西省委、省政府的重视和支持。十多年来,西农一直坚持以创新内部管理机制为动力,以服务区域主导(或特色)产业为切入点,以在区域产业一线建立集产学研于一体的试验示范站(基地)为依托,以科技示范、培训和信息服务为主要方式,积聚全校科技力量,深入探索农业科技推广新模式,走出了一条充分发挥大学科技人才优势、加速农业科技成果转化、服务区域经济发展的新路子,为我国农业科技推广模式的改革和创新提供了新思路。

二 "西农模式"的运作机制

自 2005 年起,西北农林科技大学就将"产学研紧密结合"的办学理念写到"大地"上,将农业科技融入到生产一线的推广实践中,并且由

---

① 参见陈俊《大学依托型农业科技推广模式的思路与实践——以西北农林科技大学为例》,《湖北农业科学》2014 年第 8 期。

此形成了一条"大学→试验示范站(基地)→基层科技骨干→科技示范户→农户"的农技推广"大学模式"(以下简称西农模式)。该模式以示范站和基地为桥梁和纽带,依托学校科技人才资源优势,在产业中心区建设试验示范站进行科研、试验、示范等活动。每个试验站都具备科研、示范推广、人才培养、国内外交流"四位一体"功能,实现了大学专家和基层农技推广力量的有机结合。通过建立核心示范园作为样板,指导涉农公司或示范户建一批示范园,结合农时开展各级各类科技培训等方式,培养基层农业技术骨干,辐射带动农户,实现新科技成果的示范推广。通过建立技术信息服务体系即以专家远程服务系统及产业技术网站为主体形式,提供实用知识、咨询服务和技术指导,并且将这些方面统合联结,实现产学研紧密结合。[①]

目前,西北农林科技大学已经在全国6个省区15个市23县(区)建立了24个试验站,在15个省36个市县(区)建立了40个示范基地,走出了农业高校服务"三农"发展的新路子。整体来看,西农模式主要体现为以下五个方面:

一是以服务区域主导产业为抓手。区域主导产业是指在特定区域,既具有优越的自然禀赋以适宜种养而获得高品质产品,又能在当地农业产业结构与农民收入结构中占据较大份额,具有一定规模竞争优势的产业。这样的主导产业,对区域农业经济的健康发展和农民家庭的持续增收,均具有重要的现实意义和价值。西北农林科技大学以服务区域主导产业发展为抓手,在渭北黄土高原上的白水县建立了苹果试验示范站,在秦岭北侧的眉县建立了猕猴桃试验示范站,在陕北榆林、延安黄河沿岸等地分别建立了红枣、核桃试验示范站。

二是以满足地方政府需求为契机。地方政府是推动区域产业发展的主导力量,以地方政府的需求为导向建立试验示范站、开展农业科技推广体制机制创新是西北农林科技大学坚持的基本原则。苹果产业发展最好的地区原本不是白水县,但是该校却将第一个苹果试验示范站建在这里,与地方政府扶持产业发展的需求紧迫度有关。通过多年的努力,白

---

① 参见申秀霞《我国农业大学科技推广模式优化研究》,硕士学位论文,西北农林科技大学,2016年。

水的苹果产业发展获得了重大成功,已作为主导产业成为白水县域经济发展的最大亮点。在试验示范站建设的过程中,西北农林科技大学采取校市共建、院县共建的模式,努力争取地方政府的支持,多方筹集资金,确保了建设基地的长期运行。仅在陕西省内,围绕已建立的试验示范站,产区县政府就无偿投入基本建设资金1700多万元。

三是以激发高校科教人员积极性为动力。重科研成绩,轻推广绩效是高校管理科教人员的常态。西北农林科技大学为了推动农业科技推广体制机制的创新,致力于营造科教人员管理的新常态,建立起一整套激励制度和政策,吸引、推动科教人才走向生产一线。学校专门成立科技推广处,统筹负责全校农业科技推广的组织管理工作;在岗位设置上创设"推广类别",面向全校招聘驻站专家和工作人员;在职位晋升方面单列技术推广序列,使从事一线科技推广的专家得以获评"推广教授(研究员)";在"人才强校规划"上,设立"技术推广专家";给予驻点驻站工作的推广专家特别津贴,并在学校表彰奖励系列中单设技术推广先进单位和先进工作者奖项。这些激励制度与政策的推出,为西北农林科技大学创建西农模式提供了人才支撑和动力之源。

四是以激活基层农技推广体系活力为举措。长期以来,基层农技推广队伍是农业科技推广的核心力量。但是,进入21世纪以来,基层农技推广体系逐渐失去活力,多数陷于维持性发展状态,甚至在部分地区还出现了全面瘫痪的失能局面。西北农林科技大学为了高效整合科技推广资源,极力促使高校科教专家与基层农技推广力量的有机结合,创建出了"1+4+4"等合作模式。"1+4+4"合作模式是由白水苹果试验示范站与地方政府联合创建的,由1名专家带领4名县级技术干部和4名乡级技术人员。这些合作模式,以高校科教专家为主导力量,以激活基层农技推广体系活力为重要举措,使科教专家与基层农技力量融为一体,促进了农技推广水平的提升。

五是以社会化服务组织培育及其共同参与为保障。充分调动新型农业经营主体的积极性,发挥多元化社会力量的积极作用,是创新农业科技推广体制机制的重要保障。西北农林科技大学一方面与现有的涉农企业、农村技术协会等合作,另一方面鼓励试验示范站指导下成长起来的科技示范户或大学毕业生纷纷创建新的涉农企业、合作社等组织,以多元化社会力量共同参与的形式为地方科技推广工作提供基本保障。例如,阎良区科农瓜菜专业合作社、白水县仙果协会、清涧县苑林红枣开发有限公司、安康鑫宇渔业科技有限公司等组织的负责人都是试验站指导过的科技示范户或大学生。

"西农模式"的构建,促进了农业发展、农民增收和农村繁荣,打造出以科技推广支撑"三农"发展的高校版本,为推动辐射区域全面建设小康社会,落实城乡一体化发展战略做出了重要贡献。这些贡献突出表现在以下几个方面:

第一,促进区域农业产业结构调整,为地方农业经济发展注入科技动力。西北农林科技大学依托各试验示范站,先后集成创新与示范推广新品种、新技术1100多项,建立各类示范样板180个,为地方农业经济的健康持续发展注入源源不断的科技动力。白水苹果试验站,近年来生成关键技术8项,孕育出苹果新品种2个,并建立起优质苹果生产技术规程,推动苹果产业换代升级,带动白水县苹果产业从42万亩进一步发展到52万亩,优果率从60%提高到85%。学校还在河南、安徽和江苏等小麦主产区建立新品种示范园17个,选育出西农979、西农509等一批优良小麦新品种。这些小麦新品种的推广面积累计已经达到1亿亩以上,增产粮食20多亿公斤。

第二,促进居村生活的农民增收,培育农村社会的中产阶层。西北农林科技大学通过农业实用科技的广泛推广,切实增加了留守村庄从事农业经营农民的家庭经济收入水平,使他们即便不外出打工也能享有较高的农业经营收入,从而培育了农村社会的中产阶层,巩固和夯实了党和政府在村落社会的阶层基础和群众基础,为农村社会的和谐稳定提供了必要保障。眉县猕猴桃产区,2006年全县种植猕猴桃8万亩,到2014年增加到29万亩,猕猴桃产值也从4亿元增加到20亿元,人均增收数千元,使农民依靠土地也能获得中等偏上的家庭经济收入,使农村中间阶层在保持相对稳定的基础上不断扩增,推动着农村经济和乡村社会的协调发展。

第三,落实产业扶贫政策,推动全面小康社会建设。确保贫困人口到2020年如期脱贫是全面建设小康社会的热点难点。西北农林科技大学通过建立试验示范站,依托农业科技推广为地方产业发展注入了科技动力,提升了地方农业产业化水平,为落实产业扶贫政策、推动全面小康社会建设探索出了新路径。在国家级贫困县——清涧县,西北农林科技大学红枣试验示范站的专家,先后选育出"方木枣"和"长木枣"等新品种,采用冬枣高效配套栽培技术,使冬枣成熟期提前 20 天以上,有效减轻了鲜枣的裂果损失,保证了农民收入的稳步提升。

第四,为农村社会治理提供人才支撑,促进美丽乡村建设。西北农林科技大学依托各试验示范站和示范基地先后培训农技人员和科技示范户 62000 多人次,培训指导农民 44 万人次。这些接受过农技培训的农民,很多已经成长成为乡村社会里的能人,成为带动一方农民致富的好手。阎良甜瓜种植大户张小平,在接受培训时对农民专业合作社的发展产生了浓厚兴趣,后联合 30 多户瓜农,成立了当地第一个甜瓜专业合作社。同时,还有不少科技示范户和接受过科技培训的农村能人在地方党委政府落实"双强双带"政策的过程中,得以成为村干部。这可以为农村社会治理提供人才支撑,为农村经济社会组织发展和农村基层政权建设提供人才保障,从而不断促进美丽乡村建设,推动新农村社区建设的进程。

第五,推动农民就地城市化,落实城乡一体化发展战略。城市化的本质是农民生活方式的市民化。依托农业科技推广富裕起来的农民,他们的生活方式趋于城市化,生活的整体幸福感并不低于普通市民。随着城乡一体化发展战略的实施,农村基础设施不断得到改善,城乡公共品供给不平等的基本格局也在发生质变,农民的生活环境日益优化。在这样的背景下,农民依托村庄亦能过上市民化的生活。在眉县猕猴桃试验示范站驻站专家联系的金渠镇下第二坡村,全村 95% 的土地都种植上了猕猴桃,人均猕猴桃收入 15000 元,超过 50% 的农户年收入超过 10 万元,全村已有 70 多户农民购买了小汽车。

当前西北农林科技大学正在打造升级版西农模式,创建"三站链合"机制。所谓"三站",是在产业的中心地带建立核心试验站,在不同生态区建立区域示范站,与生产一线的技术推广站相结合的简称;"链合"指大学是技术创新的源头,把技术源和推广应用主体建立关系,形成一种辐射状的网络"链动"关系。实现"三站链合",就是要通过有效的政策体系和配套的管理体制,以农业产业链良性发展为目标、以产业链中主体对科技成果需求为导向,将各类资源汇聚到各功能站点,实现"核心试验站综合创新—区域示范站集成示范—技术推广站推广应用"的链条式、网络化、全方位的农业科技推广与服务新格局。这种机制的思路是:以西农模式为核心,依托陕西省农业协同创新与推广联盟,由西北农林科技大学专家教授领衔,学校和地市农科院(所)多学科专家团队为骨干,广大科教人员和基层农技推广力量广泛参与,开展农技推广服务,建立"科研试验站+区域示范基地+基层推广服务体系+农业经营主体"的推广新机制,"三站链合"创新驱动发展。这种链条式农业科技推广模式使科技创新与成果推广紧密结合,从而加速了成果转化,提升了农业科技成果贡献率。①

第四节 "西农模式"助力眉县猕猴桃产业发展

一 眉县猕猴桃的悠久历史

中国是猕猴桃的故乡,眉县太白山又是我国猕猴桃的原产地。对猕猴桃的最早记载可以追溯到两千多年前的《诗经·桧风》,诗经云:"隰有苌楚,猗傩其枝,夭之沃沃,乐子之无知。隰有苌楚,猗傩其华,夭之沃沃,乐子之无家。隰有苌楚,猗傩其实,夭之沃沃,乐子之无室。""苌楚"即是猕猴桃,而"隰有苌楚"则指出猕猴桃的生长环境,它枝蔓轻柔摇曳,花朵和果实婀娜多姿。如果说先秦时期猕猴桃还被称为"苌楚",那么迟至唐代它就有了猕猴桃这一称谓,唐代诗人岑参《太白东溪张老舍即事,寄舍弟侄等》诗中描述:

渭上秋雨过,北风何骚骚。

天晴诸山出,太白峰最高。

主人东溪老,两耳生长毫。

远近知百岁,子孙皆二毛。

中庭井栏上,一架猕猴桃。

① 参见申秀霞《我国农业大学科技推广模式优化研究》,硕士学位论文,西北农林科技大学,2016年。

石泉饭香粳，酒瓮开新槽。

爱兹田中趣，始悟世上劳。

我行有胜事，书此寄尔曹。

岑参诗中的"渭上""太白"即是今天的眉县，也印证了猕猴桃的最早命名来源，而"中庭井栏上，一架猕猴桃"则证明眉县早在一千多年前山中庭院就栽种了猕猴桃。唐代的《本草拾遗》（公元 739 年）中说："猕猴桃甘酸无毒，可供药用。主治骨节风、瘫痪不遂、长年白发、痔病等。"北宋人寇宗奭在《本草衍义》中也对猕猴桃做了详细记载："猕猴桃永兴军（今陕西）南山甚多。枝条柔软，高二、三丈，多附木而生。其子十月烂熟，色淡绿，生则极酸。子繁细，其色如芥子。浅山傍道则有子者，深山则多为猴所食矣。"明人李时珍在《本草纲目》中描述猕猴桃"其形如梨，其色如桃，而猕猴喜食，故有诸名"。

从我国史书记载可见，猕猴桃在我国历史悠久，但主要还是野生植物，作为庭院观赏和药用较多，一直没有被人工驯化为果树大面积栽培。直到 20 世纪，猕猴桃才开始进行资源普查、人工驯化、逐步推广，至今不过百余年的栽培历史。[①]

二 十万亩花果山，眉县果业曲折多

中华人民共和国成立后，鉴于眉县地处秦岭太白山和渭河流经地等独特的地理优势，20 世纪 50 年代苏联专家提出在当地发展苹果产业的提议。1958 年，眉县提出了建设"十万亩花果山"的宏大苹果种植规划，开始大力发展苹果产业。1956 年，眉县建立了园艺站（今眉县果业中心），逐步推动眉县果业的科技发展。1958 年，眉县专门成立了园艺学校，为果业发展培养专门技术人才。1959 年，陕西省果树研究所在眉县青化乡（今横渠镇）西寨村成立，为眉县果业的发展提供技术支持。到了 20 世纪 80 年代，眉县苹果种植面积超过 10 万亩，发展态势良好。其中，万亩"矮化苹果园"建设项目还荣获国家"星火计划"四等奖。

---

① 参见《猕猴桃历史渊源》，2017 年 1 月 6 日，眉县农业信息网（http：//www.sxny. gov. cn）。

　　然而，从地域环境来说，眉县不是苹果的优生区。相对渭北、洛川等地，眉县仅仅是苹果次生区。到20世纪90年代，随着渭北地区苹果产业的崛起，比如洛川苹果等地区品牌打响全国后，眉县苹果产业受到了较大的冲击。在这种情况下，眉县政府组织人员外出考察学习，做出发展澳洲高酸苹果的产业调整意见，更是多次发动县乡农技人员驻村协助农民发展高酸苹果，以便重振苹果产业。在市场经济的大环境下，即便眉县对苹果产业发展做了第二次调整，但依旧收效甚微。之后，很多农户都"挥泪"砍掉果树，眉县果业发展面临困境。与此同时，整个眉县都已经隐隐约约意识到，再固执坚持苹果产业已不是最佳出路，而此时崭露头角的猕猴桃产业逐步被视作是振兴经济的"阳关道"。

　　眉县猕猴桃产业的起步较早。早在1978年，眉县配合全国做猕猴桃资源调查，园艺站已经研发了一些猕猴桃品种。在80年代中后期，眉县开始试点推广猕猴桃种植。没想到眉县的"秦美"品种猕猴桃一炮打响，在市场上反馈效果甚好，这让整个眉县都看到了果业发展的新曙光。虽然之前猕猴桃产业不是眉县的主推产业，但是眉县党委政府一直没有停下发展的步伐。2006年，眉县党委政府决心举全县之力发展猕猴桃产业时，全县猕猴桃种植面积总共达到8万亩。不过，眉县党委政府坚定不移地发展猕猴桃，抱定破釜沉舟之志，在十多年间迎来了猕猴桃产业的大发展、大繁荣。如今，猕猴桃已经成为眉县在全国响当当的一张名片，从中走出去的众多品牌更是逐步享誉国内外！

三　太白山下猕猴桃，西寨村里试验站

　　眉县猕猴桃和太白山有不解之缘。正是秦岭太白山特殊的地理环境及气候条件为眉县猕猴桃创造了良好的生长环境，这里既是我国美味猕猴桃的原产地，也是猕猴桃生长的最佳适宜区。1988年，眉县园艺工作站从陕西省果树所引进了猕猴桃幼苗，并在五会寺和红星村等地建立示范园30亩，次年眉县即开始在全县范围内第一次推广，在青化村、横渠镇文谢村、金渠镇下第二坡村和年家庄村、营头镇营头村和小法仪王母宫村及二郎沟村、齐镇下西铭村发展"秦美"猕猴桃，建立试验示范园360亩。1990年9月，眉县被国家农业部确定为全国猕猴桃基地县，进一步增强了全县人民发展猕猴桃的信心。2005年，西北农林科技大学在原

陕西省果树所的位置上开始建设猕猴桃试验示范站。2006 年 6 月,眉县人民政府与西北农林科技大学合作实施"眉县猕猴桃产业化科技示范与科技入户工程"(以下简称"科技入户工程"),以此作为推动眉县猕猴桃产业迅猛发展的工作机制。十多年来,猕猴桃试验站对整个眉县猕猴桃产业的发展、稳定与升级,做出了不可磨灭的贡献。配合眉县政府关于猕猴桃发展的政策,试验站在以下几个方面推动着猕猴桃产业的发展:

第一,在猕猴桃种植品种上。眉县猕猴桃初期栽培生产中的品种有90% 以上是秦美。为了解决品种单一问题,眉县于 1994 年从四川苍溪引进红阳猕猴桃,其种植区域主要分布在首善镇、金渠镇、横渠镇、齐镇等地;于 1996 年从陕西省果树所引进海沃德猕猴桃,其种植区域主要分布在齐镇齐镇村、金渠镇红星村、汤峪镇、横渠镇;于 1998 年从江苏徐州引进徐香猕猴桃,次年春在首善镇王长官寨村建立百亩示范园,现在全县猕猴桃七个主产镇均有分布。试验站在眉县党委政府的支持下,对以前的老品种进行再次研发,保证了眉县猕猴桃的高品质。同时,试验站不断研发新品种,为眉县猕猴桃产业发展的"百年大业"提供强有力的技术支撑。目前,眉县已经形成以徐香、海沃德为主栽品种,秦美、红阳、华优、金魁、金香、脐红等为搭配品种的合理化的发展格局。

第二,在猕猴桃的生产上。猕猴桃的种植生产不同于其他大田作物,它从育苗嫁接到病虫害防治,包括不同时期化肥农药的喷洒都需要生产技术支持。所以,如果仅仅依靠县乡为数不多的农业和果业技术人员为全县提供技术支持,这对猕猴桃产业发展而言只是杯水车薪。2006 年以来,在科技入户工程的工作机制下,借助西北农林科技大学的科技力量,眉县和西北农林科技大学共同研发出了猕猴桃生产"十大关键技术",培养出了"1 + 2 + 2 + n"校县村不同层级的技术服务团队,形成了校县农技专家包村工作团队。

第三,在猕猴桃储存上。猕猴桃作为季节性水果,只有错开市场供给时间才能保证猕猴桃的市场效益最大化,但由于猕猴桃在自然环境下不耐储存和货架期较短的原因,提高收益的关键在于对猕猴桃的良好储存。早在 1991 年春,眉县第一座猕猴桃贮藏保鲜冷库就在县园艺站院内建成。关于果品贮藏的技术成为了眉县果农关注的焦点。为此,2009 年眉县政府邀请西北农林科技大学的饶景萍老师,举办全省第一次猕猴桃贮藏技术培训。在西北农林科技大学专家教授的技术支撑之下,眉县冷库进入迅猛发展的阶段,仅 2012 年就建成 6 万吨鲜果冷藏气调冷库,并投入运营。当年,全县冷库达到 2620 座,贮藏能力 18 万吨。截至 2015 年,全县冷库达到 3100 个,具备 21 万吨入库容量,而该年全县猕猴桃总产量 45 万吨,这意味着眉县可以将收获的近一半猕猴桃储存以实现效益最大化。猕猴桃的储存过程不仅仅有助于延长货架期、提高经营收益,而且也是储存技术扩散的过程,更是校县合作成果的具体体现。

第四,在猕猴桃的宣介上。眉县长期以来尤为重视猕猴桃的宣传与推介。2006 年,为了打开猕猴桃市场,眉县县委书记与县长亲自在西安街头叫卖猕猴桃的故事一度上了陕西新闻的头条。此后历年都有相应的宣介活动,将眉县猕猴桃的名声越做越响。特别是 2012 年 12 月,眉县获得国家级猕猴桃批发市场建设项目,这是农业部批准的全国第七个农产品专业批发市场,也是全国唯一的国家级猕猴桃专业批发市场,每年的销售季这里会集了来自海内外的猕猴桃客商。同时县委县政府为了大力推广猕猴桃的销售,陆续举办了陕西猕猴桃国际贸易与技术交流会、猕猴桃产业发展大会、陕西眉县猕猴桃推介会、眉县优质猕猴桃采摘节和百名大学生为家乡猕猴桃代言等大型活动。

截至 2015 年,全县 122 个行政村中有 120 个村栽植猕猴桃,占行政村总数的 98%,猕猴桃从业人员达到 12 万人,形成了"一县一业"的发展格局,拥有了 77 个猕猴桃一村一品示范村、6 个示范镇;农民户均栽植猕猴桃 4.5 亩,人均 1.16 亩,栽植总面积占陕西省的 1/3,成为国内外猕猴桃产业聚集度比较高的区域之一。显而易见,眉县猕猴桃种植的规模、人数和产业发展水平不仅让国内外刮目相看,而且猕猴桃产业已成为本地经济发展的顶梁柱,是眉县农村经济发展的支柱产业和农民增收致富的主导产业。

第 二 章

试验站:为有源头活水来

第一节　试验站的发展历程

西北农林科技大学猕猴桃试验站始建于 2005 年，坐落于宝鸡市眉县横渠镇西寨村，南依秦岭，东邻周至，北距中国杨凌国家农业高新技术产业示范区约 30 公里，地处我国猕猴桃产业的中心地带，位于我国猕猴桃种植面积最大的两个县——眉县和周至的交界处。试验站于 2006 年正式建成并投入运营，是眉县人民政府与西北农林科技大学合作工程项目之一。试验站的建设地点之所以选择在眉县横渠镇西寨村，是因为该村曾经因为建有果树所而享有一定的知名度。首先，该试验站的前身是陕西省果树研究所，在果树学界有着很高的声望，著名的苹果品种"秦冠"及猕猴桃品种"秦美"皆是从此地选育出来的。其次，试验站与该村有着深厚的历史渊源。据悉，新中国成立前国民党第十七军曾经在西寨村设有后勤保障部，建有一定的基础设施。新中国成立后的 1956 年，苏联专家在该后勤保障部的旧址上对建筑进行重新的规划与设计以备使用。再次，该村地处秦岭北麓山脚下，独特地理位置带来的优越自然生态条件和区位优势，为温带水果提供了极佳的种植环境。因此，1958 年，陕西省农科院成立了果树研究所这一下属单位，很快就将该所搬迁至此。随后，中国果树研究所的部分研究人员被下派至此，并于 1971 年被并入陕西省果树研究所。在 20 世纪 80 年代末期，陕西省果树研究所的主力研究队伍从西寨村搬迁回咸阳市武功县杨陵镇，但是位于西寨村的果树研究基地并未被取消，而是转型成为陕西省果树研究所下辖的一个研究型农场。至 1999 年，陕西省果树研究所被并入西北农林科技大学，因而该研究型农场亦成为西北农林科技大学的下属单位。自此,果树研究所迎来了发展的春天。

西北农林科技大学猕猴桃试验站的建立使得该农场重新焕发了勃勃生机。当前,猕猴桃试验站共计占地110亩,是我国首个集科学研究、示范推广、人才培养、教学实习、野外监测等功能于一体的综合性的猕猴桃试验研究以及技术推广基地。试验站园区由新技术展示区、新品种选育区、主栽品种示范区、种质资源保存区和种苗繁育区一共五个区域组成。在设备方面,试验站拥有实验检测室、智能联动温室、气象观测站、远程培训系统、贮藏冷库等基本设施。试验站重点开展猕猴桃种质资源保存与利用、遗传育种、抗逆生理、果园病虫害、果树水分与营养、果实品质与贮藏保鲜六个方向的科学研究。截至2016年,试验站共收集保存猕猴桃种质资源有27个种类,新品种(优系)128个;15个杂交组合中保留1.3万株后代,用于新品种选育研究。除此之外,试验站还负责气象环境数据观测,所得数据被列入中央气象站采集数据表,对环境监测意义重大。

目前,猕猴桃试验站的基本设施主要包括:一栋面积200平方米的连栋温室、一座可观测12个气象要素的小型气象观测站、一个容纳50人的培训教室、三个贮藏量3吨的试验贮藏冷库、两个贮藏量50吨的试验贮藏冷库,以及办公楼、住宿楼、厨房、职工休闲娱乐室等基础生活办公设施。具备比较全面的科研基础设施,试验站才可以发挥集产学研为一体的功能,而有了先进齐全的设施,就更加需要科研人员加入。因此,在猕猴桃主产区,试验站紧密围绕"果园—餐桌"全产业链中的关键技术需求,依托西北农林科技大学多学科优势,从不同专业组建猕猴桃试验站研发团队。试验站的研发团队现有农业科教人员20名,包括教授(研究员)6人,副教授(副研究员)10人,科研助理4名,其中常驻站专家9人;试验站研发团队的专业涉及果树育种、果树栽培、植物营养与生理、植物保护、贮藏加工和农业经济等,实现了多门类、多学科的交叉渗透,基本涵盖了猕猴桃产前、产中、产后全产业链的各个领域。因此,试验站多专业领域的专家参与必然带来全方位的研究新程,当前试验站的研究涉及种质资源保护与利用、果树遗传育种、果树栽培、果树生理、果树营养、植物保护、采后处理和农业经济八个领域。

为了更好地促进农技研究服务于经济与社会发展，自 2004 年以来，西北农林科技大学在国家相关部委、陕西省及各市县政府支持下，开展了大学农业科技推广新模式探索工作。与传统的政府农业技术推广机制不同，以大学为依托的农业科技推广新模式的基本思路是：在政府推动下，以大学为依托、以基层农技力量为骨架，根据区域主导产业发展需要，在产业中心地带与地方政府共建集试验研究、示范推广、人才培养和国家交流合作"四位一体"的农业示范站（基地），形成技术示范、科技培训和信息服务相结合的技术推广扩散体系，构建科技推广的快捷通道，促进农业科技成果快速进村入户。换言之，通过探索农业科技推广新模式，政府农技推广体系中原先存在的部门条块分割、经费短缺、推广效率不高等缺陷能够在一定程度上得以改善，从而有利于"三农"问题的解决。目前，试验站和试验基地的总数已经达到十余个，涵盖核桃、葡萄、苹果、猕猴桃、甜瓜等果蔬品种以及猪、奶山羊、奶牛等畜牧品种。在众多的试验站和试验基地中，西北农林科技大学眉县猕猴桃试验站在猕猴桃的科学研究与农技推广方面发挥了重要作用。

2006 年，试验站在杨凌农业科技推广专项中立项，获得 298 万元资助经费，该项目正式启动：以我国猕猴桃生产实际为基础，以适应国际猕猴桃市场为导向，收集国内外猕猴桃种质资源、品种、品系，开展资源利用、品种改良研究，为产业发展提供适应市场需要、竞争力强的品种；全面开展猕猴桃优质高效生产及采后处理技术的研究，综合示范国内外猕猴桃研究的先进技术成果，给产业的不断发展树立样板；建立全新的优质种苗繁殖体系，繁殖推广纯正优质种苗；与产区地方政府相结合，与引进的外资企业相配合，在眉县等主产县建立示范点，结合生产管理环节培训技术人员和果农，提高果农的技术素质和生产管理水平，辐射带动周围猕猴桃产区产业水平的提高，推动陕西省猕猴桃产业的整体发展。试验站同时成为在校学生实习和教师进行教学、研究的基地，成为"产学研"紧密结合的平台。试验站的建设坚持高标准起步，以世界猕猴桃先进国家新西兰为样板，目标是在 5—10 年内在国内处于领先地位，达到国际先进水平。试验站目前聚集西北农林科技大学猕猴桃研究及相关学科的骨干力量，形成了一个涉及猕猴桃育种、栽培、营养、植保、贮藏等多学科的精干、高效的科技创新和技术推广团队，围绕我国猕猴桃产业首先是陕西猕猴桃产业发展的需要，以试验站为平台，研究适合当地需要的猕猴桃优质高效生产技术，培育市场竞争力强的优良品种，在试验站及周围主要产区示范推广，运用试验站集中培训和产区培训等多种方式提高果农的技术素质，为学生实习和研究生的试验研究创造多种有利条件。

为了更好地发挥试验站在科技成果推广方面的作用，西北农林科技大学与眉县人民政府从 2006 年 6 月开始在眉县联合实施了"眉县猕猴桃产业化科技示范与科技入户工程"，依托大学的技术优势，发挥眉县自然资源优势，按照"市场引导，科技先行，技术入户，项目支撑，行政推动"的思路，由西北农林科技大学抽调栽培、植保、贮藏、营销等方面的 20 名优秀人才组成专家团队，由 11 名专家常驻眉县，与县乡农技人员，按照"1 + 2 + 2 + n"模式，即 1 名大学专家、2 名县乡农技人员再加 2 名实用人才标兵组成工作组，n 则是千千万万的猕猴桃种植户，由大学专家任组长统一开展科技入户工作。该工程采取抓点示范、培训果农、辐射带动等方式，大力推广猕猴桃先进实用技术，建设标准化生产基地，逐步打造眉县猕猴桃品牌，做大做强猕猴桃产业。截至 2016 年，校县合作的科技入户工程已经顺利实施两期，第三期也于 2016 年 10 月签订。以试验站为主导科技力量的科技入户工程施行十余年来，眉县猕猴桃产业规模迅速扩大，已建成"一县一业"示范县，培养出了一支过硬的技术队伍，技术服务网络遍布全县；猕猴桃品种结构更加合理，猕猴桃标准化生产技术体系粗具规模，贮藏加工产业体系基本健全，猕猴桃品牌效应逐步彰显，经济效益显著。在科技入户工程的强势推动下，眉县猕猴桃产业实现了跨越式发展，猕猴桃种植已经成为眉县农民持续增收的主要来源，猕猴桃产业逐步成为眉县县域经济发展的主导产业。

第二节　试验站的功能

一　猕猴桃试验站的功能

（一）实地科学研究

试验站作为西北农林科技大学的主要科技推广平台，仍然肩负着科学研究的重大使命。眉县猕猴桃试验站建立在秦岭以北渭河以南的猕猴桃产业带中心地区,在自然条件方面有着大学等城市科研机构无法比拟的代表性,试验站仿佛一个天然的实验室,更适合培育和研发符合此地带自然条件的品种和技术,而且研发出的科学技术也会更加符合农村的现实需要。

眉县猕猴桃试验站的科学研究内容主要有:(1)种质资源收集与保存:截至 2012 年,试验站已收集保存国内外猕猴桃品种、亚种 27 个,新优品种(优系)128 个;(2)新品种选育:试验站主要通过杂交育种、实生选种、芽变选种、生物技术等办法选育猕猴桃新品种,目前试验站共有 15 个杂交组合,10000 余株杂交后代正在选育之中;(3)优质壮苗繁育技术:主要育苗技术有设施温室穴盘育苗、露地培育容器育苗等,已探索形成当年出圃定植、2 年见果、4 年丰产的快速繁育技术体系;(4)猕猴桃抗逆性试验研究:在选育猕猴桃新品种时,注重对抗旱、耐寒、抗病等抗性材料的筛选,对有抗性的品种或材料进行生理、分子等方向研究,分析其抗性机理,为其抗性研究提供依据;(5)猕猴桃溃疡病发生规律与综合防治技术研究:溃疡病是猕猴桃的毁灭性病害之一,试验站与植保学院开展合作,研究开发综合性防治技术,已取得初步成效;(6)猕猴桃优质高产栽培管理技术研究:试验站经过多年艰苦研究,总结出了新优品种、优质壮苗、标准架型、配方施肥、充分授粉、合理负载、生态栽培、适时采收共八项猕猴桃优质高产栽培管理技术,这八大关键技术已经涵盖猕猴桃管理的整个过程。并通过同眉县的科技示范与入户工程将其推广给眉县广大果农,给眉县猕猴桃产业带来巨大效益,得到地方政府与群众的热烈欢迎。

目前,眉县种植的猕猴桃有 10 多个主栽品种,面积较大的有徐香、海沃德和秦美。由于秦美这个品种种植的年代较久,目前面临着老化的问题。近几年海沃德和徐香这两个品种逐渐成为主流,而由徐州引进的徐香,通过配套栽培技术的研究与推广使其成为最适合这一地区种植的品种,并在整个眉县进行推广。海沃德这个品种则是试验站从新西兰引进并在试验站进行品种改进从而在眉县推广的。目前,试验站培育了一批最新的品种,这些品种虽然还没有大范围地推广,但是为猕猴桃品种的升级换代做好了准备。试验站的建立帮助眉县猕猴桃产业在选种上少走弯路,这种"引进—试验改进—推广"的模式帮助眉县猕猴桃更快地形成品牌，占领市场。

　　据试验站的教授介绍，试验站研究的猕猴桃树的标准架型使得猕猴桃树型规范，树干、树蔓、果实清晰。所以，眉县的猕猴桃果园整齐，标准化程度高，便于人工操作，并且具有观赏价值，眉县的部分猕猴桃园区也被授予国家级观光农业示范园区。授粉技术对于猕猴桃的管理来说也是至关重要的，天然授粉依靠风力进行所以具有极大的不确定性，而试验站推出了人工授粉技术，这种授粉技术克服了天然授粉的缺陷，能更加有效地保证和提高猕猴桃的产量和标准化程度。而猕猴桃的基本标准也是由试验站确定的，试验站经过多年的试验确定出最合理的猕猴桃结果数、芽数、重量、枝数、叶片数等每一个部分的标准，为科学种植提供参照。并且，猕猴桃的采摘时机对于果农来说也非常重要，早产会使得猕猴桃甜度不够，口感降低，虽然采摘会受到市场的左右，但是试验站经过实验确定出每个品种的生长发育期，研究出最适宜的采摘时期，并将研究成果推广给果农，鼓励果农适时采收，这些对于维护眉县的猕猴桃品牌效应起到至关重要的作用。

　　（二）　场站试验示范

　　试验站不仅致力于农业技术的科学研究，同时还有试验示范的作用。试验站现有猕猴桃试验示范基地110亩，分为种子资源圃、杂交选育区、新技术展示区和苗木繁育区四个功能和职能不同的区域。种子资源圃是将所有的种子集中在这一区域；杂交选育区是将不同品种的种子在这一区域进行杂交，从而培育出更适合此地种植的品种；而新技术展示区便是集中将各项猕猴桃栽培管理标准化技术展示给地方政府、企业以及果农等，使其能够直接观察到各项技术实实在在的使用效果，增加其采用的可能性。因为对一家一户的分散果农而言，小农户尝试新技术是要承担风险的，20世纪90年代就曾发生过在果农果园做实验给其带来损失的事。因此，通过试验站应用新技术的成功示范案例作为中转，既可以直接减少农民承担的风险，也利于新技术的发明。

　　在调研中了解到，许多示范村的村级农技推广员去试验站参观学习，将新的适宜本村的技术传授给村里的果农。同时，这里也是对外交流的一个窗口，来自其他省份和地区的研究专家和种植猕猴桃的果农以及政府部门的人员在这里参观学习新的技术和经验，同时也将他们的经验和技术带来进行双向交流。

(三) 专家推广

试验站的专家和教授同时还肩负着推广的职能,专家和教授与政府部门联合,通过政府的农技推广体系,并充分利用农村中的示范户和村民中善于学习新技术的能人的潜在带动能力,将技术示范推广到分散的果农中,从而实现农业技术的全面覆盖。

试验站的专家和教授同时也为企业提供技术支持。企业需要优质而稳定的猕猴桃货源,便与部分示范村签订生产收购合同,由企业提供科学的管理技术、农资和订单,农技便通过这个渠道传播到分散的果农中。

专家和教授为合作社提供技术支持。合作社是一个农民自愿联合建立的合作生产、合作经营组织,更加需要技术的支持。合作社通过与示范站的技术合作,也可以将技术推广给每一个社员。

在校县科技入户工程的推动下,试验站专家和眉县农技人员在科技推广过程中,双方协力把猕猴桃优质高产栽培管理的八大关键技术,改造成为规范建园、优选品种、充分授粉、果园生草、配方施肥、病虫防治、合理负载、适期采收、生态示范、科学修剪十项眉县猕猴桃标准化生产关键技术。目前,猕猴桃十大标准化生产技术体系在眉县的推广工作进行得如火如荼,在推广中已经捷足先登的果农已初步取得良好的社会经济效益。

(四) 人才培养

人才培养方面的功能主要分为两个部分,首先作为学校的一个直属事业单位,试验站承担着西北农林科技大学作物学、林学、园艺学、植物保护、农业资源利用、畜牧学、兽医学、水利工程、环境科学与工程、农经、食品等学科本科生及研究生教学实习任务。眉县试验站年平均接待科研人员1000余人次,接待实习学生500余人次,并且每年还有部分农业技术推广专业的学生长年在试验站实习,为我校试验站的推广工作储备后续师资力量。

在推广过程中,眉县试验站还带领出一批农技干部,并且培养了一大批乡土专家。在中国农村不乏喜欢学习,钻研科学,敢于接受新技术,敢为人先的乡土人才,这个群体或许不是村干部或者村庄能人,但是他们善于学习钻研的精神帮助他们在农作物经营管理方面成为村里的优秀人才,并且可以通过他们的示范作用吸引其他村民前来学习。所以,试验站通过对这个群体进行技术培养,使他们成为技术推广的中转站,从而产生技术推广的裂变效应。如 2012 年,试验站开展陕西省猕猴桃技术骨干培训班 2 期,培训科技骨干 100 人;为宝鸡市猕猴桃职业农民培训 4 期,理论和实践课程考核合格者 50 名;为杨凌示范区现代农业科技(猕猴桃)人才培训 4 期,培训猕猴桃农民技术员 120 人;另外,试验站还为眉县、周至、岐山、扶风、杨凌、武功、城固、渭南等 10 个猕猴桃主产县(区)33 个乡镇,举办 35 期培训班,培训果农3600 人次。

试验站不仅培养了乡土人才,在农技推广的过程中也培养了一批农技干部。因为对于一项新的面临推广的农业技术来说,如果农技干部自身不能很好地理解这项技术,那么推广工作便很难逐级进行,所以在与试验站的合作中,农技干部需要不断学习以便提升自己的业务水平,而业务水平的提升又给农技干部带来了上升渠道。通过人才培养,试验站在一定程度上激活了政府的农技推广体制。

试验站除却以上四大主要职能之外,还承担着田间环境监测的职能。在试验站园区内,设有符合国家野外台站建设标准的小型气象观测站,可观测气象部门要求的十二个气象要素,电脑全自动记录各时间段的各项气象指标,相关工作人员可随时登录学校网站查看气象记录结果和观测数据。通过这些观测所得的气象数据,试验站专家可根据不同情况,对试验园区的猕猴桃进行针对性管理。

二 试验站的农技推广机制

眉县猕猴桃试验站是农业技术推广的一个源头、一个点,而整个眉县的猕猴桃产业是有技术需要的一个面,如何将一个点的农业技术推广、影响到整个面,这对于西北农林科技大学的科技推广工作来说意义重大。在多年不断的探索和实践中,试验站积极和各方取得联系进行配合,通过不同的主体、不同的渠道将技术推广到农村基层,而这些技术推广的方法和渠道便是线,由此形成了点—线—面全方位覆盖的技术推广模式。试验站在和眉县十余年的合作中形成了多种有效的农技推广机制,保障了试验站农技推广功能的有效发挥。

(一) 试验站 + 农技推广员 + 乡土人才

倘若仅凭试验站的有限资源,将农业技术推广到眉县每一个猕猴桃果农中是不现实也是不可能的。西北农林科技大学紧紧抓住"校县合作"的历史契机,争取眉县党委政府的大力支持,极力促使高校科教专家与基层农技推广力量有机结合,探索中构建起"1 + 2 + 2 + n"的合作推广模式。这种技术推广模式,以西北农林科技大学为牵头单位,以科教专家为技术依靠力量,以激活基层农技推广体系活力为重要举措,使科教专家与基层农技力量融为一体,促进了农业技术推广水平的提升,使得技术可以传播到农户这个最终端。

"1 + 2 + 2 + n"合作推广模式,通过构建"高校 + 地方政府 + 社会力量"三方联动协同创新的体制机制,调动了多元利益主体参与农业科技推广的积极性,实现了既使农业科技研发更接地气,更能满足农民的现实需要,又能提升农业科技成果转化率,切实支撑"三农"发展的双重目标,为创新农业科技研发与科技推广体制走出了一条新路子。

西北农林科技大学将试验站建立在农业生产一线,客观上使科教人员更容易与农民打成一片,了解农民的技术需要,从而研发出更具推广价值的农业技术。但是高校研发的农业技术主要依托实验室,注重的是技术的科学性和创新性,仍具有理想化的技术特征,很难直接转化成实用技术,产生直接的经济效益和社会效益。因此,现代农业科技要想从高校实验室与试验田走进田间地头,尚需一个技术转化的过程,以契合农民的技术识别水平,便于农民采纳。同时,单纯依靠高校科教人员从事农业科技推广,力量过于薄弱,西北农林科技大学创建的猕猴桃试验站就只有 10 余名科教人员,远远不能满足技术推广的现实需要。因此,如何高效整合各种科技推广力量就显得尤为重要。

长期以来,县乡基层农技推广机构是农业科技推广的核心力量。进入 21 世纪以来,基层农技推广体系失去活力,多数陷于维持性发展状态,甚至在部分地区还出现了全面瘫痪的失能局面。但是,"1 + 2 + 2 + n"合作推广模式激活了县乡基层农技推广机构的活力,使县乡技术人员成为推广猕猴桃新技术的中坚力量,发挥出强大的资源整合能力。其一,中央—省—市—县—乡五级农技推广机构是一个完整的组织体系,在各级政府中都占据着一定的位置,拥有一定的财政项目资源,掌握着相当数量的农业实用技术。一旦县乡农技推广体系焕发活力,重新获得主体性,就能积极整合各种有利资源,承担起推广农业新技术的重任。在眉县猕猴桃产业的发展中,地方政府对县乡基层农技推广机构给予大力支持,使之成为推动产业发展的组织载体。其二,县乡技术人员常年奔走在田间地头,既熟悉各个村庄的基本情况,也掌握着农民的技术需求,便于发挥上通下达的技术信息传递功能。一方面他们与村组干部建立起有组织的对接关系,而且对乡村技术骨干的情况也比较熟悉,有利于发挥组织动员的作用;另一方面他们掌握着科学技术知识,能够理解科教专家研发的新技术,有助于将现代农业科技传递给乡村技术骨干。但是,县乡基层农技推广机构和技术人员的力量比较有限,眉县果业推广中心仅有 17 个人员,需要与高校科教人员一起,整合其他资源,协同创新,共同承担起将农业实用技术推广到千家万户的任务。

乡村技术骨干长年浸染于农田耕作,积累了丰富的经验性知识,是村落社会里农民普遍认可的农技土专家,能够对农民的生产技术采纳行为产生重要影响。他们掌握的农业技术虽然不一定有很高的科学性和创新性,但是却具有较高的实用性,易于被知识水平相对较低的农民所接受。乡村技术骨干生活在村落这个熟人社会之中,熟悉农民的思维方式、话语体系与技术接受能力,懂得如何将实用技术转化为农民看得懂的操作技巧。因此,他们从事农业科技推广具有得天独厚的优势。同时,乡村技术骨干之所以能够成为农民心目中的土专家,不仅是因为他们掌握着较多的农业实用技术,更是因为他们有着较强的学习和总结能力。他们熟悉农作物的生产习性,对周边其他农户的技术创新行为或是引进的外来新技术保持有高度的敏感性。如果这些技术能够产生显著的增产提质增收效果,他们会看在眼里,学在心里,迅速加以总结提炼,改造旧的小农耕作传统,形成新的经验性知识,以用于指导农田耕作。这为他们从事现代农业科技推广创造了极好的机会。

(二) 试验站 + 政府科技部门→企业→农户

眉县科技局积极搭建科技服务平台,如建立国家农业科技园区,在此园区的企业享有科技项目支撑,还搭建了如猕猴桃深加工研发平台、猕猴桃安全检查检验平台、猕猴桃电子交易平台等,将科技服务落实到猕猴桃产业的方方面面。

眉县目前与猕猴桃有关的企业包括已上市的千人果汁、齐峰果业、金桥果业、美源公司、亨达利等，涉及猕猴桃的收购销售、加工和深加工等环节。对于以猕猴桃的销售为主的企业来说，如齐峰果业、金桥果业等，为了在市场上形成优势，必须在猕猴桃的品质、产量上严把关、高要求，寻求更优质的果源。眉县的几大果业公司都与许多村庄签订合同建立生产合作基地，对基地的果农进行培训，同时向他们提供花粉、肥料、袋子等，并以比市场略高的价格收购猕猴桃。而这些企业的技术都来自试验站的专家教授，通过这种方式，技术逐渐传播到果农之中，从而也通过示范作用鼓励更多村庄、果农与企业建立合作关系。

（三）试验站＋政府科技部门→合作社→社员（农户）

与企业的营利目的不同，合作社在营利的同时更注重通过为成员提供购销、加工、运输、储藏、技术、信息等方面的服务，使成员联合进入市场，形成聚合的规模经济以节省交易费用、增强市场竞争力、提高经济效率、增加成员收入。并且，合作社要求 80% 的成员是农民，可以说合作社是农民自愿联合建立的合作生产、合作经营组织。眉县的合作社规模不一、主要的发展方向也有差异，既有成员上千户的大规模合作社，也有几十户组成的小规模的合作社。

政府通过科技部门为合作社提供政策和资金、技术的支持，陕西省有"千人进千社，千技惠千村"的项目，简称"千人千社"项目。眉县在全县选出了 50 个合作社由农经站审批和管理，政府部门为合作社联系专家，一个合作社搭配一个专家，专家为合作社的社员提供技术指导，而政府部门对专家进行补贴和考核，规定指导次数并要求提交调研报告。而部分专家是来自试验站，通过这样的方式将技术推广到合作社中，合作社中的乡村能人更容易接受这些新技术从而实现技术在社员中的广泛推广。

第三节　辛勤付出的试验站专家

西北农林科技大学猕猴桃试验站建站十余年来，正赶上眉县猕猴桃产业发展的关键时期，而试验站之所以能推动高校农业技术较快转化到实用中，尤其是推动眉县猕猴桃产业跨越式发展，离不开试验站专家的辛勤付出。试验站专家不仅是猕猴桃科研工作的一流人才,在猕猴桃农业技术推广和指导培育果农科技素养方面也是奋斗在第一线的田间地头,其中表现尤为突出的即是猕猴桃首席专家刘占德老师。

先来看一则刘占德老师深入秦岭大山深处寻找野生猕猴桃的事迹报道:①

> 2016 年腊月,我国著名猕猴桃专家,西北农林科技大学教授,陕西省猕猴桃产业首席科学家,陕西省猕猴桃试验站站长——刘占德教授,踏雪到安康深山考察猕猴桃,真可谓不畏寒雪,深山探宝,此行在于挖掘新的猕猴桃种子资源。寒冬中野生猕猴桃顽强地挂在树上,不畏严寒,傲霜斗雪。刘老师不断新发现挂在大雪中的野生猕猴桃,上百年的大树俯首皆是,这些新发现带给刘教授的兴奋已经驱走了严冬的寒冷。当带着满满的考察数据和果实凯旋,这种喜悦感和成就感远远胜过了被雪浸湿的湿冷感。雪中攀登考察是带有危险性的,但是这又怎么能挡住刘老师不达目的誓不罢休的勇气,试验站的专家们就是有这样一种敢于挑战的执著进取精神。

无论酷暑,还是严寒,整个眉县的田间地头,乃至全国多处猕猴桃产地,都留下过刘老师的足迹和汗水,而在这样的寒冬中考察秦岭野生猕猴桃的事也曾多次发生。清楚刘占德老师在猕猴桃试验站的经历,也就明白了试验站专家老师们的辛勤付出,也就知道了猕猴桃农技推广成效的来之不易。

一 走出象牙塔,迈向大田野

在 2006 年猕猴桃试验站建立之前,刘占德老师和大多数大学老师一样,埋头于实验室里做测试、出成果、发文章,但是这样的农业科技研究不是他的初衷。也许这种在象牙塔的研究对多数农业院校教师是正常

---

① 参见《我国著名猕猴桃专家 ——刘占德,不畏寒雪,深山探宝》,2017 年 2 月（ht-tp：//www.toutiao.com/i6378567053493666306/? tt_ from = android_ share&iid = 7510625172&app = news_ article&utm_ medium = toutiao_ android&utm_ campaign = client_ share）。

的，教授躲进清静的实验室里做实验出成果，但是这样的研究又有多少
是农民一线生产需求的呢？这样的农业研究带来的结果必然是农业科学
研究成果与农技需求的脱节，如此一来，农业科研大多滞后于农业生产，
实乃隔靴搔痒，很难触及农业发展的急迫需求。这也是传统农技研发推
广体系的缺点，即科研工作和推广工作分别由研究人员和推广人员分开
承担，但在实践中却时常出现研究推广的成果往往不是农业生产所需求
的，致使农业科技成果仅仅停留在实验室里，科技成果难以走出校园，
农技推广的"最后一公里"问题迟迟不能解决。

为破解这一难题，眉县猕猴桃试验站才应运而生，而纯粹的实验室
科研方式也令刘老师感到乏味，加上对农业的热爱对农民的热忱，对这
片厚土的挚爱，当2006年猕猴桃试验站建立后，刘老师毫不犹豫地加入
了试验站研发团队，并且成为常驻站专家。刘老师加入猕猴桃试验站之
后，情系产业，笃信科学，每年之中一半以上的时间吃住在试验站，扎
根在农户果园里，真正把教学科研与生产应用融为一体。

我国国内的猕猴桃种植和研究才起步几十年，毕竟与国外先起步的
还有很大差距。为了学习国外先进技术和经验，刘占德老师不畏艰难，
数次前往新西兰、意大利、美国等国学习交流猕猴桃产业发展的知识，
一方面将国外的先进技术和经验带回国内，不止用于课堂教学和实验室
研究，更主要是用于真正所需的田间的果园和果农的需求上；另一方面
则把中国的猕猴桃产业技术和经验介绍给国外的同行，在交流和竞争中
促进国内猕猴桃产业的发展和技术的进步。

二　探索推广模式，助力产业发展

2006年，猕猴桃试验站成立后，试验站的专家们也在思索如何才能
更好地把农技推广出去，因为试验站仅有十余名专家，力量非常有限，
不能将农业技术直接推广到广大果农中。恰逢这一年，西北农林科技大
学与眉县人民政府联合实施"眉县猕猴桃产业化科技示范与科技入户工
程"，而试验站是这项工程的技术主角。刘占德等老师抓住"校县合作"
的机遇，努力争取到眉县政府的支持，联合眉县县乡农技人员共同致力
于猕猴桃农技研究和推广，逐步在和基层农技人员的合作实践中探索出
了"1+2+2+n"的农技推广模式。

"1+2+2+n"合作模式有一个逐渐探索发展成熟的过程。最初该模式是"1+2+2","1"代表的是试验站专家,第一个"2"代表的是2名县乡技术人员,第二个"2"代表的是2名乡村技术骨干,即"乡土专家",合起来指的是1名专家带2名县乡技术人员和2名乡村技术骨干共同从事农业科技推广的实践模式。在这种有效的推广模式下,眉县已经在7个乡镇的15个示范村集中建设了70个高标准示范园和示范户,共计培育出100名乡土专家。因此,在猕猴桃试验站专家和县技术骨干力量刺激下,眉县的农技推广体系被重新激活,专家、县技术骨干和乡村基层农技力量融为一体,不仅促进了农业技术推广水平的提升和传播,整个眉县猕猴桃产业在此农技推广模式之下更是蒸蒸日上。但是"1+2+2"模式中最底层的乡土技术骨干日益凸显出封闭性特征,底层参加者倾向于固化,广大普通果农有被疏远的风险。刘占德老师和县上领导意识到此问题,都认为坚决不能把广大普通果农遗漏,这才有了"1+2+2+n"的新模式,"n"代表的即是千千万万的普通果农,要发挥该模式对广大普通果农的技术带动作用,因为乡土专家的猕猴桃管理技术日渐成熟,但是根据调查显示,普通果农依然存在强烈的技术需求。

针对广大普通果农的技术需求,刘占德老师联合眉县技术力量共同开办农业技术培训,培训不仅在试验站举办,也在眉县果业中心等单位进行,甚至是直接深入到果园做现场培训,而参加农技培训的果农可谓络绎不绝,尤其是在猕猴桃病虫害发生期的培训。此外,接替猕猴桃试验站负责人之后,刘占德老师的工作热情和责任感再度高涨,和眉县政府协商出包村工作组的工作方法,由试验站专家和县技术骨干组成工作组包村包点,刘占德老师所包村点即为金渠镇田家寨村,这样的工作法进一步拉近了果农和专家的距离,更加方便果农和专家的沟通,而对猕猴桃产业发展的促进作用也更加直接。

三 建立百年老站,服务百年产业

自2006年猕猴桃试验站建立至今,已过去十一年,时间虽然不长,但是试验站对眉县猕猴桃产业的科技支撑和产生的经济效益不可低估。时代是进步的,技术更是日新月异,猕猴桃产业作为经济产业,又是眉县农业经济的支柱产业,更加离不开试验站的技术支撑。而作为试验站的负责人，刘占德老师也有一个远大理想，即将猕猴桃试验站打造为"百年老站强站"，因为国外的英国洛桑试验站和新西兰的猕猴桃中心等已愈百年，这些猕猴桃试验站已经是集科学研究、人才培养、科技示范与推广为一体的产业领域顶尖机构，百年老站的科技积淀和推广服务模式值得国内学习。刘占德老师深知十年树木、百年树人的道理，要促进猕猴桃产业的长远发展，需要试验站长久的科技创新支持。

建设百年老站的目标不是一句空话，首先需要的就是培养人才，需要有情怀从事农业科技研究的青年人。因此，最近几年在刘老师的倡导下，猕猴桃试验站直接从院系本科毕业生中招聘学生进站见习和实践锻炼，并且累计接待安排在读本科学生到试验站乃至果园实习作业，同时引入研究生直接在试验站开展一线科研工作，以果园基地为一线资料来源，既为农业科技推广培养新生力量，也为猕猴桃百年老站建设目标的实现奠定人才基础。只有拥有青年人才，方能实现百年老站的发展理想，中国的猕猴桃科技也才能与国外强劲对手较量一番。

其次，建设百年老站也需要庞大的猕猴桃产业支持，仅仅依靠着一县一地的力量显得单薄。刘占德老师指出，秦巴山区乃是世界猕猴桃原产地，猕猴桃近年来给果农带来的经济效益也是有目共睹的，因此，无论从自然环境还是经济上考虑，猕猴桃产业需要壮大，也可以壮大。故此，刘占德老师结合实际情况向陕西省提出建议，陕西省也正式做出回应，实施猕猴桃"东扩南移"的发展规划，并且充分意识到扩大猕猴桃种植面积是整个陕西乃至全国猕猴桃产业发展壮大的必经之路。目前，陕西省已经成为全国猕猴桃产业发展实力最雄厚的省份，猕猴桃产业百年大计的效应初显。

四　十年磨一剑，一朝试锋芒

猕猴桃试验站在刘占德老师为首的团队带领下，经过十余年的发展，已成为科研专家的露天实验室，也是全县乡土专家的猕猴桃示范园。试验站已经基本掌握了眉县猕猴桃相关信息，从土质水源到病虫害防治无所不包。试验站专家刘占德等老师的研究课题直接来自产业实地调查中，科研过程与果农和县乡技术骨干及时反馈互动，大大缩短了科研成果推广时间，取得了良好的经济效益，对眉县猕猴桃产业产生了广泛而深远的影响。刘占德老师为眉县猕猴桃产业提供的农技服务，应得的最大收获即是和果农建立了深厚的信任关系，在眉县很多村庄，他的名字早已经家喻户晓，而这对试验站农技的推广起到了名片作用。

有刘占德等专家的技术支持，眉县猕猴桃在短短十年的时间里就已成为全国知名的品牌，眉县已建立了全国唯一的猕猴桃专业批发市场，一句"眉县猕猴桃，酸甜刚刚好"让国人浮想联翩。经过试验站十余年的农技培训推广，刘占德老师等专家和县技术骨干共同培育了数百名乡土专家，广大果农的技术素质普遍得以提高。技术的提升直接决定猕猴桃面积的不断增加和质量的大幅度提升，眉县的猕猴桃产业在标准化道路上不断前行。

在做出猕猴桃产业"东扩南移"战略之后，陕西省委省政府决定沿秦岭东西和南北发展150万亩猕猴桃果园，在新的地方发展外来的新产业，对猕猴桃生产管理技术尤其需要，承担此责任的西北农林科技大学猕猴桃试验站责无旁贷。刘占德等老师已经参与猕猴桃"东扩南移"的战略工程，试验站已经在汉江、丹江流域猕猴桃产业新兴地带建立了汉中分站，并且刘占德等老师还远赴河南、江西、四川、浙江、上海、江苏等省市指导建设了示范基地，这都得益于试验站专家们十余年的辛勤付出。

第四节　他人眼中的试验站专家

一　县技术骨干的评价

一心为农，脚踏实地。西北农林科技大学专家对眉县果农的零星技术支持最早可以追溯到20世纪90年代。前文提到20世纪80年代末，眉县金渠镇第二坡村已开始种植猕猴桃，到90年代初，该村猕猴桃发生了病虫害，村民第一时间就联系到西北农林科技大学的专家，毕竟猕猴桃在眉县还是新发展的经济作物，县上相关的农技人员还无法对猕猴桃病虫害做出准确的判断，更不能对症下药。当第二坡村首次迎来西北农林科技大学专家时，陪同而来的还有眉县农技人员。眉县农技人员对西北农林科技大学专家一心为农解民生的工作作风折服了，和他们一同到果园勘察病虫害的行动让县农技人员受益匪浅，县农技骨干也对专家们的科研诊断暗自佩服。

果园之中的工作狂人。调查中，据农广校校长赵骅回忆，当初在和西北农林科技大学专家一起探索针对猕猴桃发病的病理分析时，为了获得第一手可靠翔实的资料，眉县农技骨干曾经数次陪同西北农林科技大学专家深夜到果园定时定点观测记录数据资料，哪怕是恶劣天气也不曾缺席。这种对猕猴桃病害研究的科研精神又怎么不是一种对学术的执着，对工作的深切认同呢？为了获得果园生草这一标准化技术的数据，专家们无数次在炎炎烈日之下记录果园地面温度。要知道，7、8月的午后可是接近40摄氏度的高温。要消除果农对果园生草带来的传统偏见谈何容易，只有拿出事实数据，证明生草的果园比无草的果园温度略低，从而可以减轻烈日之下对猕猴桃的灼热病害方可。为此，试验站专家就必须不顾高温拿到数据，以说服果农接受此项标准化技术。

技术过硬的专家学者。猕猴桃虽然可以为眉县果农带来高收益高回报，但是它也是高投入的行业，并且还得经受起比较严重的病虫害威胁，这一点远远不同于传统粮食作物。例如，就价位来说，虽然目前的红阳品种是价位最高者，但是红阳的推广面积却迟迟打不开局面，原因是什么？很简单，就是因为红阳品种很容易遭受溃疡病的侵袭，而目前尚没有一种根治猕猴桃溃疡病的方法，只能做到减轻此病害，而某株一旦发生溃疡病，整棵树也就宣告报废，因此，果农在高风险的红阳面前多望而却步。针对红阳的溃疡病是病理性病害还是生理性病害的诊断曾经一直困扰着试验站专家和县农技人员，最终，经过试验站专家的取证化验研究得出结论，猕猴桃溃疡病是病理性病害，而地处秦岭北麓的眉县冬季寒冷的气候又加剧了此病害，此番取证研究分析得到县农技工作者的认可。虽然目前专家们还没有找到根治溃疡病的灵丹妙药，但是专家们过硬的技术知识让县农技人员和果农看到了希望。

眉县产业发展的奉献者。据相关部门统计，自从眉县和西北农林科技大学实施校县合作十余年来，西北农林科技大学猕猴桃试验站在育种、栽培、土肥、病虫害防治、贮藏、保鲜等方面均取得了可喜成就。仅拿种植面积和产量收益来说，眉县猕猴桃由建站当初2006年的8万亩扩大到2015年29.8万亩；总产量由11万吨增加到现在的45万吨；产值由2.2亿元增加到2015年的25亿元，全县惠及果农25万余人，6.6万户，年人均产业纯收入 9800 元，眉县猕猴桃产业发生了翻天覆地的变化，而在产业发展过程中试验站专家的功劳是相当大的，试验站给予的技术支持是不可或缺的，试验站专家是眉县猕猴桃产业做大做强的功臣。

二 果农的信赖认可

有求必应，没有架子。2006 年西北农林科技大学和眉县实施校县合作工程之后，西北农林科技大学和眉县的关系更进一层，试验站专家和果农的关系更加亲密。若是说之前双方还略显得生分，那么之后则亲如一家人。即便是普通果农的果园发生病虫害无法解决，只要给试验站专家打电话描述果树症状，专家就会耐心解答。若是碰到未曾见过的病症或者严重的病虫害，试验站专家当日还会到果园亲自诊断，比如猕猴桃常见的黄化病、根腐病和褐斑病等。用果农的话说："试验站专家不仅热情，没有架子，更像是老朋友，有了试验站专家，我们猕猴桃病虫害的事再不用担心。"能得到千千万万果农的口碑，试验站专家再苦再累也值得，而试验站专家所辛勤付出不就是为了解果农技术之所需之所求吗？试验站专家平易近人的作风也帮助他们实现了自己的社会价值。

兢兢业业，认真负责。在试验站专家心中，果农的事再小也是大事，果农的事没有不重要的，因为但凡果农有求于试验站专家即意味着果农一年的收成存在风险，需要专家化解存在的问题。也许会有人说，每个村子中基本都有乡土专家，这么多年我们都会种植猕猴桃了，但是一旦遇到真正的难题，果农首先想到的还是向试验站专家请教。反过来，试验站专家本着认真负责的态度，只要是果农有问题，专家绝不应付了事，小则说影响试验站多年来的声誉，大则说一旦草率处理导致果农遭受损失，就使一家人的全年收成和希望破灭。因此，试验站专家本着兢兢业业的科研作风处理果农的需求，在调查中，尚未听到果农不欣赏试验站专家敬业务实负责的工作态度的。

诲人不倦，不厌其烦。十多年来，猕猴桃试验站组织的针对果农猕猴桃产业的相关培训不知道有多少场，参加者累计应有数万人次，而试验站专家参与的县级层面的培训更是不可胜数。如此多的培训，有些内容专家们是一遍又一遍地讲解，而广大中老年果农一是碍于自身文化知识水平，不能全盘理解接受；另一方面是新加入的果农不断增多，对他们来说培训是新的，此时的专家就如同课堂授业的先生，一遍又一遍不厌其烦地教授，果农脸上露出笑容那一刻，专家才会会心一笑。再具体地讲，随着眉县猕猴桃产量直线上升，为了在春节前后上市卖到好价位，眉县大力支持果农和合作社建设冷库，但是冷库对普通果农是新事物，如何操作冷库是一门学问，否则，先不说冷藏导致的不可避免的坏果率，单说冷库使用保鲜剂一项技术就足以使整个冷库的果子尽毁，因为恰到好处的保鲜剂使用是需要量化的，若是盲目使用则冷藏的猕猴桃口感直接受到影响，更不用说高技术水平的气调冷库的操作了。高价位、高利润刺激果农一心建设冷库，因此就迫切需要试验站专家讲解培训冷库相关的知识，在冷库快速建设的年份，据知情人透漏，试验站专家需要做巡回式培训才可满足果农需求，这就更需要试验站贮存专家不厌其烦地讲解培训。

遇人甚淑，值得托付。两期校县合作工程下来，试验站专家和果农彼此之间已经建立了深厚的信任关系，这是千金难买之事，这是从十多年试验站专家和果农真真切切打交道中得来的，是血浓于水的关系，这种信任关系是牢不可破的。比如，眉县猕猴桃常年遭受低温冻害的困扰，由此容易导致溃疡病的多发。试验站专家在一些果农的果园中开展试验，会造成一定的损失，但是果农基本上都理解，也深知试验的艰辛与不容易。这些年，眉县猕猴桃产业发展中广大果农遇到的技术问题，在试验站专家那里基本都能得到解决，试验站专家给予果农的技术指导远远大于一些实验带来的损失，即便是失败的实验也在加深着果农和试验站专家之间的沟通和感情，用果农的话说"技术上有西北农林科技大学试验站专家在背后支持，我们啥都不怕"，这种可以值得信赖，乃至托付的关系是果农的肺腑之言。试验站专家遇到眉县果农甚幸，果农遇到试验站专家亦甚幸。

第 三 章

县乡农技推广体系：涅槃后的新生

第一节 县级农技推广力量

科学技术是第一生产力，眉县猕猴桃产业的发展离不开技术的引领，离不开科技工作者的辛勤工作。2006 年以来，西北农林科技大学猕猴桃试验站通过技术研发、科技培训、抓点示范等措施，大力推广猕猴桃标准化生产技术，显著地提高了猕猴桃果园管理水平，为眉县猕猴桃产业发展提供了有力的技术支撑，促进了眉县猕猴桃产业规模化、标准化、品牌化、产业化的发展进程。

一 县级农技推广力量基本情况

（一）眉县果业技术推广服务中心

眉县猕猴桃技术的推广在县级层面主要与眉县果业技术服务中心、眉县果业局、农业技术推广中心以及农业广播电视学校的作用分不开。2012 年，眉县园艺站改名为果业技术服务中心。眉县果业技术服务中心是眉县农业局下属的全民事业单位，承担全县果品区域布局及发展规划的编制和实施；实施各级重大果业项目；负责全县果品结构调整及新优果品基地建设；负责全县果树、园艺名优新特品种选育、引进、试验、示范、筛选、推广；负责全县果农科技培训、果园技术指导及技术咨询；负责果树种子苗木技术鉴定和苗木市场管理；负责果品检测鉴定评优及果园损失纠纷鉴定评估等。中心现在有编制的人数共 20 人，干部职工 13 人，其中技术干部 11 人（高级职称 1 人，中级职称 4 人，初级职称 6 人），工人 1 名，多次承担国家级重大推广项目，并获省、部级成果推广奖十余项。其单位职责包括：（1）承担全县果农技术咨询、科技培训，重点是农村劳动力农业实用技术培训、阳光工程培训、职业农民培训工作；（2）积极实施校县合作——科技入户与科技示范工程，每年包抓10个示范点；（3）负责各类果树技术规范制定及技术推广，重点推广猕猴桃十大标准化技术；（4）负责各种苗木、果品、果园鉴定、损失评估；（5）负责各类果品新品种引进、试验、示范、推广，新技术试验、示范，各种药肥试验筛选；（6）负责各类果业项目的包装、编制实施工作；（7）积极扶持眉县猕猴桃协会工作，协调好果农、合作社等之间的关系；（8）做好眉县猕猴桃公用品牌建设，做好地理标志使用的监管；（9）做好合作社的技术扶持，协助合作社完成猕猴桃有机认证工作。

1984年，眉县园艺站开始进行猕猴桃试验栽培，多年来一直引进全国各地新优品种。1988年，从陕西省果树所引进了秦美、秦翠、陕猕1号、曹营、"851"等品种；1989年，开始推广秦美，分布于全县十个乡镇；2009年，全县秦美猕猴桃栽培面积4.9万亩，挂果面积4.5万亩，产量10.35万吨，产值2.48亿元。

1996年，眉县园艺站又从省果树所引进了海沃德品种，全县各乡镇都有分布。2009年，全县海沃德猕猴桃栽培面积达3.5万亩，挂果面积1.6万亩，产量3.2万吨，产值1.6亿元。

1997年，园艺站从四川苍溪引进红阳猕猴桃，目前主要分布于首善镇第五村、金渠镇、横渠镇、汤峪镇。2009年，全县红阳猕猴桃栽培面积0.8万亩，挂果0.3万亩，产量0.3万吨，产值3000万元。

1998年，园艺站从江苏徐州果园引进徐香猕猴桃，分布在全县各个乡镇。2009年，全县徐香猕猴桃栽培面积3万亩，挂果面积1.8万亩，产量3.6万吨，产值1.44万元。

2004年，陕西省品种审定委员会审定通过了眉县园艺站与西北农林科技大学等单位联合选育的猕猴桃新品种金香，后来金香成为眉县及周边县区重要的猕猴桃搭配品种，主要分布于齐镇、汤峪镇、横渠镇等地。2009年，全县金香猕猴桃栽培面积0.5万亩，挂果面积0.5万亩，产量1万吨，产值3000万元。

经过多年栽培试验和筛选，从2005年开始，全县确定海沃德和徐香为猕猴桃主栽品种，金香、红阳、华优为主要搭配品种；全县适宜栽植区域为西宝南线以南，秦岭北麓以北的八个乡镇中有水利条件的村组。

(二) 眉县果业局

2007 年 5 月 29 日，眉县机构编制委员会将"眉县果品生产办公室"更名为"眉县果业局"，眉县果业局隶属于眉县农业局，为全额事业单位。2008 年 11 月 3 日，眉县果业局正式挂牌成立，其主要职能包括：(1) 贯彻执行国家、省、市、县有关果业发展的政策和法规；(2) 研究拟订全县果业发展规划与年度计划；(3) 综合协调与管理全县果品生产、加工、贮藏与出口；(4) 组织果业技术推广、信息服务、教育培训和宣传促销；(5) 指导乡镇果业生产工作，引导和扶持果业中介组织发展，推进社会化服务工作。

(三) 眉县农业技术推广中心

眉县农业技术推广中心是隶属于眉县农业局的全额拨款正科级事业单位，现有编制 33 人，在岗人员 23 人，其中高级农艺师 3 人，农艺师 6 人，助理农艺师 14 人。内设能源站、农技站、土肥站、经作站、办公室、财务室、咨询部 4 站 2 室 1 部。与猕猴桃技术推广相关的主要有植保站、土肥站、能源站和经作站 4 个部门。植保站的职责是对病虫害情况进行预报，主要是预报猕猴桃的溃疡病等。与西北农林科技大学合作之后，植保站在首善镇第五村、金渠镇第二坡村等地按照西北农林科技大学专家的要求设立了猕猴桃观察点，定期采样观察对比猕猴桃的长势与可能出现的病虫害。在校县合作之前，技术人员如果遇到了一些新出现的病虫害，无法确认时，一般是通过私人关系让西北农林科技大学的专家帮忙检测。而在开展校县合作之后，因为签订了相关的协议，其与西北农林科技大学的合作机会更多，而且全部是免费检测。能源站现在正在进行"果畜沼循环利用"的工程，推动农户使用沼气池，并利用沼渣施肥。沼渣是非常好的有机肥，目前全县沼渣施肥能够达到 90%，而为达到有机猕猴桃标准化生产，需要做到"吨果吨肥"，即每产一吨猕猴桃就要施一吨的肥，而且这一吨必须是有机肥。所以猕猴桃标准化生产与沼渣施肥相互促进，效果显著。

(四) 陕西省农业广播电视学校眉县分校

陕西省农业广播电视学校眉县分校是县农业局下属的全额拨款事业单位，是县内唯一从事农业技术培训的专业机构。自 2013 年以来，农广校一直承担着陕西省职业农民培育项目，截至 2015 年底，已培育初级职业农民 400 名，通过资格认定的有 378 名。

二　推广力量乏力的困境

自 20 世纪 80 年代开始，全国农技推广体系历经变革，眉县农技体系受此影响也大致经历了三次改革。农技推广在基层表现为"县—乡—村—组"的体系，后来政府职能转变，很多职责不清，行政上出现了断层，农技人员下不去，"有钱养兵，没钱打仗"的问题十分突出。1993年，眉县政府推出市场化的解决思路，通过"以钱养事"的方法来解决农技推广系统人员冗杂，工作效率低，负担重的问题。果业技术推广中心在 1993 年经历了半年时间的"断奶"，只给员工发 70% 的工资，其余的 30% 则需要依靠有偿的技术服务自己争取。但"断奶"的政策对果业中心人员的收入影响并不大，因为当时眉县的主导产业还是苹果，效益也好，果农的技术需求高，果业中心技术人员市场化后，反而能够获得更多收入。而猕猴桃产业在当时刚起步，县领导也比较重视，并规划了比较好的前景，所以猕猴桃组就没有出去做有偿服务。但由于又有其他问题的出现，不久后政策就发生变化。这次改革从 1993 年 4 月开始，7月就停止了，之前每个月没发的 30% 的工资也全部发了下来。

由于农技推广体系人员冗杂，水平参差不齐。2000 年时，眉县又进行了一次改革，通过限定编制来控制各单位人数和人员质量，有编制的由县财政发工资，没有编制的就需要自己解决出路问题。果业中心原先共有 17 人，这次改革后"分流"出去了 4 个人。而农技推广中心最多时有 30 人，有编制的 20 人，财税改革后难以负担得起所有人的工资，很多人员都分流出去了，最少时单位只有 13 个人，而且很长时间都没有进新人。近四年来，也只进了 6 个人。

2012 年，农技体系又进行了体制改革。省里开始组织对农技人员进行培训，并注重农技人员对农村的技术服务和推广，给县里每名农技人员 3000 元的下乡补助，并给予一部分的话费补贴，然后让每个人包抓示范户，再由示范户辐射到普通农户。其实在开展这项改革前，眉县已经进行了这样的尝试，省里要求这样开展工作之后，眉县就更有动力和信心去做好这项工作了。

经历了几次改革,县乡农技体系的工作仍然存在一些问题。从人员构成结构上来看,存在"青黄不接"的问题。现在很多农技推广人员都是宝鸡农校毕业后参加工作的,他们亲身经历了眉县果业的风云变幻,参与了眉县猕猴桃产业的发展历程,对果业发展,对农技推广充满了感情,把自己的人生价值放在了猕猴桃技术推广中,视工作为事业,在技术推广中,在与果农的交流和互动中收获自豪感和自信心。但现在很多年轻人都不愿意从事农口工作,不愿意钻研农业技术,怕脏怕累,更不愿意与农民打交道,"青黄不接"的问题不仅会直接影响农业技术推广工作的开展,更会影响到眉县猕猴桃产业的长远发展。由于近年来农技推广部门人员更新缓慢,在推广一线的大多是40—50岁的农技人员,知识老化、人才断层较为明显。县农技中心核定编制42人,但实际只有37人,与编制相差5人。县畜牧中心合计编制52人,实有42人,缺编10人。同时人员技术水平"参差不齐"也是一个比较突出的问题。现在很多业务单位已经半行政化,不管是哪个科室的人员都要参与单位的中心工作。一个科室有四五个人,从表面来看似乎人员充足,技术力量雄厚,但实际上做农业技术推广的也许只有一两个人,而在其他任务紧急时,这一两个专业技术人员也要被调用支援其他工作。

农业技术推广工作的开展不是某个单位单独的工作,同时也不是县级单位一个层面可以开展起来的,它需要乡镇单位进行对接协调。乡镇的农技站本来应该是县农技推广中心的直接对接单位,负责县里业务工作在村镇的开展,它们是县农业技术推广中心的腿,辅助农业技术中心开展工作。但现在镇农技站的事权、财权和人事权被归为镇政府管,不再直接与县农业技术中心对接,没有了镇农技站的辅助,县农技推广中心就"少了条腿",很多工作很难开展,严重影响了农技推广的规模和效果。同时,镇农技站在"三权归镇"后,除了农业技术推广工作,还承担了大量的其他工作,任务量大大增加,而人员数量和技术实力并未相应提升,这使得农技推广工作的开展更显吃力,县农技推广中心在大多数情况下只能"一竿子插到底","瘸腿"现象非常明显。此外,还存在着农技推广经费不足的问题。眉县县委、县政府对农业科技推广工作十分重视,也给予了必要的支持,但各级对农技推广投入仍显不足,表现在县级农技推广部门的设施落后,设备更新换代迟,服务手段单一。财政拨付给农技推广部门的业务经费不足，使得试验、示范、推广工作受到限制。

三　生机焕发的县级农技推广力量

对眉县猕猴桃产业发展和眉县农技推广体系来说，最大的转折就是西北农林科技大学与眉县人民政府于 2006 年 6 月开始在眉县联合实施的"眉县猕猴桃产业化科技示范与科技入户工程"。要细致了解眉县农技推广力量如何重新焕发生机和活力，我们需要简单了解一下眉县猕猴桃的发展历史。

眉县拥有种植果业的传统，中华人民共和国成立以来就种植了各种杂果，其中种植规模最大的就要数苹果了，种植苹果曾让眉县农民大获其益。但如前文所述，随着家庭承包责任制的实施，渭北地区苹果产业发展起来，并以果实色泽艳丽，外观漂亮，表面光滑，着色好而迅速声名大噪。渭北地区的果品质量远远优于眉县苹果，使眉县果农出现了卖果难问题。经过一番考察后，陕西省开始把眉县列为苹果生长次生区，不再给予重视和支持。因此，眉县领导决定进行产业调整另寻出路，重新为农民寻找致富路子。园艺站领导和技术人员到各地考察和摸索，开始引进猕猴桃进行试验栽培。1988 年，这批探索者首次从商南县调回 7 万株猕猴桃苗子和 500 多枝接穗，先后在横渠镇文谢村和金渠镇第二坡村等几个村子签订栽植协作合同，由园艺站为农民提供苗木、钢丝、水泥杆和技术指导，农民进行猕猴桃作务工作。1989 年，眉县建起了首批猕猴桃示范园 213 亩，这为猕猴桃产业发展奠定了基础。

当时全国的猕猴桃发展都在起步阶段，技术都不成熟，可供园艺站技术人员参考的技术知识很少。要想使眉县猕猴桃的种植水平提高，技术人员只能靠自己摸索。在选址方面，根据少有的外地经验和本县的环境条件，技术人员建议猕猴桃栽植在沙滩地，或者接近野生猕猴桃的生长地；而在品种方面，因为当时没有育苗基地，所栽植的品种都是从外地引进的苗木品种和县技术人员自己进行种质资源调查时筛选出的野生猕猴桃优良单株。在猕猴桃面积缓慢增加的过程中，园艺站的技术人员也在不断总结经验、尝试新技术。为了保障全县猕猴桃的发展，园艺站选择在金渠镇第二坡村进行育苗，由于沙滩地面积有限，育出大量猕猴桃苗后就尝试着在第二坡的塬上种植，没想到几年后塬上果园的产量竟然远远高于河下沙壤地的产量。之后园艺站技术人员得出结论，只要塬上条件合适，如灌溉方便或水分充足，就可以种植猕猴桃，由此眉县猕猴桃种植面积大幅度增加。在推广种植过程中，秦美猕猴桃因其个头大、口感好、产量高、市场好，成为当时全县猕猴桃的主栽品种，其他的一些品种随之被淘汰。

随着猕猴桃市场的不断扩大，在栽培生产中品种结构不合理问题凸显，技术人员发现单一品种不能长久地支持眉县猕猴桃产业的发展，大面积栽培的秦美品种，品质不好的问题日益凸显，市场竞争力下降，经济效益下滑，品种结构亟待调整，所以技术人员尝试引进更多的品种在眉县试栽，海沃德、红阳和徐香等新品种就此先后进入眉县。

1998 年，经济作物效益波动较大，眉县经历了一次"经济危机"，县委县政府开始寻找新的致富项目，经济效益还不错的猕猴桃种植进入政府领导的视野，于是政府迅速出台了《眉县县委、县政府关于进一步推进农业产业化经营，努力增加农民收入的决定》，也出台了一系列关于扶持猕猴桃产业发展的优惠政策。同年 11 月，由县农业局牵头，县委领导和园艺站技术人员组成五人考察团，到有关猕猴桃的科研院所和猕猴桃营销市场进行考察，当时贾云龙（原园艺站副站长）认为，"吃的东西必须要好吃"，徐香猕猴桃风味非常好，综合品种性状、管理要点和市场销售情况，考察团一致认为徐香品种有发展前途，决定引种到眉县发展。但因为徐香表皮粗糙，品相不好，初期很难被市场接受，就只在王长官寨村建立了 110 多亩示范园。

徐香猕猴桃在之后的发展中遇到了两个问题，即缺乏配套的栽培管理技术和难以得到市场认可。当时秦美在眉县已经有了较为成熟的管理方法，而果农对徐香的种植管理技术还处于探索的阶段，所以初期就按秦美的方法种，但价格很低，果农没有收益。后来技术人员在比较了秦美和徐香的不同发育时期后发现徐香比秦美的成熟时间早，随后继续观察，并根据西北农林科技大学专家的研究，结合徐香品种自身品质，总结出了适合徐香的管理方法。园艺站的同志们一方面及时指导示范园和果农的技术管理，一方面积极联系客商和贮藏户，为徐香猕猴桃的市场拓展打好基础。

到 2006 年时眉县猕猴桃已经发展到了 5 万多亩,但当时的品质依旧不太好,眉县技术人员就找到西北农林科技大学专家进行技术指导。很快,西北农林科技大学与眉县人民政府签订了"眉县猕猴桃产业化科技示范与科技入户工程"。校县合作工程开展后,西北农林科技大学的专家和园艺站的技术人员很快就组建了 3 个工作组,后来扩大到 7 个工作组,并建立了西北农林科技大学猕猴桃试验站。这样就将试验站建到产区,边试验边推广,为之后眉县猕猴桃产业的迅猛崛起打下了基础。刚开始,工作队只是由西北农林科技大学专家和园艺站的技术人员组成,他们深入农村指导果农的作务技术,但之后,果农强烈的技术需求以及县级农技推广力量面临的技术力量"参差不齐"和"瘸腿"现象,使工作组意识到需要在果农中培养出农技推广的力量,这样才能让更多的果农学习掌握到技术,才能让最新的研究成果惠及到所有果农。借力"西农模式",现在眉县每个村都至少有一两个乡土专家。而在培养乡土专家时,县级农技推广人员的理论知识和技术能力也得到了提升。更重要的是,通过这些乡土专家,县级农技推广力量"瘸腿"、工作"有心无力"的困境得到突破,其力量得到激活,重新焕发出生命力和活力。

校县合作建立起来后,农技力量经常深入农村为果农开展培训,到田间地头手把手指导,果农与西北农林科技大学专家和县级技术人员的关系更为密切,甚至很多果农遇到任何果树问题都可以随时给专家或农业技术人员打电话咨询。有一年,许多果农的果园里出现了落果现象,果子表面长了病斑,当斑点长到一分钱大的时候,果子就落了,这直接威胁到果园当年的产量,如果不尽快找到补救措施,果农将损失惨重。眼看着就要长大卖钱的猕猴桃纷纷夭折,果农心里慌了,赶紧到果业中心寻求帮助,果业中心迅速联系了西北农林科技大学的黄丽丽老师,黄老师立刻从杨凌驱车赶到果农家的果园采样,没做停留就赶回学校将样品拿到实验室分析。三天后,黄老师得出了分析结果,在同其他老师讨论后给出了有效的解决办法,使那次病情快速得到了控制。另有一年,果农发现猕猴桃的花骨朵长出来后出现了异常,一直处于半开不开的状态,果农们都不知所措,为了避免病急乱投医,造成更大的损失,果农又立马想到了西北农林科技大学专家,赶紧给老师们打电话反映情况,希望西北农林科技大学的老师能够救急。老师们赶到果园采样分析后,发现这是溃疡病在花瓣上的表现。

校县合作建立后，由于西北农林科技大学专家的技术指导和对眉县产业发展的出谋划策，使得猕猴桃管理技术得以推广，眉县农技力量重新发挥作用，眉县的徐香猕猴桃种植面积快速增加，并因品质好、口感佳，最终被果农和消费市场所认可，现在眉县已经成为全国最大的徐香猕猴桃生产基地，徐香品种也为眉县果农带来了巨大收益。2014 年 9 月，眉县果业中心申报的"徐香猕猴桃引进及栽培技术示范推广"获得宝鸡市农业技术推广成果类一等奖。校县合作不仅使眉县获得大量荣誉，也使得眉县农技推广实力大为提升，这些技术人员在辛勤工作中收获了满足感和价值感，老一辈科技工作者的倾心付出也有了延续发展的后备力量。

四　默默付出的科技人

（一）眉县果业技术服务中心屈学农

1989 年，屈学农开始参加工作，从此一心扑到农业技术推广工作中。2011 年 1 月，他取得了高级农艺师资格，现任眉县果业技术服务中心主任。他全身心投入工作，为壮大眉县猕猴桃产业，增加农民收入做出了重要贡献。由于出色表现，他获得了诸多殊荣，被宝鸡市委市政府授予"宝鸡市有突出贡献拔尖人才"，2012 年被评为"眉县十大感动人物"，被陕西省果业局评为"2012 年全省果业系统先进科技工作者"，2015 年被聘为"陕西省猕猴桃产业体系岗位专家"，同年还荣获"宝鸡市拔尖人才"称号，2016 年又获得"眉县拔尖人才"称号。

屈学农从 2007 年开始主持软枣猕猴桃新品种引进及栽培技术研究，他从吉林特研所、西北农林科技大学试验站引进种质资源，继而开展试验、摸索栽培措施，最终总结出秦岭北麓配套栽培技术，并在眉县及周边县区引种栽培成功，解决了眉县没有早熟猕猴桃品种、缺乏即采即食品种的问题，这为丰富陕西省猕猴桃品种资源，发展采摘观光猕猴桃果园提供了品种依托，并凭此获得了陕西省成果登记。

他还组建以"专家、农技干部、乡土人才"为主的复合型师资力量，采取灵活多样的方式培训果农，用课堂培训和田间操作相结合的方式，充分利用阴雨天和晚上培训，把方便留给果农，力求取得实效，他个人每年开展培训 10 场次以上，培训果农数量已达 1.2 万人次，印发资料 2

万份，使眉县农户的猕猴桃作物栽培技术有了很大提高。

溃疡病是威胁猕猴桃产业发展的重大难题，全世界尚无根治方法。眉县猕猴桃溃疡病从 2004 年开始出现，到 2009 年逐年加重，染病重的果园发病率达到 80%，造成了巨大的损失。为了挽回果农损失，从 2009 年开始，屈学农带领技术人员迎难而上，开展猕猴桃溃疡病防治试验，取得了"应用臭氧新技术综合防治猕猴桃溃疡病试验与推广"的先进成果，形成了猕猴桃溃疡病综合防治技术，通过淘汰红阳等染病的品种，筛选出以氢氧化铜为主的药剂，抓住关键环节预防，引进臭氧进行接穗消毒处理、病斑处理，应用枯草芽孢杆菌、EM 菌进行以菌治菌，综合采取合理负载等农业防治措施，把溃疡病发病率降到 5%，保证了产业的持续发展。他还针对猕猴桃施肥及嫁接等问题，大胆创新，开展试验，探索新的解决方案。同时，屈学农主持的"一种猕猴桃树的嫁接方法""利用淀粉废水生产液体有机肥的方法"获国家发明专利，"一种专用于果树的毛细管微灌及施肥系统"获国家实用新型专利证书。屈学农主任勤奋务实，呕心沥血的工作作风为眉县猕猴桃技术服务队伍树立了榜样，也为眉县猕猴桃产业的发展立下了汗马功劳。

(二) 眉县果业技术服务中心赵英杰

赵英杰，1971 年 1 月生，毕业于宝鸡农校，现任眉县果业技术推广服务中心副主任。当时由于家庭贫困，而攻读农校的学杂费按政策都由国家支付，每个月还会给一些生活补助，赵英杰决定到宝鸡农校读书。1988 年入学，1992 年 7 月毕业后就被分配到了眉县园艺站（现果业技术服务中心）工作。这个单位主管果业推广，当时主要推广苹果、柿子、葡萄等多种杂果，眉县园艺站的工作放在当时全国基层推广来看，成果还是比较突出的。赵英杰刚开始工作时负责猕猴桃、苹果、梨的业务，当时全县猕猴桃总面积还不足 1000 亩。由于县里有关猕猴桃的数据不完整，他需要亲自到全县各村了解情况。20 世纪 90 年代初，一个西部小县城的工作条件可想而知，交通极为不便，但他硬是靠"自行车 + 步行"的方法跑遍了全县各个角落。寒来暑往，他的小工作本上也布满了密密麻麻的蝇头小字："汤峪郭家寨二组刘学兵 110 株、于连军 48 株（无授粉树）……小法仪二郎沟三组陈双田 2 亩 110 株、周友仓 1 亩 56 株……王母宫牛红旗 1.8 亩……"笔记簿上除了果农种植情况的记录，也有很多诸如"冬剪从11月下旬至次年2月上旬结束"的记录,他在提升自身专业知识的同时还热心地向果农普及规范的种植技术。由于有些农村离县城远,通常到傍晚才能返回,所以他经常是走到哪家就在哪家吃饭,遇到天气恶劣时,甚至在农户家里留宿,临走时都会给老乡留下食宿费,但为避免老乡拒绝,他就偷偷把钱塞到碗碟下或是枕头下。当时他每天都要走30多里路,跋山涉水,翻山越岭,脚底的血泡破了又长,长了又破,遇到距离很远的村庄很久都看不到人家时就喝泉水吃干馍。长期任劳任怨的真诚付出终于感动了果农,果农从最开始的不理解、不信任甚至挖苦到后面把他称为"知心人"。现在每当下乡时,村民很远就招呼着他说:"英杰,走,到咱家果园看看,中午叫你嫂子给咱打搅团……"

在刚发展猕猴桃时,与果农们的不理解相比,更让人泄气的是一些领导的不支持。当时眉县只有果业技术服务中心一个单位为猕猴桃提供技术支持,有领导甚至还偷偷把赵英杰叫过去:"让全县发展水果的话,农民吃啥呀?这是要犯政治错误的呀?!"但认定目标后,他是异常坚毅的,任何困难都不再是困难。

1998年,赵英杰参加了徐香猕猴桃新品种的引进、试验、推广工作,并在首善镇王寨村建立了百亩徐香新品种示范园,由他负责蹲点观察试验和栽培技术研究。通过近10年的试验、观察,他总结了一套成功的徐香猕猴桃标准化管理技术。目前眉县已发展12万余亩徐香猕猴桃,挂果果园8万多亩,成为眉县猕猴桃的主导品种。

猕猴桃产业的发展,离不开贮藏保鲜技术的推广。1993年,县园艺站开始着手研究猕猴桃贮藏保鲜技术,站领导安排赵英杰长期负责这项工作,他和站上几个年轻人一起,由此开始猕猴桃贮藏技术的试验和研究。为了学习有关冷库管理知识,他到处求学;没有资料,就跑图书馆查,遇到问题就积极向西北农林科技大学的老师请教;为了掌握适宜的贮藏温度、湿度,他不停地跑上跑下进行观察,经过努力,终于总结出一套成熟的猕猴桃贮藏保鲜技术,解决了猕猴桃贮藏难的问题。将研究成果汇编成册后,他又开始琢磨如何向果农推广,并对愿意建冷库的果农进行培训。通过不断推广,现在全县各类冷库已达2000多座,贮藏能力16.6万多吨,年可增加猕猴桃附加值5亿多元。

2013年4月6日,眉县猕猴桃遭遇了严重的低温冻害。当时,他迅速赶赴果园,与果农一起,及时采取相应的技术措施,并利用电视平台宣传技术,指导果农做好应急补救工作,极大地降低了果农的损失,果农称他为农民的"知心人"。

赵英杰工作 20 多年来,长期服务于基层,每年包抓 2—3 个示范点,50 个示范户。在工作中,他把示范点当作自己的家,把示范户当作自己的亲人,每年在示范点上工作 120 天以上,很少回家。经过十几年来的努力,他抓的几个示范点已初具成效,形成了"一村一品"的特色。他包抓的金渠镇第二坡村 2016 年猕猴桃总产量达到 650 万公斤,总收益达2180 万元,人均猕猴桃收入达到 15000 元以上,示范户户均猕猴桃收入4.5 万元,成为全国"一村一品"明星村。

在陕西省第二届基层农技人员技能大赛上,赵英杰在理论考试、实际操作考核等方面都表现优异,最终脱颖而出,获得果树园艺类技能竞赛第一名,被省委组织部、省人社厅、省总工会、省科技厅和共青团陕西省委授予"陕西省技术状元"。他还先后荣获"陕西省明星农技员""宝鸡市十佳果业技术员""西秦农业先锋人物"、宝鸡市优秀农业科技特派员、"一村一品"先进个人、"农业产业结构调整"先进个人、"青年岗位技术能手"等光荣称号。而与这些荣誉相比,更让他骄傲和欣慰的是每逢节时,来自四面八方的果农的问候。他经历了眉县猕猴桃产业从无到有,由小到大,由弱到强的发展历程,其中的曲折与艰辛只有亲身体验者才能明白,因而看到现在自己能够帮助这么多果农,眉县猕猴桃能够发展得如此强大,他是欣慰而自豪的。

(三) 果业局杨金娥

杨金娥,1977 年生,农艺师,现任眉县果业局副局长,主抓猕猴桃标准化栽培技术推广;1997 年毕业于宝鸡农校园林专业,毕业后被分配至县园艺站(现果业技术服务中心),一直从事猕猴桃相关业务。但她在农校学习的主要是苹果、梨之类的杂果,参加工作后要推广猕猴桃,对她来说是有些困难的,因为她从出生到参加工作都没见过猕猴桃。当她听说有人家里种了几棵猕猴桃,就专门跑过去看,当时很是疑惑:"这趴在地上的小苗能长出来满身是毛的猕猴桃?"但猕猴桃相关知识的缺乏并不足以难倒她,因为理论都是相通的。凭借着她的刻苦和聪慧,通过查阅大量图书文献,她很快就把猕猴桃的理论知识补起来了。接下来,她就开始骑着自行车跟着单位的老领导下乡了解果农情况,那时候她还只是一个十八九岁的小姑娘,但老一辈工作者把果业工作当作事业的无私奉献的精神感染了她,至今她都时常会想起当时的情景,并用老一辈工作者的工作热情鼓舞鞭策着自己。由于吃苦耐劳,努力勤奋,她很快就成为一名猕猴桃的技术能手。在园艺站工作时,西北农林科技大学与园艺站合作选育出了金香品种,代号95—1,它综合性状很好,外观金黄,漂亮,耐储存,在外形上胜于徐香,次于海沃德,而口感胜于海沃德,次于徐香。由于她也为这个品种的研制付出了很多汗水和劳动,她将其视为自己的孩子一般,要求自己家也要种这个品种,为金香猕猴桃的推广做出了贡献。但因为金香产量低,且无突出优点,一直难以被市场接受,收购商按秦美的价格(价低)收购,却按徐香、海沃德(价高)的价格卖,收购商赚了钱但农户赚不到,很多农户都把这种品种的树砍了,最后杨金娥的母亲也不愿意了,要求她赶紧换品种,虽然拗不过母亲,但她至今对这个品种还很有感情,对这个品种没有保留下来表示遗憾,这是她们当时辛勤付出的成果和结晶,也是她们视猕猴桃业务工作为事业的象征。工作中她掌握了扎实的猕猴桃实践知识,但她觉得自己仍需提升专业理论知识,在工作的空余时间,她参加了成人高考,获得了园林专业的本科学历,目前她已经开始准备攻读硕士学位,希望能够更好地服务眉县的猕猴桃产业发展。由于具有丰富的知识和经验,她参与了"宝鸡市猕猴桃标准化栽培技术示范与推广"项目,获得市政府一等奖、省政府三等奖,并被评为全县"一村一品"工作先进个人。

(四) 农业广播电视学校赵骅

赵骅,46岁,大专文化程度,农艺师职称,1991年到种子公司工作,1998年到西北农林科技大学进修农学专业,获本科学历,2000年到种子管理站工作,2007年调到到农业执法大队,2008年又到园艺站工作,2014年8月被调到农广校工作,负责猕猴桃标准化技术示范和推广工作。丰富的阅历和扎实的专业知识使得他在工作中表现突出,2007年获得"宝鸡市农业执法先进个人"称号;2011年获得"宝鸡市果菜工作先进个人"荣誉;2013年9月获得"臭氧技术研究推广"县级二等奖。在调到农广校工作后,他参与了校县合作总结猕猴桃种植十大关键技术的工作,每一项技术都是经过了科技人员反复的试验,比如在"果园生草"试验中,赵骅每天早上 6 点就得起床到果园里查看情况,然后是中午 1 点,下午 4 点,晚上 8 点,一天四次雷打不动地进行观察,这种日常性的工作从伏天持续到 8 月底,主要是观测生草果园与不生草果园的地面温度、土壤温度,对比墒情,这项观察对比工作一共持续了三年。在猕猴桃防冻措施中,果农的传统做法是用石灰、食盐以及营养液混合将树体涂白,并用防寒布把树体包裹好,但开春后发现树体变软,流黄水,极易得溃疡病。收到果农的情况反映后,赵骅就用红外线测试仪每天测试早上 5 点和下午 2 点的树体温度,经过一系列情况分析,他认为只涂白效果会更好一些。这些技术很多都是由西北农林科技大学的教授和赵骅等其他农业技术员的研究试验后得出的。而由于试验田不具有代表性,所以他们经常会选择农户家的果园进行试验,但也不是所有的试验都是一帆风顺的。之前在一个村子里试验溃疡病的防治方法,选了 40 多户,每户试验 20—30 棵,最后试验结果失败了,一共有 36 亩地出现损失。专家教授和县级农技推广人员十分愧疚,买了农药化肥给果农赔偿,但果农们却表现出出人意料的理解和宽容,果农们说"我们也知道你们是为了试验,为了能够帮我们治疗好果树的溃疡病,做实验都有可能失败,这也不怪你们",在春寒料峭时,果农们的理解给了农技推广人员莫大的安慰,阵阵暖意涌上心头。赵骅在工作中付出了自己的艰辛和汗水,但也收获了果农的认可和肯定。

(五) 农业技术推广中心朱岁层

朱岁层,女,1967 年 11 月出生,高级农艺师,毕业于陕西省农校植保专业,毕业后就到眉县植保站工作。2012 年,植保站合并到眉县农业技术推广中心,而朱岁层现任眉县农业技术推广中心副主任,主要从事植物保护工作。

她从 1989 年 7 月参加工作以来,一直奋战在农业科技推广第一线,先后从事植物保护、农技推广、科技培训等工作。她把工作当事业,立足本职,尽职尽责,使眉县植保工作一直走在省、市前列。她在植保站工作,植保站的主要职责就是病虫害预报,而这项工作在她的主持下连续 16 年在省市考核中获得优秀,并连续多年保持全省第一,这项工作不仅正确指导了眉县农作物病虫害大田防治,也为领导决策提供了正确依据。她主持的新农药试验示范被确定为陕西省农药试验网成员单位之一,为农药登记和推广应用提供了正确依据。同时她围绕主导产业难点病虫害展开调查研究，开展了猕猴桃溃疡病、黄化病等防治技术试验示范，她参与总结的《眉县猕猴桃溃疡病综合防控技术示范与推广》于2014年获宝鸡市农业技术推广成果奖二等奖。她还负责科技咨询与培训，年深入一线解决群众生产难题65次以上，开展技术讲座10场次以上。

她的主要工作是参与研发、推广病虫害防治技术。但很多病虫害都需要深入田间地头进行长期观测，她对此表现出了极大的工作热情。在植保站未被合并前，她的家离果园不远，就经常跑到地里面观察各种病虫的发展情况，无论严寒酷暑。在观察"花大姐"（学名斑衣蜡蝉）的生长周期时，需要每天早起到地里面查看，她不惧严寒，把这当作晨练，从中寻找乐趣，连续观察了两年，最终摸清了"花大姐"的生长周期及各种变化，进而就知道了具体的防治时间。这些知识也许从书上也能找到，但理论知识也存在地区差异，只有经过真正的一线长期耐心观测研究，才能得出实用的知识，也才能真正帮助果农。获得这些知识后，她就随时讲给农民听，并提醒农民及时防治。类似的例子还有很多，大多数病虫害防治工作都是她在果园中长期观察"熬"出来的，这些基于当地实际情况的防虫措施具有很大成效。现在，她还通过电视节目、新闻广播以及微信等及时发送传播病虫害防治知识，为果农解决了很多棘手问题，挽回了大量损失。

由于工作成绩突出，朱岁层先后多次被省、市、县评为先进工作者，两次荣获省、市植保系统技术大比武活动一等奖，被省总站授予"陕西省植保技术推广专家"称号，被县委县政府授予"十大杰出青年""优秀人才"称号，还荣获省、市农业技术推广成果奖10项，她在掌握扎实经验的基础上，钻研专业知识，与领域内专家交流讨论，现已在《中国农技推广》《陕西农业科学》《西北园艺》等国家正式刊物共发表专业论文20余篇。

第二节　乡镇农技推广力量

一　乡镇农技推广力量基本情况

乡镇层面的农技推广工作由农技站负责，2011年眉县进行了乡镇农技服务体系改革，农技站、农机站、农业信息站、农产品质量监管站等机构整合设立了乡镇农业综合服务站。大镇的农业综合服务站有 9 个编制，小镇的农业综合服务站有 6 个编制。农业综合服务站的主要职责在于：（1）农业技能培训。首先积极组织工作人员参与省、市、县组织的农技推广人员培训，提升自身业务素质；同时通过聘请县农技中心、果业中心专家，对各村种植户进行培训，应用多媒体教学和实地面授的形式，提高种植户的技术水平。（2）积极培育专业合作社。围绕镇域支柱产业，大力支持专业合作社发展。（3）强化惠农政策落实。认真办理农业机械购置补贴工作。通过对每台申请补贴的机械，入户审验，填写核实表，村组公示补贴名单，上报合格补贴户信息；根据县农业局安排及时上报各村小麦面积"一喷三防"及农业信息发布工作。（4）争取并实施农业项目。（5）积极推广关键技术。按照高产、优质、高效、生态、安全的现代农业发展思路，以推进现代农业发展为目标，大力推广猕猴桃作务新技术。结合实施的现代农业猕猴桃果业发展项目，积极推广杀虫灯、果园生草、秸秆覆盖、猕猴桃授粉、果园施肥等新型猕猴桃作务技术，打破传统的作务方法，以现代作业技术提升猕猴桃品质，为增加农民收入奠定坚实的基础。（6）扎实抓好农产品质量安全监管和动物防疫工作。积极推广农作物标准化技术，大力宣传禁用果品膨大剂、猕猴桃早采早摘等，保证本镇农产品质量安全，同时对各村家禽家畜进行疫情防治工作，确保无重大疫情发生。

　　目前乡镇农业技术推广工作面临较多问题。乡镇农技服务体系改革后，农技服务体系工作任务增大，工作面扩宽，在推广农业技术的同时，也需要围绕着党建、计生工作以及维稳等中心工作开展活动，难以集中精力进行农业技术推广，镇农技人员作用发挥不充分。受镇农技人员双重管理机制的影响，多数镇农技人员被抽调去承担非农技推广职能，从事农技推广人员减少，县镇推广业务联系弱化，严重制约着农业新技术的推广。同时乡镇农技队伍人才短缺，专业人员不足，技术实力薄弱，很难对果农进行有效的技术指导。而在对果农的技术指导方面存在瓶颈，一方面由于人员不足，技术能力不够，难以指导果农；另一方面，果农对乡镇农技推广力量的预期不高，在果园出现问题时，果农更多的时候会直接向县级农技推广部门反映情况寻求帮助。

二　铺路架桥的乡镇农技推广力量

乡镇设置了农业综合服务中心后，县农业技术推广中心与乡镇农技站就成了业务指导关系，而非隶属关系。在很多县级农机推广人员来看，我国农技推广体系实质上只有四级，因为乡镇一级很难发挥作用，但眉县乡镇农技推广的力量也不可忽视。乡镇是我国行政体制的最末端，事实上农村与乡镇的关系更为密切，农村日常生活中的事务主要还是与乡镇接触的更多一些，所以农民对乡镇的认同也会更多。就如某位乡镇人员所说"学校校长让你去写作业你不一定去写，但你的老师让你去写作业，你就必须去写"，这种情况就使得县农技推广中心以及县果业中心等单位在开展工作时，更希望通过乡镇与村里沟通来组织开展，比如有些培训最好是由乡镇出面，联系村干部、小组干部组织果农，否则就很难开展工作。

乡镇农技推广力量在对乡土专家的培育上也做出了相当大的贡献。乡镇工作的庞杂细碎使得农业技术推广方面工作被弱化，而从农村中生长起来的乡土专家则在一定程度上弥补了乡镇农技推广力量的不足。所以，乡土专家的培养就显得非常重要。由于乡镇农技推广力量除了农技推广的工作，还要包村负责所包村庄相关方面的任务，因而与农民打交道的机会更多，对农村的了解更多，这样在对果农进行培训时，就可以将那些作务技术好、种植面积大、示范作用强的农户发展为乡土专家。近年来，眉县开始重视对"职业农民"的培养，这一方面是为了提升果农的技术水平，提升眉县猕猴桃标准化水平；另一方面是为了解决未来谁来种植猕猴桃的问题。"职业农民"主要培养三个层次的人才，较高层次的培训对象是县乡农技人员和乡土专家；第二层次的培训对象是对合作社、示范户、技术骨干的培训；第三层次的培训对象是广大农民。乡镇农技推广力量是"职业农民"的重要组成部分，他们相对于普通农民来说，文化水平和理论知识更为丰富，也具有示范带动作用。在一些项目的运行落实中，他们也可以联系村庄干部组织农资农机的使用和推广。西北农林科技大学与眉县政府建立合作关系后，县农技工作者的技术水平得到提高，西北农林科技大学专家也经常直接到果农的园子里进行指导，这直接提高了农技推广队伍的技术实力。乡镇农技工作者在接到果农的技术问题咨询时，多数情况下是请眉县果业中心或是西北农林科技大学专家去指导。但乡镇农技力量的工作不可忽视，因为在这个过程中，他们更多的是起到一个铺路架桥的作用，使得农技推广工作更为顺利地深入农村，深入果农的作务过程。

第三节　校县合作助力欣欣向荣的猕猴桃产业

2006 年，"科技入户工程"启动时，西北农林科技大学选派 20 多名猕猴桃专家常驻眉县猕猴桃试验站，开展科技培训、抓点示范和实验研究，至今这一工程已走过 11 年。在眉县金渠镇田家寨村，有一条路被当地人们亲切地称为"西农路"，这条路见证了十年来西北农林科技大学专家在眉县的辛勤付出，也见证了农技推广的力量。11 年来，眉县猕猴桃产业迅猛发展，正如眉县果农所言"这得益于我们拥有强大的技术力量做后盾"，而强大的技术力量源于校县合作后西北农林科技大学专家与眉县县乡技术人员的无私奉献。猕猴桃产业已成为眉县的主导产业，在眉县任何人讲起猕猴桃都头头是道，甚至全县的所有会议上都会讲到猕猴桃，也经常会请西北农林科技大学的专家在眉县政府领导会议上讲猕猴桃的相关知识。现在，每个领导拿到一个猕猴桃都能辨认出是哪个品种，说出作务过程中需要注意哪些问题。这是因为眉县的所有领导干部都要负责宣传猕猴桃，甚至要到外地宣传眉县猕猴桃，眉县党委政府对猕猴桃发展的重视程度可见一斑。

一　成效卓著的病虫防治

猕猴桃已成为眉县主导产业和果农经济收入的主要来源，但随着种植规模的不断扩大和种植年限的延长，猕猴桃病虫害发生种类和发生程度不断加重，特别是溃疡病普遍发生，成为猕猴桃种植中的一大顽疾，严重影响了猕猴桃的产量和品质，阻碍了产业的持续健康发展。因此，加快猕猴桃溃疡病综合防治技术研究、示范、推广已成为当务之急。为此，眉县农业技术推广中心与西北农林科技大学合作从 2006 年开始，对猕猴桃溃疡病发生发展规律进行了大量调查和系统监测，2010—2013 年对综合防控技术进行了试验、示范推广。

溃疡病是从 2002 年开始出现的, 最早是在首善镇第五村的红阳品种上发现的。当时农户发现病症后向眉县农业技术推广中心咨询, 农技人员到果园察看调研后, 无法对病症进行判断, 因为红阳是从四川新引进的品种, 对其性状还不了解, 难以确定病症的根源。无奈之下, 他们向西北农林科技大学的专家求助, 才明白这是溃疡病。此前眉县农技人员一直以为这种病是春季发病, 所以每年 9 月到次年 3 月他们每周都会到果园去做一次调研, 在果树上用油漆做标志, 但并没有什么实质性的发现, 后来听西北农林科技大学的专家讲解才知道这种病应该在秋季治理。而在对溃疡病的防治上, 农技推广人员也做了大量工作, 之前一直以为和防治苹果的技术一样, 运用刮除法, 但是发现越除溃疡病越严重, 而与西北农林科技大学的专家合作, 专家教会农技人员怎样在阳光下识别细菌和真菌的简单方法后, 农技人员才知道这是细菌感染, 而非真菌感染(苹果树生病的原因), 明确了病症后, 农技人员就可以对症下药, 这样就可以减少农户的损失。

在溃疡病刚被发现时, 眉县农业技术推广中心与西北农林科技大学老师已有合作, 但过程是断断续续的, 直到 2006 年校县合作工程开始后才进入实质性合作阶段。防治溃疡病的主要工作有两个, 一个是发生规律的调查, 一个是防治技术的试验示范。首先, 对眉县猕猴桃不同品种、地域、地势、管理措施、防治药剂、防治方法、气象因素等与溃疡病发生的现状和关系进行全面的调查研究分析, 在摸清其发生特点发展规律的基础上制定相应的综合防治技术方案。然后, 在全县设立三个猕猴桃溃疡病定点系统监测点, 按照省、市有关监测规程规范操作, 随时掌握溃疡病发生动态的第一手资料, 相应调整完善防治技术措施, 开展不同的防治药剂、施药方法对猕猴桃溃疡病的防效筛选试验, 为化学药剂防治措施提供科学依据。同时还建立了两个综合防治示范区, 面积共 4000亩, 通过示范进一步完善推广综合防控技术, 示范引领全县大面积综合防控技术推广工作。在此基础上推行统防统治, 提高防控效率, 主要利用眉县专业化统防统治组织多、机械多、人员多、应急防控能力强的优势, 在溃疡病综合防控示范区和推广区大力推行统防统治, 提高防治效率和效果, 还通过开展电视技术讲座、召开现场会、举办培训班、下乡服务指导、印发技术资料等活动, 利用多种宣传媒体和形式, 积极宣传推广猕猴桃溃疡病综合防治技术,实现对果农的全覆盖,农民得益率达到34.25%。另外还成立了项目推广技术领导小组,协调促进示范推广工作,及时解决项目实施过程中的技术问题和困难,确保示范推广工作顺利进行,取得实效。

经过眉县农技人员的艰辛付出和西北农林科技大学专家的有效指导,最终改传统的单纯化学农药防治为建立以农业防控措施为基础,减少病源基数阻断传播途径为关键,化学药剂防治为重点,物理、生物措施并用,改善生态环境措施为辅助的综合防治办法。并改传统的"春季一次性刮治"为"全年两防一治"技术,变原来的树体"一点防治"为全树"立体防治"。

校县合作后猕猴桃溃疡病综合防控技术示范与推广取得了巨大成效,以眉县猕猴桃主栽品种徐香、海沃德、秦美、红阳为调查品种,该技术实施四年,累计推广面积38万亩(其中2011年5万亩、2012年11万亩、2013年22万亩)。2013年综合防控技术推广覆盖率达到76.92%(推广面积22万亩/栽植面积28.6万亩×100%),平均亩产量为2504.9公斤,而常规对照区亩产量为2251.2公斤(以2011—2013年三年不同品种相应面积利用加权平均法计算而得),平均亩增产253.7公斤。该项技术推广后,从2010年1月至2013年12月新增总产量达8676.54万公斤,按平均价格4.5元/公斤(以2010—2013年四年不同品种相应面积利用加权平均法平均而得)计算,新增总产值39044.43万元,扣除投资费用新增纯收益27904.43万元,投入产出比达1:31.07(见表3—1)。由于该技术的显著成效,以及为眉县人民做出的巨大贡献,2014年眉县农业技术推广中心朱岁层提交的《眉县猕猴桃溃疡病综合防控技术示范与推广》获宝鸡市农业技术推广成果奖二等奖。

表3—1　　眉县猕猴桃溃疡病综合防控技术示范与推广效益分析

乡镇	原亩产（公斤）	现亩产（公斤）	总产值（万元）	新增生产费用（万元）	新增投入产出比
横渠镇	2240	2420	4374	137	1:30.93
汤峪镇	2175	2355	3969	134	1:28.62
营头镇	2180	2360	2268	119	1:18.06

续表

乡镇	原亩产（公斤）	现亩产（公斤）	总产值（万元）	新增生产费用（万元）	新增投入产出比
齐镇	2268	2601	8241.75	135	1∶60.05
首善镇	2450	2845	9243	141	1∶64.55
常兴镇	2092	2230	558.9	75	1∶6.45
槐芽镇	2235	2375	2205	125	1∶16.64
金渠镇	2370	2853	21300.3	274	1∶76.74

二 作务灵魂:标准化技术

为了使眉县猕猴桃产业强而有力地发展,科技入户工程技术专家组先后编制了《陕西省眉县猕猴桃标准化生产周年操作规范》《眉县猕猴桃标准化生产十大技术要领》《陕西省眉县猕猴桃标准化生产技术规程》等操作标准。园艺站(现果业技术服务中心)的技术人员根据实际种植情况和产业发展的技术要求等因素,不断地对猕猴桃生产技术进行修改,形成现在较为完善的猕猴桃标准化生产十大关键技术。现行的十大技术去掉了果实套袋,加上了适期采收,这样做的原因是果实套袋虽然解决了如海沃德等以外形美观取胜的品种的外观问题,但在实践中发现果实套袋对果品内部品质会有影响,使果实口感变差,因此不再推广。同时,现在的市场已经被徐香等以品质优为特点的品种所占领,适时采收以保证果品品质就显得尤为重要。十大关键技术的提出离不开校县合作中专家和技术人员的苦心钻研。为使眉县猕猴桃果品品质能够被更多的消费者所认可,眉县果业技术人员在全县大力推广这十大关键技术,这在眉县猕猴桃生产发展中起到了巨大的技术引领作用。在科技入户工作技术专家组坚持不懈地培训普及下,猕猴桃标准化生产技术得到广泛应用。2010年,眉县被国家质检总局确定为国家级猕猴桃标准化生产示范区、全国唯一的无公害猕猴桃科技示范县。

在优选品种上,经过试验示范和筛选,猕猴桃专家和技术人员重点推广了美味系品种,现已形成了以徐香、海沃德为主栽,搭配红阳、华优、金香的品种新格局。目前全县徐香等猕猴桃新优品种栽培面积达到20多万亩,占猕猴桃栽培总面积70%以上。

在配方施肥上,专家和技术人员根据眉县土壤成分情况,科学配比营养元素,同时提出了加大有机肥用量,增施微量元素肥料和生物肥料的施肥原则,逐步减少化肥用量,改善土壤性状,提高果实品质。

而通过人工授粉可以有效增大果个,减少畸形果率,提升果实品质。这项技术在眉县已经得到了全面推广普及,目前眉县对该技术的使用在全国处于前列,许多地区的猕猴桃种植并未做到很好的人工授粉。

果园生草技术的推广普及,极大地推动了果园由清耕制向生草制的转变,这是一项重要技术改革。目前眉县90%以上的果园都能够实现果园生草(毛苕子、三叶草)和合理利用杂草,并结合秸秆等有机物覆盖,改善土壤生态环境,调节果园小气候,培肥土壤,养根壮树,达到改善果实品质的目的。

在病虫防治上,提出了以农业防治为基础,保护天敌,综合利用物理、生物、化学等防治措施,提高果品安全性。目前眉县猕猴桃园太阳能杀虫灯覆盖率已经达到20%,应用捕食螨开展螨类的生物防治,"以螨治螨"技术逐步推广普及。

在生态示范上,大力推广了"果、畜、沼、草"生态模式,综合利用生草、畜粪、沼渣、沼液,建设循环农业,生产有机果品。

"十大关键"技术中的每项标准化技术都来自反复的试验,西北农林科技大学专家将关键技术研究出来后,与县乡农技力量共同试验示范,在乡土专家的果园里进行示范,方便其他果农模仿学习,这样就更有利于技术的推广普及,并且通过乡土专家的转化,更易于被普通果农掌握。

三　严格规范的监管控制

2015 年,为保证猕猴桃质量,提高猕猴桃效益,眉县实施了"猕猴桃品质提升年"活动,积极创建全国绿色食品猕猴桃标准化生产基地、全国出口猕猴桃质量安全示范区、国家级农产品(猕猴桃)地理标志示范样板,建设完整的组织保障、投入品监管、质量追溯等支撑体系,全面提升眉县猕猴桃质量安全水平。2016 年 6 月 29 日,全国出口猕猴桃质量安全示范区通过了国家质检总局的初步验收,全国绿色食品猕猴桃标准化生产基地创建工作也在有序进行。而为了杜绝生摘早采,维护眉县猕猴桃良好声誉,眉县出台了《关于加强猕猴桃果品质量安全工作的通知》《关于全面开展禁止猕猴桃早采早购工作的通知》,县政府印发了《关于禁止猕猴桃早采早购的通告》,进一步明确了全县各职能部门的工作职责,形成了全县联动保护产业的良好局面。农业、市场监管、供销商务、公安等部门成立联合执法检查组,各镇成立巡查队,坚决制止早采早购行为;县农业局组织农技人员进村、进企业,开展"眉县猕猴桃鲜果标准""眉县猕猴桃采摘技术规范"等培训,教育果农和果品企业明确质量标准。通过报刊、网络、电视、横幅、通告等形式,加强猕猴桃早采早购危害宣传,引导果农适时采收,引导消费者适时购买。通过广泛宣传,使果农认识到早采的危害性,自觉抵制早采行为,使果业企业、合作社、冷库业主、客商、电商企业、物流和快递业负责人自觉做到不贪图小利、不提前收购运销早采的猕猴桃。

加强农业化学投入品监管,按照绿色农产品标准要求,明确允许使用、限制使用、禁止使用的农业化学投入品名录,制定并颁布了《眉县农业化学投入品管理体系》,与各农资经营门店签订了《农业投入品诚信经营承诺书》和《农业投入品指定经营单位登记备案申请书》,对备案农业化学投入品实行日常监督管理,并记录在案,坚决杜绝国家禁用和限用的高毒高残留农药在市场上的流通行为。积极整合执法资源,形成监管合力,县农业局、公安局、工商局、质监局深入一线,组织开展联合执法检查,对农资经营市场和生产企业进行全面彻底清理,严厉打击生产经销商使用违禁化学投入品行为,从源头彻底杜绝违禁农资生产、流通、销售、使用,确保猕猴桃产品质量安全。

持续推进猕猴桃安全生产示范村建设。2014 年以来,在汤峪镇屯庄西岳村整村推进实施猕猴桃安全生产示范村建设,全村猕猴桃开展集中连片、板块推进有机化生产。建立了果品质量安全追溯体系,生产过程中严格按照猕猴桃标准化生产技术规程进行管理,不使用任何类型的果实膨大剂,严格疏花疏果,综合采用充分授粉、增施有机肥等关键技术措施增大果个,提高产量。为了确保生产过程的质量标准统一,由合作社组织开展农资统一配送、技术统一培训、产品统一贮藏销售,打造出引领眉县现代果业发展的又一示范亮点,为推行全面有机化生产提供了思路和样板。2016 年,依托省级果业发展项目资金,在金渠镇田家寨村建设又一个省级猕猴桃安全生产示范村,组织齐峰富硒猕猴桃专业合作社与基地果农签订生产收购订单，建立农户生产档案，开展海洋生物制剂（挪威海藻素）试验，板块推进不用膨大剂有机猕猴桃生产。积极开展果园"五统一"托管模式，对生产过程进行全天候视频监控，开展"从果园到餐桌"无缝隙监管，实现果品质量全程可追溯，持续深入推进安全示范村建设。

对产业全过程进行规范。在采摘环节，培训果农采用科学采收方法，避免造成果实机械损伤。要求采果人员剪短指甲，戴软质手套；采收时使用采果袋，装果用的果篮、果筐等铺有柔软的铺垫。整个操作过程必须轻拿、轻放、轻装、轻卸，减少果实的刺伤、压伤、撞伤。在分级、包装、运输方面，制定、发布《眉县猕猴桃分拣包装技术规范》，通过培训与指导，提高冷库从业人员的业务水平，严格把握分拣、包装、运输等各个环节的技术要求，减少果实机械损伤。在贮藏环节中，每年在各镇巡回举办贮藏技术培训班，聘请西北农林科技大学储藏专家，根据眉县贮藏设施情况，针对气调冷库、冷藏库等不同冷库特点，分门别类，分类施策，制定具体化、可操作的贮藏技术和管理办法，每年同时按标准化操作规程做好冷库管理，避免冷害、冻害的发生；同时县市场监督管理局加强贮藏环节质量安全监管，坚决查处冷库滥用保鲜剂、硫磺熏果的行为，实现优果优藏。

四 猕猴桃产业人才队伍

校县合作以西北农林科技大学猕猴桃试验站为依托，以示范园、示范基地和猕猴桃专业合作社为基础，建立了以西北农林科技大学专家为引领，农业技术干部为骨干，实用人才标兵为基础的猕猴桃产业化技术推广服务体系，猕猴桃科技入户工作组成员从 2011 年的 40 人增加到 2015 年的 65 人。他们常年深入生产一线，对生产中遇到的问题及时攻关。猕猴桃科技入户工作组成员每年都要参加技术培训 1—2 次，理论和实践水平大为提高。第二轮校县合作工程的具体目标任务中有一项就是完成"十百千人才培养计划"，即为眉县培养 10 名在全省有一定影响的猕猴桃技术人才，100 名中级专业技术干部，1000 名农民骨干技术员；科技入户 1000 户。

科技入户工作组首席专家刘占德教授主持的"陕西省猕猴桃标准化

生产关键技术集成与推广"项目获得陕西省第十六届（2013—2014 年度）农业技术推广成果奖一等奖。猕猴桃科技入户工作组成员得到了很好的锻炼,科技入户工作的主要参加单位眉县果业技术推广服务中心取得"应用臭氧新技术综合防治猕猴桃溃疡病研究与推广"和"秦岭北麓软枣猕猴桃引种与栽培技术研究"两项陕西省科技成果,获得宝鸡市农业技术推广奖三项、宝鸡市科学技术奖一项,国家专利五项;屈学农同志 2015 年被宝鸡市委市政府授予"宝鸡市有突出贡献拔尖人才";赵英杰同志在 2011 年宝鸡市果业技术比武中,被市农业局授予"市级技术标兵",在 2013 年陕西省第二届基层农技员技能大赛中获得果树园艺工"技术状元";赵菊琴同志在 2011 年全市果业技术比武中获得一等奖。这些荣誉的背后是眉县猕猴桃产业人才队伍的壮大。在校县合作过程中,不仅技术力量推广到了果农手中,县乡农业技术人员的业务素质也得到了很大提高。在访谈中,县乡农技人员说的最多的话就是"科技入户工程不仅教育了果农,也教育了我",他们通过与专家的交流,理论知识大为提升,而在与果农的交流中,他们的实际操作水平也有了很大提升。

为进一步提升果农科学文化素质,近年来,眉县根据发展现代农业对技术人才的需求,积极开展职业农民、实用技术等各类农业技术培训。目前,眉县取得"新型职业农民证书"的有 520 人,其中,高级职业农民 6 人,中级职业农民 124 人,初级职业农民 390 人。这些人常年活跃在田间地头,与县乡科技人员一起,指导、影响和带动着身边的果农开展标准化作务、精细化管理,科技推广"最后一公里"的问题得到有效解决,精细的作务管理确保了眉县猕猴桃的优质、丰产、高效。在对这些学员的培训中,西北农林科技大学的安成立、刘存寿和姚春潮等专家付出很多,非常受学员的欢迎,每次上课学员们都热情高涨,认真听讲,积极提问,课间围着老师交流讨论,这些学员也经常到西北农林科技大学的试验站参观学习,观察试验站的作务情况,并通过专家了解到国际上最新的猕猴桃发展动态。如果在试验站看到好的技术,他们就会努力把技术学到手并运用到自家的果园里。这个过程中学员的技术和作务水平大为提高,形成了一支强劲的技术力量。这为眉县培养了大批技术骨干和乡土专家,也扩大了民间农技推广力量。

最后也是最不能忽视的就是对果农的培养。科技入户工程秉承"科技创新、人才培养、提升质量、品牌培育"的工作思路,以提高猕猴桃标准化生产水平为核心,狠抓高标准科技示范园和标准化生产基地建设。在全县共分 7 个工作组,由西北农林科技大学猕猴桃试验站专家、县乡农技干部、乡土专家组成,每年抓建 7 个重点示范村,打造 10 个高标准示范园,培养乡土人才 20 名,示范推广新技术 3 项,指导科技示范户800 户,培训果农 5 万人次以上,全面提升了眉县猕猴桃科技作务水平,为猕猴桃产业健康持续发展发挥了重要作用。这些专家和科技人员以科技推广为己任,手把手教果农技术,心贴心为果农服务,在提高果农技术的同时,他们也与果农们结成了"一家人"。每逢过年是最令这些专家和技术人员"恐惧"的,因为总是担心果农发来的温暖问候"挤爆"了自己的手机。有次刘占德老师的车停在路边被经过的果农发现,看车里没人就给刘老师打电话,刘老师以为又是果农家的果树出问题了,接通后果农说看到刘老师的车子在路边,想让刘老师中午去他家里吃饭呢。

五　骄人的经济成果

从 2006 年眉县人民政府与西北农林科技大学签署战略合作协议至今,眉县猕猴桃产业取得了骄人的成绩。猕猴桃种植面积由 2006 年科技入户工程开始实施时的 8 万亩扩大到 2015 年的 29.8 万亩,产量由 2006 年的25 万吨增加到 2015 年的 45 万吨,产值由 9 亿元增加到 2015 年底的 25 亿元,农民人均猕猴桃收入也由开始的 3400 元增加到 2015 年的 9800 元。2012 年 12 月,农业部批准建设国家级(眉县)猕猴桃批发市场,这是全国第七个农产品专业批发市场,也是全国唯一的国家级猕猴桃批发市场。该市场建设估算总投资 30.58 亿元,其中政府投资 6.2 亿元,企业投资24.38 亿元,规划总面积 2800 亩,一期占地面积 1098 亩,建设科技研发与会展中心区、果品及果用物资交易区、鲜果冷藏处理区、综合加工区、物流配送区、综合管理服务区六大功能区和配套的基础设施及标准化生产示范基地。国家级(眉县)猕猴桃批发市场于 2012 年 5 月动工建设,已建成科技研发与会展中心区、果品及果用物资交易区、鲜果冷藏处理区、6 万吨气调冷库、综合加工区果汁生产线等项目,以及配套的水电路气信等基础设施;累计完成投资 20.22 亿元,其中政府投资 4.86 亿元,企业投资 15.36 亿元。目前已有新西兰环球园艺、天人果汁集团、齐峰果业等 13 家知名企业入驻园区，已基本形成了以会展贸易、科技研发、技术交流、仓储加工、信息服务、物流集散、猕猴桃价格指数发布、产业标准化导向和观光旅游等功能为一体的国家级猕猴桃批发交易中心。该市场建成后，将成为立足宝鸡、引领陕西、辐射全国、对接国际市场的国家级平台，推动猕猴桃产业向实现专业化、标准化、规模化、品牌化方向发展。

2015 年在北京、上海、广州等一线城市与主销城市建设了 20 个"陕果·眉县猕猴桃"品牌实体形象店；当年猕猴桃电商销售呈井喷式发展，全县参与猕猴桃网络销售的经营主体有 34 家，个体商户 260 多家，注册网店 150 户，个人微信、QQ 销售达到 200 余户。全县形成了"以大型龙头企业为引领，农民专业合作社为主体，标准化生产基地为基础"的集生产、贮藏、加工、销售为一体的完整产业链。眉县猕猴桃销售网络覆盖北京、上海、广东等 20 多个省、市，并出口到俄罗斯等国家。2015年，在全国大部分水果销售形势异常艰难的情况下，眉县猕猴桃一枝独秀、产销两旺，全县果农收入持续增长。

目前，全县猕猴桃栽培面积已达到 30 万亩，猕猴桃栽植面积将近陕西省的 1/3，农民户均栽植猕猴桃 4.5 亩，人均 1.16 亩，猕猴桃从业人员达到 12 万人；全县 122 个行政村，有 120 个村栽植猕猴桃，占行政村总数的 98%，形成了猕猴桃一村一品示范村 77 个、示范镇 6 个，是国内外猕猴桃产业聚集度比较高的区域之一，形成了一县一品的产业格局。2015 年全县猕猴桃总产量 45 万吨，产值 25 亿元，农民人均猕猴桃产业收入达到 9800 元，猕猴桃产业已经成为眉县农村经济的支柱产业和农民增收致富的主导产业。

六 潜力无穷的社会效益

在注重提高果农素质，增加经济收益的同时，眉县政府还注重挖掘猕猴桃内在文化，丰富其社会内涵，现在眉县已成立了猕猴桃文化研究会，研究猕猴桃历史文化、编撰眉县猕猴桃史集，全方位挖掘眉县猕猴桃的深厚文化底蕴。并注重宣传推介和品牌引领，在全县交通要道及 7 个镇 8 个示范村共建立标志牌 74 面，在眉县的东大门和国家级眉县猕猴桃批发市场设立标志性建筑，全方位展示眉县猕猴桃示范基地建设成果。

为了增强眉县猕猴桃的知名度，提高其全面效益，眉县上上下下都投身到宣传工作中。

2006年10月，时任眉县县委书记王琳、县长张乃卫手拿猕猴桃，在西安街道上绘声绘色地介绍着眉县的优质无公害猕猴桃。见一位提着菜篮子的老人好奇地看着眼前的猕猴桃新品种，县委书记王琳拿起一个猕猴桃，用小刀切开后，盛了一勺子递给老人说："老人家，这是我们的新品种，无公害，请您品尝。"老人吃完后赞不绝口，连声说好吃，围观的群众纷纷上前试吃，现场气氛非常活跃。据悉，为让眉县的无公害猕猴桃广为人知，由陕西省农业厅、西北农林科技大学和眉县人民政府联合举办了这次优质无公害猕猴桃产品西安推介会。"我们眉县是目前陕西省最大的无公害猕猴桃生产基地，这次我们准备和十家公司签订合同，其中还有外国的公司，我们要把这种不蘸药、无公害的绿色产品推广出去！"县长张乃卫表示，作为猕猴桃生产大县，"我们向古城人民表态，我们诚实生产，请市民放心食用"①。

2007年，果农在杨凌农高会举办眉县猕猴桃推介会；2008年，开展了首届猕猴桃采摘节；2009年和2010年，眉县参加了中国猕猴桃国际贸易交流会，参与大型演出，进行产业交流，吸引客商；2011年，举办第二届采摘节、"上海妈妈团猕猴桃之乡眉县之行"以及"十大权威媒体走进猕猴桃之乡果乡行"；2012年至2016年，连续5年在眉县举办中国猕猴桃产业发展大会；2014年在杨凌农高会上举办"鉴宝农高会"，并在央视七套的《每日农经》《聚焦三农》《农广天地》等栏目，先后录制节目或专题片宣传眉县猕猴桃；2015年和2016年开展了"百名大学生为家乡猕猴桃代言"，引爆了网络销售，同时在2015年，更是耗巨资拍摄了科教电影《太白山下猕猴桃》和地理标志创建专题片《太白山下奇异果》。此外，还积极向其他国家展示眉县猕猴桃的风采，参加中国—东盟农业博览会（南宁）、亚欧博览会（新疆）、亚果会（上海）、国际农交会（北京）、西安丝博会，为提高猕猴桃知名度，眉县农业人可以说是想尽办法、挖空心思，终于让眉县猕猴桃的品牌声誉和品牌影响力逐年攀升，也让眉县果农尝到了真正的甜头。

---

① 《华商报》2006年10月11日。

眉县县委、县政府立足地缘、科技、外资三大优势,大力发展猕猴桃特色产业,紧紧围绕"扩规模、提品质、延链条、树品牌、占市场、保安全"的发展思路,不断推进猕猴桃产业规模化、标准化、品牌化、国际化进程。经过不懈努力,眉县猕猴桃终于取得巨大成功,获得了一系列荣誉。2010 年 9 月,"眉县猕猴桃"取得国家地理标志认证;2011 年 11 月,眉县被国家标准委确定为全国农业标准化优秀示范区;"眉县猕猴桃"被评为"2011 消费者最喜爱的 100 个中国农产品区域公用品牌";2012 年 10 月,"眉县猕猴桃"荣获"首届全国休闲农业创意产品银奖";2009 年 11 月,眉县荣获"中国猕猴桃无公害科技示范县"称号;"眉县猕猴桃"被评为"2011 最具影响力中国农产品区域公用品牌";"眉县猕猴桃"被评为"2012 最具影响力中国农产品区域公用品牌";2015 年,"眉县猕猴桃"农产品地理标志示范样板创建顺利通过农业部验收,被农业部授予"国家级农产品地理标志示范样板",并荣获"2015 最具投资价值的中国农产品区域公用品牌"。眉县猕猴桃多次荣获"最受消费者喜爱的中国农产品区域公用品牌""最具影响力中国农产品区域公用品牌"。经国家质检总局、中央电视台、中国国际贸易促进会、中国品牌建设促进会等权威机构评定,"眉县猕猴桃"品牌价值达 98.28 亿元。

由于国外猕猴桃尤其是新西兰佳沛奇异果在中国市场的影响力增大,逐步使眉县人民感受到危机重重,也意识到品牌的重要性。2016 年,眉县政府聘请国内知名团队,量身打造了眉县猕猴桃区域公用品牌战略规划,从价值挖掘、符号创意、传播口号到目标定位、规划战略、实现途径,进行了全方位的包装设计,立志"打造中国猕猴桃标志性品牌",成就"眉县猕猴桃,酸甜刚刚好"的市场宣传效应。我们相信,有全方位的产业规划,长远宏伟的产业定位,更重要的是有"眉县猕猴桃产业化科技示范与科技入户工程"这艘技术航母,眉县猕猴桃产业未来一定可以走上康庄大道。

第 四 章

乡土专家:农技推广的
助推器与安全阀

第一节 乡土专家的基本面貌

一 乡土专家的多重角色

2006 年以来,眉县人民政府和西北农林科技大学签署战略合作协议,共同开展"眉县猕猴桃产业科技示范与科技入户工程",已经在眉县培养了数百名乡土人才,选拔出的这些农村实用人才覆盖了全县 7 个猕猴桃主产镇。眉县猕猴桃产业繁荣发展的过程,也正是乡土专家成长壮大的历程。理解了乡土专家,才能理解眉县猕猴桃产业迅猛发展的奥秘。

(一) 政府眼中的"多面手"

在眉县这个地处秦岭北麓渭河以南的小县城中,到处弥漫着猕猴桃的芬芳气息。路边悬挂的"中国猕猴桃之乡"的宣传标语随处可见,街边小店售卖着"酸甜刚刚好"的猕猴桃鲜果,各个政府部门进门处都可以瞧见"猕猴桃十项关键技术"的海报……从这些方面来说,眉县政府对猕猴桃产业的推动可谓不遗余力。然而,最为关键的是经过十多年的努力,培养了一支技术能力过硬、理论水平扎实的技术队伍。"乡土专家应当是具备懂技术、会经营、善管理的农村实用人才,他们发挥着示范引领和技术推广作用。"从这个角度来说,乡土专家承担着"多面手"的角色:第一,试验示范者。新的农业科技通常会选取这些乡土专家的园子进行试点,等到技术成熟后再行推广给广大果农;同时,乡土专家的猕猴桃园通常承担着技术培训的任务,为广大果农提供技术示范。第二,农技推广员。乡土专家不只是被动地承担试验与示范任务,更为重要的是他们将所学到的理论知识与实践经验进行对接,从而让技术实现"在地化",更快地将诸如水肥一体化、园中生草等技术推广出去。第三,致富带头人。乡土专家在长期的培训与交流中掌握了国家政策与市场信息,可以将相关的关键信息与果农进行沟通,并承担与外部市场对接的责任,不仅帮助广大果农提升作务水平,更能将猕猴桃卖出好价钱。正是通过乡土专家的"多面手"角色,眉县政府不仅将猕猴桃标准化技术辐射到千家万户,更是与广大果农拉近了距离,建立了深厚的感情。

(二) 教授身边的"翻译员"

眉县猕猴桃种植面积超过 30 万亩,但是从事种植生产的果农多达 12 万人。由于果农自身文化程度、作务水平以及诚信素质等方面参差不齐的原因,使果农掌握的技术远远达不到标准化的要求。大部分果农都有技术的需求,但却没有合适的渠道获取。西北农林科技大学的专家掌握着先进的技术,通过"科技入户工程"可以深入到农村中进行技术培训与科技推广,但是这些标准化的技术需要乡土专家充当"翻译员"来转译给广大果农。在这里所说的翻译,并非是通常认为的两种语言的转化,而是将较为复杂难懂的科学知识,通过乡土专家转化为便于村民理解的地方知识。如同一名合格的"翻译员",乡土专家也必须具备以下几个条件:一是具有扎实的基本功,即较高水平的作务能力;二是具有良好的沟通能力,即准确向广大果农讲解标准化技术,并且向专家反馈果农真实的技术需求;三是认真负责的态度,即不厌其烦地进行技术试验与推广。

虽然乡土专家对于大学教授所推广的技术进行着翻译和转化,但大多数农技都来自专家的标准化培训,否则就容易陷入"盲人摸象"的经验主义中。刘占德教授对此也表示:"根据我们这些年摸索出来的经验,果农很少听我们的,都听这些乡土专家的。虽然我们为乡土专家提供与国际接轨的标准技术,但是一个地方的产业化水平不在于我们(大学教授),而在于这些乡土专家。"这也形象地说明,乡土专家可以从大学教授这里学习到标准化技术,并示范推广给其他果农。更为重要的是,大学教授可以通过乡土专家及时了解到猕猴桃产业发展中的一些问题,及时进行课题研究,从而达到国际领先水平。这两个方面都表明,大学教授在向广大果农进行技术培训时需要乡土专家发挥"桥梁"作用。

（三）果农口中的"田教授"

在眉县县城随意问一位家中种植猕猴桃的出租车司机，聊起乡土专家的事情，他都会兴致勃勃地和你说起一连串的名字以及他们的故事。这不仅得益于眉县上下对猕猴桃产业发展的重视，更是因为乡土专家缔造的一个个致富"神话"。这些乡土专家在乡村社会有着更为亲切的叫法——"田教授"。不是谁都可以称得上"田教授"的，在广大果农看来，"田教授"必须具备两个硬指标：一是公认的技术能手；二是经过专门培训后取得职业农民资格认证证书。第一个指标没有固定的内涵，但大体而言，需要具有致富能力强、技术水平高、能够讲清理论等特征；第二个指标则指明乡土专家还需得到政府认可，获得认证证书。这两个指标最为鲜明的体现就是，自家的猕猴桃园子种植好，猕猴桃果的品质高。这些"田教授"本身也在村子里种植几亩猕猴桃，通常卖价是乡镇最高的几户，比如田家寨村乡土专家田振斌 2015 年 7 亩徐香猕猴桃就卖出了 28 万元的高价。村民们平日里闲谈说起这些"田教授"，都赞不绝口："瞧着简单的农活，没想到他们手上有这么多技术含量，怪不得人家的（经济）效益好。"这些年，逢年过节的时候，村民们不像以前一样简单地走亲访友，而是会到这些乡土专家的田地里参观学习，形成了一种良好的学习风气。诸如田振斌这样的"田教授"懂技术、会经营，也愿意给村民们分享自己的作务经验，赢得了村内外果农的高度认可。相对于大学里的教授和县乡农技人员，他们长期居住在村庄社会，是广大果农看得见、问得着、留得住的"田教授"，成为农民增收、农业增效、农村发展的"活教材"。

二 乡土专家的四种心理特质

在不同人的眼中，乡土专家扮演着不同的角色。不管是"多面手""翻译员"还是"田教授"，乡土专家都是当前眉县农技推广体系中的不可或缺的重要一环，他们凭借着自身较高的作务能力，获得了县乡农技人员的关注，也赢得了广大果农的认可。从他们自身来说，乡土专家具有典型的四种心理特质：热爱农业的强烈兴趣、拔尖突出的技术能力、主动分享的心理性格以及灵活持重的气质类型。

热爱农业的强烈兴趣是首要前提。如同一句老话所言:"干一行,爱一行。"这些乡土专家基本上是村子较早甚至最早种植猕猴桃的人,和其他村民相比,他们对于猕猴桃这种新鲜事物的兴趣感与关注度更高。一旦其拥有更高的兴趣,就会促使充分调动积极性,千方百计地寻求认识事物与解决困难的方法和手段。而影响乡土专家兴趣的因素主要有以下四个:一是培训的参与程度;二是农技推广服务内容的新奇程度;三是自身是否有前期的作务经验;四是与自身利益的相关程度。从这些乡土专家的早期经历来看,他们较为集中地受到这些因素的影响,也正是在这些因素的激发下,他们对于种植猕猴桃保持着较高的兴趣,最终成为乡村社会里拔尖的一批技术精英。

拔尖突出的技术能力是重要支撑。乡土专家光有兴趣还远远不够,因为兴趣并不能支持长期的人力物力的投资,毕竟猕猴桃种植是一种资本与劳动双重密集型产业。在眉县猕猴桃发展的早期,不少果农看到猕猴桃的收入较为可观,纷纷跟风种植。后来,由于膨大剂的滥用、技术能力跟不上、农资化肥投入不足等多种因素,使猕猴桃产业在20世纪90年代遭到重大打击。但是,仍然有不少的果农坚持下来,并且越做越好、越做越大。这些人本身在种植猕猴桃之前就是村里技术能力较为突出的,因而在接触到猕猴桃后更容易上手,更容易接受新事物。经过较长时间的技术摸索与培训交流之后,他们掌握了超过一般人的技术能力。而这些技术能力在田间地头是最容易辨识与对比的,是可以通过每亩的经济效益来反映出来的。

主动分享的心理性格是不断成长的基础。乡土专家作为村庄社会中较早种植猕猴桃的一批人,他们自身在这个产业兴起之初就掌握着较多的技术经验,但只是某些方面的种植经验,很难说懂得了猕猴桃种植背后的机理与理论。如果他们各自耕作,互不交流,藏着掖着各自的特殊作务技巧,就无法带动其他果农一起致富,也不利于猕猴桃产业的长期发展。村里对于这些藏着掖着的人只能称呼为"致富能手"或者"技术能手",无法给予其"乡土专家"的美誉。其中,最大的区别就在于乡土专家愿意分享自己的耕作技巧,通过毫无保留的分享,赢得广大村民的认可。同时,乡土专家在分享自身作务经验后也获得了更快的成长,掌握到更多的技术本领。

灵活持重的气质类型是外显人格。古希腊医生希波克拉底将人的气质划分为四种不同类型：多血质、胆汁质、黏液质和抑郁质。巴甫洛夫也提出了更为典型的高级神经行动类型：活泼的、安静的、不可抑制的和弱的。将这两种划分对应起来可以发现，乡土专家在长期的作务过程中更为呈现出反应灵活、勤奋踏实的个人特质，呈现出较为复杂的个人心理活动特征。与这些乡土专家进行交流的过程中，很容易感受到他们的反应较快，非常健谈，可以回应与捕捉相关的信息并有针对性地予以反馈。显然，这些外显的气质人格方面已经和大多数果农不一样，他们对于外界的适应和承受能力较强。

不管是从他人看来，还是从乡土专家自身的心理特质来看，这里已经勾勒出乡土专家的一些基本面貌，也回应了眉县猕猴桃产业为什么能够发展起来的问题。乡土专家成为农技的"二传手"，将科研院所、农业高校等研发的先进的标准化技术传递到广大的果农手中，这种作用是显而易见的，也是区别于县乡农技干部的科技推广服务的一个重要方面。眉县猕猴桃产业的发展离不开这些乡土专家。接下来，本书将简要介绍乡土专家的成长历程。

第二节 乡土专家的成长历程

虽然眉县猕猴桃产业的起步不如周至县早，但是却在持续发展中得到广大果农的积极响应，并从中脱颖而出了一批对猕猴桃种植有兴趣、懂技术、会管理的农村能人。他们在长期的作务过程中，首先代表着广大果农与县乡农技推广服务部门或者外界的大市场进行联系对接。然后，当眉县政府将主导产业定位于猕猴桃后，就积极引导这些自发涌现出的技术能手，通过多元渠道将他们纳入到猕猴桃产业发展的重要环节中，最终将其培养成为素质较高、能力过硬的乡土专家。整体上看，乡土专家是一种内生型实用人才，其形成过程离不开政府相关部门的引导与培训。

一 猕猴桃产业早期发展中的乡土专家

如前文所述，眉县主导产业的发展多有曲折。直到 2000 年前后，发展猕猴桃才成为眉县果农的首要选择。虽然眉县农业产业结构调整颇多不顺,但正是这些经济作物的推广,为眉县培养了一批经济条件良好、具有一定作务技术以及信息掌握较多的农村实用人才,进而为眉县猕猴桃产业的发展奠定了较好的基础。

在20世纪90年代初,为发展农村经济,帮助广大农民尽快脱贫致富,原陕西省农科院与眉县园艺站联手在猕猴桃适生区开展科技承包入户活动。但这个时期主要推广的是苹果产业技术,当时的目标是"一万亩苹果",猕猴桃只是在个别的一些地方试点种植。因为当时农民认为猕猴桃是一种新鲜事物,存有颇多疑问:"这种浑身长满毛的东西也能卖钱?"正是这种担忧怀疑的心情使得大多数农民都不愿意种植,只有少数人在地方政府的劝说与支持下开始初次尝试。根据有限的种植经验,猕猴桃的最佳种植区应是沙土地。所以,眉县园艺站(今果业中心)经过慎重考虑后,选择霸王河两岸作为猕猴桃种植区。经过2—3年的打理,猕猴桃的产业经济效益十分明显,苗木进入市场后供不应求,而首批果子更是卖价连连翻高。村民们见着了实实在在的利润,当即跟着村里的一些技术能手学习种植。比如,金渠镇下第二坡村从1989年的不足50亩地发展到1993年的150多亩地。但在这个时候,也就出现了河滩地不够用的问题。当时承包下第二坡村的龙周侠老师与赵正财等几位技术能手共同商讨,在充分论证后,果断带领大家进行了一场"土地革命",一排排新建园整齐地耸立在坡塬地。没有水,大家拉水、担水,村民们硬是凭着热火朝天的干劲解决了猕猴桃的灌溉问题。实践证明,塬地也可以种好猕猴桃。这个经验得到了及时的总结,并向其他地方推广。这时,乡土专家的作用就得到有效发挥,不仅表现在猕猴桃早期发展的时候,其首先站出来承担试点试验工作,更是在猕猴桃发展壮大的时期协助专家教授共同发展研发应用新技术。

不仅是在示范村,而且在没有成为示范村的地方,乡土专家的作用也非常明显。他们没有得到免费的苗木、钢丝、水泥杆和技术指导等支持,但是却将一些示范村的技术直接引进到各自的村子,从而为本村猕猴桃产业的迅猛发展播下了"种子"。正如首善镇第五村的村民老焦所言:

我是我们老三组（现第三组和第九组）中最早种植猕猴桃的，因为我比较爱走动，在 1989 年就知道了下第二坡村有猕猴桃种植示范园。后来听说他们每亩地的猕猴桃可以卖到上万元，我觉得不能再等了。于是，在 1992 年我从外地引进了苗木，将自家的 3 亩多地用来种植秦美，等到 1996 年开始挂果，效益也还不错，缴纳特产税后 3 亩地总共 7000—8000 元的毛收入。但是一直到 2005 年后才开始扩建自家的猕猴桃园子，其他的几亩地还是用来种植小麦、玉米等。我当时没有一直在家务果，还从事一些零工以补贴家用。对于我们村来说，虽然猕猴桃的效益比较高，但是还没有吃透（种植技术），所以种植的人比较少，几年下来也只有几户人家种植猕猴桃。当时的人思想观念比较简单，用我们的土话来说"走着看着!"对于新鲜事物，还没有足够的能力去收集。当时，县上对于猕猴桃的重视程度还没有今天这么高，更多还需要我们自己去闯市场。①

这位自称"老农民一个"的老焦是县农业技术推广服务中心土肥站推荐的一位知名的资深猕猴桃专业户，他从种植猕猴桃开始便经常往土肥站等农技服务部门跑，从刚开始的骑自行车换成了现在的摩托车，因而与县上建立了较好的关系。也正是因为这个缘故，县上有一些试验项目都是直接放在他们家的猕猴桃园里进行。"我们自己也有一些试验田，但是比较远，而把试验放在老焦的田地里进行，最主要是老焦个人比较热衷于猕猴桃种植，他也想搞明白猕猴桃种植的一些毛病。我们一拍即合，至今也有 10 年的合作了。"农业技术服务中心土肥站站长朱岁层表示说。老焦家兄弟几人在 2005 年便承包了村上 20 多亩机动地，加上自家的责任田足足有 30 多亩猕猴桃园子，这些田地平日里主要是由老焦来打理。

赵正财和老焦代表了猕猴桃产业发展初期的乡土专家，他们虽然对猕猴桃的种植理论并不精通，但是怀抱有热切的兴趣和热情，也愿意投入更多的时间精力进行学习与摸索。有些生活在政府确定的示范村里的

---

① 来自 2016 年 12 月 1 日对眉县首善镇第五村村民焦公社的访谈。

乡土专家，能够得到更多的政策扶持、技术指导和配送物资，也能够再次激发自己的兴趣。同时，他们也能够引领和带动更多的本村人甚至外村的一些人采用猕猴桃种植技术。有些乡土专家虽然没有得到示范村的这些资源，但是自身与县上土肥站、园艺站等的工作人员建立了良好的私人关系，能够将技术向一些非示范村跃迁式扩散，营造出"以点带面，多点并存"的发展局面，为后来的猕猴桃产业大发展奠定了良好的基础。

二 多元力量引导乡土专家

到 2000 年前后，随着渭北苹果优生区的快速崛起，眉县苹果产业遭遇冲击，苹果也就成为农民的"伤心果"，眉县出现了大量的砍树现象，农民们的损失较为惨重。这个时候，眉县领导将目光投向了猕猴桃产业，将其作为县域产业结构调整的主要方向。1998 年，眉县县委、县政府制定并实施了《关于进一步推进农业产业化经营，努力增加农民收入的决定》，出台了一系列关于扶持猕猴桃产业发展的优惠政策。到 2001 年，时任眉县县长的张乃卫更是提出了"人均一亩猕猴桃"的口号，政府成为猕猴桃产业发展的直接推动力量。

在眉县县委政府的大力支持下，相关职能部门也更为重视猕猴桃产业的发展。但是，农技综合服务中心"三权归镇"改革后，县农技推广部门在大多数情况下只能"一竿子插到底"，"瘸腿"现象非常明显。因而，县级政府相关职能部门只能在村庄内部寻求有生力量来保证农技服务的连续性，由此，乡土专家的价值被重视和逐步挖掘。

2006 年，眉县县委县政府与西北农林科技大学联合，由西北农林科技大学组建专家团队提供技术支撑，眉县人民政府提供科研生产基地，实施项目资金扶持，全面建立产学研一体化合作体系，引进、研发、示范并举，培养、引领、带动一批猕猴桃生产营销技术骨干和乡土人才。在第一期科技入户工程中，眉县与西北农林科技大学按照"市场引导，科技先行，技术入户，项目支撑，行政推动"的思路，采取抓点示范、培训果农、辐射带动等方式，大力推广猕猴桃先进实用技术的发展。同时，眉县县委县政府推出了配套的"十百千人才培养计划"。在这些政策方针的指导下，眉县猕猴桃产业迎来了第二次大发展。

在科技入户工程开始实施时，还没有"乡土专家"的称呼。但是，这些技术冒尖的农村实用人才在当时就得到了很多关注。果业中心的屈学农主任介绍说："刚开始我们就有了这样的工作机制，在经过两年的观察后，一步步将一些优秀的乡土专家纳入到我们的工作组中，从而起到了更快带动群众发展致富的作用。"2008 年，西北农林科技大学的专家和县乡农技推广部门经过慎重考虑后，正式将这些乡土专家纳入到科技入户工程工作组中。第二期科技入户工程实施期间，政府认定的乡土专家数量从原来的 40 名增加到 65 名，眉县猕猴桃产业的人才队伍得到进一步的壮大与发展。原来科技入户工程工作组主抓金渠镇、横渠镇等 7 个猕猴桃主产镇的 10 个示范村，此后扩大到 15 个示范村，覆盖辐射面进一步拓展。

2016 年，眉县政府和西北农林科技大学签署了第三期猕猴桃产业发展实施方案，双方联合成立"眉县猕猴桃产业化科技示范与科技入户工程"领导小组，下设办公室，地点设在农业局，由办公室负责科技入户工程日常工作。同时，眉县政府要求各乡镇、村组要确定专人负责科技入户工作，及时上通下联，促进科技入户工程各项任务顺利实施。此外，优化了技术服务力量，组建了技术团队，明确了未来 5 年的工作目标，努力确保科技入户工程的各项工作得到充分的落实。由此，乡土专家在整个眉县猕猴桃产业发展中扮演着越来越重要的角色。正如屈学农主任所言："一期科技入户工程解决我们如何飞起来，二期解决我们怎么飞得高，三期解决我们怎么飞得远。这个目标的实现需要我们共同的努力。"这个"共同的努力"就是深化合作，促使眉县猕猴桃产业迈上新台阶。

科技入户工程很大程度上解决了农业科技很难进入千家万户的问题，尤其是由于自身文化程度较低、盲目迷信大田作务经验等因素共同造成的果农不愿轻易尝试"新鲜事物"带来的技术推广难题。眉县政府和西北农林科技大学共同形成了一个有效的运作机制，让每个村镇中的乡土专家加入其中，通过专家负责制，共同将标准化的技术传递下去。同时，各个工作组之间又有着相互的交流，这就形成了一个统一的标准化技术团队。从而，乡土专家就有可能从一个单纯依靠耕作经验的"大老粗"迅速成长为一名懂技术、善经营、会管理的农村实用人才。

三 乡土专家的成长路径

乡土专家的成长并不是一帆风顺的。他们在初期确实是凭借自身的摸索与兴趣做到了快人一步，但是面对"新鲜事物"终究很难做到长期受益。如今，果农们谈起20世纪90年代苹果疯狂掉价的往事仍然心有余悸，这也构成眉县很多农民的共同记忆。少数村民能够毅然决然地种植猕猴桃，背后有着复杂的成因。田家寨村的村委会副主任姚林科对于那段历程的表述具有较强的代表意义：

> 我家里兄弟姐妹较多，家庭条件一般。1979年我虽然学习成绩比较好，学费也才每年2元，但是初中还没毕业就回到村里担任生产队的记分员。1983年，我们村包产到户后，由于家庭负担较重，我觉得种植小麦、玉米赚不了钱，每亩地毛收入才1000多元，家里几乎没有积蓄。于是我和村里朱建斌三个人承包了村上的20多亩乔化苹果园，一直承包到1987年。前几年效益一般，等到1986年末效益相当好，我们3个人每个人分到了7000多元的毛收入，这在当时是一笔巨款，引起了村里的轰动。之后我又和村里续约，但这次承包了10年，一直到1997年。但90年代初，渭北地区的苹果发展了起来，对我们的苹果产业造成了极大的冲击。红富士品种从每斤1—2元，直接掉价到每斤8分钱，果农们连夜排队在果汁厂卖苹果，基本上亏本，都把树砍了。政府在1992年前后开始宣传我们眉县是猕猴桃优生区，于是我家也种植了3亩多地的秦美。自己也摸索猕猴桃的种植方法，也外出到周至县、下第二坡村等几个地方参观学习。之后，村组上也开始大力发展猕猴桃，我们1组是村里发展最快的。2002年，在小组长的带动下成立了猕猴桃民间协会，村里的一些热心人也比较多，比如田振斌、朱建斌等，相互之间也经常交流。①

姚林科自身的经历揭示出，乡土专家的形成是需要得到引导的，渠

---

① 来自2016年12月26日对眉县金渠镇田家寨村村民姚林科的访谈。

道也是多种多样的。眉县政府在人才培养方面一直奉行着"引进来,走出去"的发展战略:"引进来"就是将外界先进的猕猴桃作务技术与信息,通过科技下乡、科技入户工程以及组织培训等方式传下去,使乡土专家能够了解与掌握这些技术;"走出去"则通过为村民们提供平台,让村民去往猕猴桃种植技术较高的地区参观学习。通过两个方面的合力,才能真正培育出优秀的农村实用人才。曾担任过县人大代表的田家寨村民薛兴荣对于这个战略有着深刻的体会:

> 从1992年开始,县政府宣传我们是猕猴桃的优生区,但是当时的村民没怎么回应。我们1组是1996年前后最早发展起来的,因为组上当时有一些人承包了一些苹果树,相互之间经常交流,意识超前。当时我们就觉得,要想富裕起来,必须要发展经济作物。因为有着种植苹果树的经验,也了解水果的市场行情,对于猕猴桃种植也比较有信心。我当时在县上开完会,回来后宣传猕猴桃种植,但是推广效果一直不温不火。之后,孙乐斌担任我们组长后,反复动员村民,更是在310国道边集资修建了一些冷库,从而带动了村民们放心种植猕猴桃。随着效益越来越好,其他村组的人也开始种植猕猴桃,我们也愿意帮助其他村民。将心比心来说,谁家里没有一些琐事?都需要他人的帮助。2012年,我们几个比较热心的人专门成立了海振兴专业合作社,通过承接一些项目,来搞培训,提供技术性服务。这和公司经商以赚钱为目的不同,我们想着农民们务好猕猴桃。整体来说,我们田家寨村1组做得好,前几年人均就达到1万元了,这些年不断有外村甚至外地的人来我们村组学习,央视新闻和地方新闻都上过几次了。①

如果将"引进来,走出去"战略进行拆分,则可以将果农学习技术的渠道划分为自己摸索试验、农户之间交流学习、外出参观学习以及参与技术培训等几个方面,而这些方面从层级来看,正好可以对应到从个体、团体、村组再到校县合作上,这些在案例中都有体现。通过梳理这

---

① 来自2016年12月27日对眉县金渠镇田家寨村村民薛兴荣的访谈。

些案例,我们可以更为清晰地发现,眉县猕猴桃产业的第一步是政府先引进并设立了几个示范村,然后乡土专家由于快人一步而逐渐成长起来。正如金渠镇下第二坡村村委会副主任张建兵说:"那时的情况是,谁家种得早谁挣得多,谁家种得多谁富得快。"在政府引进外来的技术与信息之后,乡土专家才有了更多的成长渠道。正是在县政府的指挥棒下,乡土专家受到多元主体的引导,才有了更为迅速的成长空间。

"引进来"战略包括引进外面的技术专家以及猕猴桃企业等。对于猕猴桃这种新鲜事物,乡土专家早期也没有多少种植经验,特别是对处在非示范村的乡土专家来说。即使是一些技术专家,他们的技术大多也是来自于新西兰地区,很多技术需要经过试验才能适应本地,才能进行有效推广。因而乡土专家更多是"走着、看着"进行学习,由于初期的效益并不稳定,或者自身事物较多,很多乡土专家并不是一心扑在猕猴桃上,而是先种植了几亩地尝试,农闲的时候也会外出打零工,猕猴桃的产量容易出现"大小年",即产量一年高,一年低,极其不稳定。等到"校县合作"之后,乡土专家直接与大学教授联系对接起来,才可以学到标准化的作务技术。在此之前,乡土专家掌握的主要是一些"土方法"。第五村村民老焦总结了自己的学习经验:"学习有以下几个渠道:一是靠闲聊;二是自己留神;三是自己看书籍杂志学习;四是也看一些相关的农业节目频道。"

"走出去"战略分为两个阶段,第一个阶段是输送人员外出学习,有选择地将人才组织到附近示范村或者县里学习,有的人甚至跑到外省、外国去参观学习;第二个阶段是输送猕猴桃技术能手到附近村镇、县市,甚至到外省开展外出讲解培训工作,宣传推介眉县猕猴桃。在第一个阶段里,一些村组搭建了平台,自行组织村里的村民去一些示范村,或者到周至县学习。"这些机会很难得,我们村书记组织我们去周至县参观学习,虽然来回的车费要自己出,但是比我们独自去参观学习强多了,周至县有人会专门为我们讲解技术。"红星村村民张成辉介绍说。村里不仅提供平台外出学习,而且如果谁家的猕猴桃卖价高,会专门在县里的喇叭里进行宣传,营造了良好的学习气氛。历经十余年的发展后,眉县乡土专家拥有了丰富的作务经验,也具备了较高的理论水平。刘占德老师会经常带着县乡农技干部和这些乡土专家外出讲学,经常戏称说:"我们成了讲师团。"每到一地都受到当地果农的热烈欢迎，很多人在课间休息时都不会去上厕所，怕自己回来没有了座位。这些是正式组织层面上的"走出去"，也有一些乡土专家受到市场的热捧，比如在 2013 年，田振斌就收到 10 万元的年薪聘请他去往上海进行技术指导，朱建斌也收到周至县某公司的邀请去管理 200 多亩猕猴桃园。即使在本地，这些乡土专家替一些公司做技术指导的费用也相当高，比如冬季的修剪费用每天可达到 150—200 元。

通过"引进来，走出去"战略，乡土专家在眉县政府以及各部门的支持与引导下，得以迅速地掌握相应的操作技术，在"教"与"学"之间快速地成长起来。从乡土专家自身的成长历程来看，他们是县乡农技推广体系的一个重要补充力量，比如县上果业中心会直接给这些乡土专家发放《眉县猕猴桃果园管理操作手册》，由县上农技干部进行包村指导，从而及时地将猕猴桃种植中的一线生产信息和及时防范相应病虫害的操作技术推广给乡土专家。所以，这些乡土专家相当于县农技部门的"眼睛"与"耳朵"，在农技推广和猕猴桃产业发展中起到了关键作用。

第三节　乡土专家的类型特征

我们在前文中已经探讨了乡土专家的基本面貌和他们的成长历程，这些乡土专家具有其他一般农民所不具备的一些特质，在长时间的种植实践中积累了丰富的种植经验。按照传播学中的界定，这些乡土专家就是村域中的一些意见领袖，并且他们在多个领域都具有较强的影响力，因而是复合型的而非是单一型的意见领袖。罗杰斯在《创新的扩散》中分析认为意见领袖具有四个方面的特质，即与体系外的联系、易接近性、社会经济地位和创新性。[①] 因而，我们有必要分析乡土专家的类型特征，从而深入认识社会体系中扩散网络的运作逻辑。

---

① 参见 ［美］E.M. 罗杰斯《创新的扩散（第五版）》，唐兴通等译，电子工业出版社 2016 年版，第 337—338 页。

一 作为意见领袖的乡土专家

在传播学中，人际关系网络在创新—扩散方面对个人的影响较大，不仅可以影响个人面对创新不确定性时的应对方式，而且也可以说服个体做出接受创新的决策行为。其中，这些可以影响他人意见的具有支配作用的人就是意见领袖。一旦他们开始接受创新，就会使得单位时间内的采用者呈现指数型上升。

在大众传播流向模型中，皮下注射模型和两级传播模型比较著名，[①]前者是假设大众传媒对社会大众具有直接的、立即的和强大的效果，这种模型从一些独立的历史事件出发，认为宣传的效果极其强大，可以将信息等传播到社会角落的每一个人。后者是指创新的思想从信息源流向意见领袖，再从意见领袖流向那些对于创新不太积极的群体，这就强调了大众传媒传播渠道和人际沟通渠道之间的关系，揭示出创新的流动并非是一步到位，而是长期重复的过程。目前看来，个体接受创新的扩散渠道多种多样，但是两级传播模型突出了意见领袖的作用，对于开展相关的技术扩散有着极其明显的好处。

眉县政府早期也是采取这种皮下注射模式开展宣传，通过下乡指导等方式宣传引导农民种植猕猴桃。2006年，"校县合作"刚开始也是通过大学教授和县乡农技干部共同组成队伍，面向村里的所有农民开展技术指导与科技服务工作，但是收效不甚显著。等到2008年，将乡土专家纳入到工作组后，科技入户工程就取得了显著进展。对此，刘占德老师也感慨地说："我们过去没有搞明白，将大学教授和县乡农技干部加在一起，加到最后都是'同类项'。现在终于认识到，要教授、农技干部和乡土专家这三个方面加在一起才能发挥作用。我们过去是和县上搞活动，但是如果没有深入到农村，还是没法突破'最后一公里'。"

刘老师所说的"同类项"思想涉及相关的同质性与异质性的概念，这些概念可以帮助我们更好地理解扩散过程中乡土专家的作用与性质。

---

① 参见［美］E. M. 罗杰斯《创新的扩散（第五版）》，唐兴通等译，电子工业出版社2016年版，第322—324页。

同质性程度指的是进行沟通的两个个体之间相似程度,而异质性程度指的是沟通的两个人之间的相异程度。其中,同质性人群之间信息的交换更多,这是因为双方拥有相同的看法、信念,且互相了解,他们之间的沟通必然会更加有效。之前,工作组内主要是教授和农技干部进行交流,然后试图将相关的技术推广到农村内部的每个农民手中。在技术进村入户的时候,就会遭遇异质性难题。因为大学教授、农机干部和普通农民未能共享同一套话语体系,农民们容易对工作组推广的技术产生不理解,甚至产生误解,进而成为社会体系中创新—扩散的无形障碍。而将乡土专家加入其中,他们就相当于社会体系中的异质性人际沟通网络,类似于"桥梁"作用,可以加速扩散的过程,从而直接让各个农户接受猕猴桃种植技术,以此将不同村镇的乡土专家纳入到这种工作机制内,就可以较快地将标准化技术传递给每位农户。

这种异质性与同质性沟通网络的共同作用使得眉县猕猴桃产业技术迅速地扩散。对于这些乡土专家来说,他们具有更高的社会地位,教育程度高,较为关注技术信息,拥有更高的创新性,以及与外界接触较为频繁等特征。而对于普通农民来说,他们需要对乡土专家产生足够的信任,具备一定的文化程度,以及与乡土专家的接触较为频繁。在一个村庄内部,通常存在着多种类型的乡土专家,各自都有一些追随的农民。一些乡土专家由于自身的作务技术比较突出,得到了一些农民的认可,但是他们的技术能力更多是一些经验的总结,很难得到有效的推广。一旦遇到一些意料之外的突发情况,可能就无能为力。比如,一些突发或者新出现的病虫灾害可能就会让他们措手不及。甚至,由于乡土专家太多,"各自为政",一些技术相互抵牾,令普通农民无所适从。而乡土专家的作用应该是类似于一个助推器和安全阀,他们将来自不同地方的技术进行汇总,形成某种导向型漏斗,从而加快技术的采用速度。在科技入户工程这种工作机制内,乡土专家的技术统一来自大学教授,相互之间不会冲突,农民所遇到的一些问题也会找这些乡土专家咨询,从而得到及时的解决。这种情况下,乡土专家不仅是意见领袖,无形中也成为农业科技的"二传手"。

二　乡土专家的类型

2012 年和 2013 年，眉县连续两年承担省上的职业农民塑造工程项目。为确保职业农民塑造工程项目顺利实施，眉县人民政府出台了《关于职业农民塑造工程的扶持奖励办法》，成立了由主管副县长任组长，县农业局、土地局、财政局、信用联社、保险公司等部门负责人为成员的眉县职业农民塑造工程工作领导小组，领导小组下设办公室，办公室设在县农业局，具体负责制定实施方案、组织检查考核、进行资格认定、建立人才库、落实扶持政策等工作，确保培育工作顺利推进。通过选聘经验丰富的教学队伍，选择良好的培训基地，配备多媒体教学设备和突出重点招生，眉县组建了科学高效的培训体系。[①] 通过这些方式，眉县培养了几百名乡土专家，他们通过县上的农业技术培训，取得了"新型职业农民证书"，长年活跃在田间地头，与县乡科技人员一起，指导、影响和带动着身边的果农开展标准化作务、精细化管理工作，确保了眉县猕猴桃优质、丰产、高效的发展目标。这些乡土专家覆盖了 7 个主要猕猴桃主产镇，虽然各有不同的特色，但是也都有一些相似的地方。在此，我们将乡土专家划分为技术创新型、权威指导型和经济代办型三个不同类型，他们分别具有不同的特征。

（一）技术创新型

技术熟练是乡土专家最为重要的一个特质，虽然乡土专家的技术都是来自大学教授，但事实上乡土专家有着强烈的技术创新意识。他们掌握的技术不仅包括参与培训和外出学习的理论知识，而且包括种植经验总结提炼的实践性知识。在眉县所有的乡土专家中，金渠镇田家寨村的田振斌最具代表性。

田振斌是中国共产党党员、高级农技师，也是眉县猕猴桃行业的知名人物。2009 年，他被眉县猕猴桃协会评为"先进工作者"；2010 年，被中共眉县县委办公室、眉县人民政府办公室评为"农村优秀实用人才"；2012 年，被眉县人民政府评为"有机猕猴桃种植示范户"；2013

---

① 参见《新型职业农民培育工作情况的调研报告》，2017 年 2 月 20 日，眉县农业信息网（http：//www.sxny.gov.cn）。

年，被眉县科学技术协会评为"眉县科普惠农带头人"……

田振斌出生于 1951 年，1966 年"文化大革命"爆发，他初中未毕业就回家务农。由于相对具有较高的文化程度，他回到生产队先后担任出纳、记分员、小队长等职务，在 1975 年至 1987 年期间担任村里基层干部，带领村民一起寻求致富之路。在生产队任职期间，田振斌就经过培训成为支撑苹果产业发展的技术员。为了请教苹果种植难题，他骑车到 6 公里远的园艺场向专家请教，并由此与园艺场的专家保持着长期联系。

1983 年，分田到户后，田振斌和村里几个人一起承包了 20 亩苹果园，同时，还在家务农种植小麦、玉米等作物。但是，这些大田作物种植较难，只能勉强养家糊口，他只得在农闲时节外出务工。1987 年，田振斌改养奶牛，同时开始在田地种植苹果树、桃树和梨树等果树。1995 年，田振斌才开始把主要心思放在猕猴桃种植上，并较早加入眉县猕猴桃协会和孙乐斌牵头成立的民间科技组织，自发组织课题进行攻关研究。他们一方面积极参与县乡组织的科技培训活动，另一方面自己动手摸索猕猴桃种植技术，从品种选择、枝条嫁接、人工授粉、树型修剪以及施肥技术等多个层面展开探索。2005 年，田振斌凭借家里的 3 亩多徐香猕猴桃卖出了 3.6 万元，这项高价收入引起了轰动效应。自那以后，田振斌开始自己培育猕猴桃苗木，将自家地里的秦美全部换成了徐香，种植面积达到 7 亩。之后，田振斌家的猕猴桃园每年都是大丰收，成为眉县猕猴桃种植的重要标杆，当地的果农都亲切地称呼他为"老田"或者"田师傅"。

2013 年，眉县各地都流传着老田的故事，原来某承包了 500 亩猕猴桃园的上海老板，想以年薪 10 万元聘请田振斌去做技术指导。村民们对此都很震惊:"庄稼人也能赚这么多的工资?"但是这对于田振斌却并非是什么奇事，因为即便是眉县本地公司请他做技术指导，每天的收入也在 200—300 元。田振斌去上海浦东地区待了 3 个多月后，又收拾好铺盖回来了。村里人觉得不可思议，家里人也不理解，而老田则回复说:"上海那里的土质薄，水的碱性太强，夏季时候的温度太高，容易出现灼热现象。从这些自然条件来看，猕猴桃的品质很难保证。当时给老板写了这份报告后，老板还极力挽留。我想着不能光拿钱不解决问题啊，干脆还是回家来。"听到老田的答复后,家里人都认同老田的做法。如今,老田在守着自家的 7 亩多"金蛋蛋"之外,还接受了合作社的邀请,每年为村民做技术指导与培训工作。

老田热爱猕猴桃是村里出了名的,最为出名的还是观测花粉的故事。那是在 20 世纪 90 年代末,猕猴桃嫁接后,开始开花结果,老田发现花开的时期也就是短短的一星期,但是白天在园子里转悠并没有看到花开。怀揣着好奇的心情,老田猜想肯定是晚上开花,于是头带探照灯,从晚上 9 点多一直蹲守着。终于,到凌晨 3 点多,老田瞧见枝条上原本平铺的花蕾开始竖立起来,然后慢慢打开了花蕊,那一刻老田仿佛闻到了沁人心脾的芬芳。他观察到花开后 2—3 天的授粉情况最佳,等到第 5 天,花朵就开始打弯了。事后,他了解到,花粉在合适的温度、水分条件下才会产生分泌物,才能更好地进行人工授粉。

"善于观察,善于研究,善于总结"是老田的口头禅。2003 年,为了更好地掌握猕猴桃种植技术,52 岁的他还积极考取了中级农技师,并在 2005 年考取了高级农技师。在徐香猕猴桃的种植中,老田探索出与新西兰海沃德猕猴桃"一枝两蔓"技术不同的"扇形上架"技术,这些都被收录到《眉县猕猴桃实用技术》中。2014 年,老田关于"以菌治菌"的土壤微生物的文章投给《农业科技报》后还得到了西北农林科技大学李荣昌教授的高度好评。显然,种好猕猴桃,已经成为他人生的主要追求。

(二) 权威指导型

猕猴桃种植业是一个劳动力与资本双重密集型的产业,普通农民刚刚开始种植猕猴桃时往往就会遭遇资金不足的困境。为此,县政府在推动产业发展的初期,会设立示范村,争取专项资金,专门为种植猕猴桃的农民提供猕猴桃架子、优质苗木、高质量化肥等物资。同时,在技术上,虽然有西北农林科技大学的专家和县乡农技服务人员可以依赖,但其力量毕竟有限,客观上需要乡土专家的参与。他们中的一部分人,本身是村干部,既与大学教授、县乡农技干部保持着良好的关系,又容易得到村民们的认可。

张建兵是金渠镇下第二坡村村委会副主任,他出生于 1969 年,初中毕业后从事汽车修理工作。20 世纪 90 年代,流传着一句话"最赚钱的两个行业，一是手术刀，二是方向盘"，在外做汽车修理工的经历让他开阔了眼界，增长了见识，同时也积累了一定的经济收入。1999 年，他觉得猕猴桃的市场大有可为，于是回村做客商，租赁了他人的冷库，凭借着早年在外工作所形成的人际关系网络，将猕猴桃的市场越做越大，2—3年的时间年销售额就超过 100 万斤，租赁的冷库库存量也达到 150 吨。下第二坡村由于起步较早，猕猴桃种植基本上都挂果，经济效益十分明显，村民们的收入翻了好几番。但是，随着猕猴桃的面积不断扩大，市场行情也不稳定，一度出现了掉价的现象。这就要求下第二坡村引进新品种和新技术。

等到 2005 年，张建兵听说西北农林科技大学在眉县建立了猕猴桃试验站。同时，眉县政府越来越重视猕猴桃种植技术培训，而且出台了一些规章管理制度。张建兵觉得村干部具有更高的权威，更有利于推广新作物与新技术，因而参与竞选成为了村委副主任，开始引导农民学习标准化技术。他与西北农林科技大学的专家打交道比较多，自身的猕猴桃作务技术得到了极大提升。这些技术，大多是大学教授手把手教给这些村里的乡土专家，再由他们经过一定的摸索学习后，推广给其他的村民。如今，下第二坡村是家家盖新房，户户有存款，人均年收入上万元，张建兵充满感情地说："想想我们第二坡能有今天，真的离不开龙老师这样的科技专家的无私奉献，没有西北农林科技大学的专家，就没有我们的幸福生活啊！"张建兵学习这些猕猴桃标准化技术后，逐渐成为技术精湛的专家，果园管理、人工授粉、合理负载等操作技术掌握得都比较到位。

当前，张建兵在村里主要负责推广水肥一体化技术，而这项技术正是基于西北农林科技大学刘存寿老师发明的碳基营养肥料。这项技术由于需要依托一些专门的设备，前期投入比较大，因而推广难度大，几年下来也只推广了十几户。一个采用水肥一体化技术的村民表示："水肥一体化的设备投入是政府补贴大部分，自己再出一部分，成本是高了一些，但是效益确实上去了，今年结的果子比往年都好。而且这玩意的效率很高，几亩地一下子就浇完了。"张建兵对这项技术也充满信心，他坚信这是一个趋势，随着科技的进步，水肥一体化技术的成本与操作难度会逐渐降低，普通农民也会采用这些技术。"在我退休之前，想把水肥一体化技术推广到家家户户。"这是张建兵的一个目标，他正在为这个目标而努力奋斗着。

（三）经济代办型

作为经济代办型的乡土专家，他们没有在村镇上担任干部职务，更多凭借的是自身的技术能力和经济收入水平。他们大多都有外出经商的经历，拥有良好的商业关系网络。这些关系网络的建立，让外地客商和本地公司都愿意请他们做中间的代办。代办成为眉县猕猴桃产业发展中联结果农和市场的中间人，对眉县猕猴桃的品牌树立起着重要的作用。

黄家坡村的张友成是眉县较为出名的代办，经他收购的猕猴桃品质都相当高，外地客商都愿意找他合作。张友成于 1967 年出生，初中毕业后在家务农。1983 年分田到户后，他开始种植辣椒、苹果以及油桃等经济作物。90 年代初，他就听说猕猴桃的效益不错，但是他对这种新鲜事物一直觉得没有把握。1993 年，省果树所科技下乡来做宣传。他经过充分了解后，引进了 3 亩秦美猕猴桃开始种植。张友成虽然有一定的果树种植经验，但是对于猕猴桃种植技术却一直缺乏了解。于是，他一个人骑着车跑到眉县购买了《猕猴桃作务技术》的小册子，反反复复地摸索学习。作为村上第一个种植猕猴桃的农民，他对其他村民的问题一向来者不拒，热心解答，从而获得了良好的口碑。他还专门到下第二坡村参观学习，积极主动向县上农技推广机构以及西北农林科技大学的专家询问技术难题。在这种锲而不舍的精神之下，他家的猕猴桃园 1997 年挂果后卖价极高，成为万元户，引起了不小的轰动。

20 世纪 90 年代，农村流行放露天电影。村民们习惯一边看电影，一边闲聊。有一天晚上，人聚集起来了，却没有放电影，而是由村书记在喇叭里宣传村里的"致富能手"——张友成。原来，张友成通过种植猕猴桃发家致富的故事引起了村委会的关注，村书记想让张友成讲解分享一下自身的作务技术，以便带动村民们一起致富。张友成觉得自己的经历没啥可说的，他只对村书记说："猕猴桃种植大有可为。"村书记的宣传，更坚定了张友成的信心。于是 1998 年以后，他通过园艺站的渠道，逐渐将自家的 8 亩责任田全部种上海沃德和徐香猕猴桃，同时也带动村民们共同发展猕猴桃产业。

2000 年，由于眉县猕猴桃的市场效益不好，为解决卖果难问题，张友成决定自行收购一些猕猴桃外出售卖。当时的猕猴桃销售市场主要是北部地区，张友成收购了几十万斤猕猴桃拉往沈阳市场卖，在沈阳市场的卖价是每斤 6 元，扣除收购费用每斤 3.5 元，以及路上的运费等，仍能小赚一笔。这一次的外出使他不仅卖出了大量的猕猴桃，更是结识了外地的一些客商。等到 2001 年，两个外地的客商主动上门来，让张友成帮忙收购一些优质猕猴桃。就这样，张友成领着客商到各个村和当地的果农谈价格，等到谈拢价格后，客商会直接开车过来拉货，张友成则收取一定的中介费。那一次，张友成帮着着两个客商总共收购了 20 多万斤猕猴桃，中介费用是每斤 2 分钱。通过这次代办经历后，张友成很少再跑远去卖猕猴桃，但是经常会在附近转悠，鉴别猕猴桃果实的好坏。通过长期的观察，张友成积累了丰富的经验，他只要在猕猴桃园转悠一圈，就能了解到猕猴桃大致的优果率和产量，以及是否有农药残存等信息。而这些正是客商最为看重的能力。

在他人的介绍下，张友成于 2013 年成为眉县齐峰富硒农民合作社的一名代办，陆陆续续帮齐峰合作社收购了 200 万斤的猕猴桃，中介费用是每斤 4 分钱；同时也帮西安某公司每年收购猕猴桃十几万斤，中介费用是每斤 6 分钱，估算下来每年的中介费用就能达到 11 万多元。成为一名代办，看似收益相当高，但是张友成过得也不轻松，他有时候得连续忙十几个小时，帮着登记果农的信息，确认收购的量，跟着一起去收果子。之前，他是骑着自行车外出，后来换成了摩托车，现在是汽车。张友成成为代办后，自身的影响力越来越大，向村里承包了 12 亩猕猴桃成品园。平日里，一些果农向他请教技术上的难题，他也会热心帮助，倾囊相授。同时，作为齐峰合作社的一名代办，他也加入了齐峰合作社的服务队，免费为一些果农提供必要的技术指导与服务。随着电子商务在农村兴起，张友成家也准备向这方面发展，他妻子于 2016 年底参与了电子商务培训班，准备于 2017 年尝试一下新的运营方式。

从技术创新型、权威指导型和经济代办型三种乡土专家来看，这些乡土专家仍然是复合型的意见领袖，在多个领域、多个层面有着较大的资源禀赋。眉县的乡土专家基本上都具有意见领袖的一些特质，也即上文所论及的四种心理特质。因而，乡土专家可以将猕猴桃作务的标准化技术迅速地传递下去。在研究猕猴桃作务技术推广时，必须要考虑到乡土专家的作用,而不能忽略他们。眉县猕猴桃产业大发展,离不开乡土专家的参与。

第四节 乡土专家的运作机制

综上可见,从 2008 年开始将乡土专家纳入工作组中,2012 年设立"乡土专家"荣誉称号,到 2016 年第三期"眉县猕猴桃产业化科技示范与科技入户工程"签约,乡土专家在眉县猕猴桃产业发展中逐渐形成了独特的运作机制。《2016 年度眉县猕猴桃产业化科技入户工程工作要点》中的一个重要工作任务即是:强化科技培训,实施"十百千人才培训计划"。

第一,重点做好县乡果业技术人员和乡土专家的培养工作,实现每个猕猴桃生产村有骨干技术员一名,每个村民小组有技术员 2—3 名,每个猕猴桃生产户至少有一人能熟练地掌握猕猴桃优质高效生产管理技术。为眉县培养和造就一批有文化、懂技术、善经营、会管理的猕猴桃产业发展人才队伍。

第二,全县培训农技干部和果农 1 万人次以上,培养 10 名在全省有一定影响的猕猴桃专业人才,培养中级职称以上技术骨干 300 人次,全县培训人数不少于 2000 人次。

第三,把猕猴桃试验站建成眉县猕猴桃的技术创新平台,积极为县乡农技人员和果农开展服务,随时接待技术人员及果农的参观学习。年内在猕猴桃试验站举办技术骨干培训班 2 期,培训猕猴桃技术干部和乡土专家 60 人次。

这三项任务主要通过工作组的机制来展开,即每个工作组由一名西北农林科技大学专家、县乡农技干部及乡土专家组成,在各乡镇及重点示范村开展工作。比如,在金渠镇工作组中,由刘占德老师作为负责人,以陈永安、汪海洋、杨金娥、赵英杰、李建、赵文华、罗峰谊和孙春兰等农技干部为主体,然后以田振斌、张建兵等乡土专家为主,在金渠镇内开展工作。2016 年度的具体工作任务分解如下:

第一,负责全镇猕猴桃技术培训,年开展培训 2 次以上,培训果农 300 人次;

第二，重点抓好田家寨村等示范村科技入户工作，培养乡土人才4个；

第三，解决猕猴桃产业突出技术问题2个，示范推广新技术3项，抓高标准示范园2个以上；

第四，每名工作组成员抓重点示范户10户，为示范户建立猕猴桃田间管理技术档案；

第五，联系帮扶眉县齐峰富硒猕猴桃专业合作社，帮助合作社建立农产品质量安全追溯系统。

按照要求，这些具体工作均是在眉县猕猴桃科技示范与科技入户工程领导小组指导下，由县果业中心组织相关人员成立考评小组，统一进行考核、考评的。考核的时间每年分为两次，第一次是7月20—30日，第二次是12月20—30日。具体的考核内容与考核标准包括：（1）驻点天数（50天以上）（由重点示范户在田间管理档案上具体记录入户工作时间、工作内容等）。（2）技术培训（4场次以上，1000人次以上）。（3）重点示范户数（15户以上）、乡土人才（5名）。（4）新技术得到广泛应用。（5）技术指导，无明显失误。（6）重点示范户，高标准示范园的生产技术档案，记录齐、全、准。（7）服务对象满意。通过这些具体的内容再确定考核形式为三种：一是果园实地察看；二是查阅资料、记录、档案等；三是专访服务对象（电话抽查和实地检查相结合）。最终根据这些具体的考核内容和指标将考核结果分为优、良、合格、差四个档次，考核审查结果将作为工作业绩和奖罚依据。

下面通过近期的一次培训来透析乡土专家在猕猴桃科技示范与科技入户工程中是如何运作的。

2016年12月16日，眉县果业中心召开全县猕猴桃果园冬季管理培训会，科技入户7个工作组成员、部分乡土专家、选聘的30名职业农民及果农代表共300多人参加了培训。这次培训首先由县农业局确定好时间后，再告知乡镇，由乡镇进行统一安排。本次培训采取课堂讲授和现场培训相结合的方式。

在室内培训会上，首先组织学习了《眉县职业农民开展果业技术服务工作管理办法》，果业中心与30名职业农民签订了目标责任书，县农业局副局长刘欣军和西北农林科技大学教授刘占德做了重要讲话，果业中心主任屈学农对《猕猴桃标准综合体》做了解读和培训。随后在槐芽镇肖里沟村举行现场培训会，在培训会上，西北农林科技大学教授李建军针对当前猕猴桃溃疡病防治、果业中心技术人员就当前冻害预防和修剪中存在的问题做了具体技术的培训。随后，县乡技术人员、乡土专家及西北农林科技大学专家分成4个小组，分别深入肖里沟村4个组的果园，针对不同树龄、不同品种猕猴桃的修剪技术进行示范和指导。①

在整个培训过程中，首先由果业中心主任和西北农林科技大学教授给乡土专家、职业农民以及果农等人提供一定的理论培训与实地培训，这个过程中乡土专家也作为学员进行学习；等到分成四个小组后，乡土专家已经纳入到工作组中，对包括职业农民、果农代表等人进行指导，在这个过程中也就转化成为讲师，结合自身的作务经验进行讲解。果农也可以针对自身不能理解的一些问题进行提问咨询，从而尽快地学会技术。西北农林科技大学的教授这个时候就主要是听乡土专家和县乡农技人员讲解，并对他们的讲解进行反馈。

这样一来，整个工作组将乡土专家的科技"二传手"的作用发挥得淋漓尽致，不仅可以经过此类室内培训与实地培训结合的方式将标准化技术真正传递给所有果农，同时也依据乡土专家将这些技术进行"在地化"及时地转译给广大果农。这种转化不是简单地"翻译"，而是乡土专家作为一个助推器和安全阀，将来自四面八方的一些信息过滤与汇总起来，将一些最为实用有效的技术直接传递给果农。这就从文本的"概念"走向了实用可操作的"实践"，让大多数果农既不会"只唯书"，更不会"盲目片面听从专家而走极端"。

此外，乡土专家处于村庄之内，可以将这些标准化的技术在自家田地里示范出来，从而让广大果农不只是通过简单的几次培训来掌握技术，而是有"样板"的示范，让示范田的技术成为广大果农看得见、问得着、留得住的标杆。这就使得果农不仅可以基本掌握冬季猕猴桃溃疡病防治、冻害预防、冬季修剪等技术，而且学会了如何有效地学习，对进一步提高猕猴桃果园冬季管理标准化水平、提升果农科技素质等具有重要意义，

---

① 参见《果业中心召开猕猴桃果园冬季管理培训会》，2017年1月22日，眉县农业信息网（http：//www.sxny.gov.cn）。

也为猕猴桃丰产、农民增收奠定了基础。

第五节 乡土专家的未来走向

20 世纪 90 年代，经过系列改革后，县级农技推广体系只能"一竿子插到底"开展工作。但在面对千家万户时，本身能力就不足的农技推广体系无法覆盖所有的乡镇，只能从中遴选示范村推动工作。2006 年，县乡农技推广体系在"校县合作"中得到西北农林科技大学强有力的技术支撑，重新焕发了生机。眉县县委县政府更是"将鸡蛋放在一个篮子里"，举全县之力做大做强猕猴桃产业，极大地扭转了原来县乡农技推广体系的弱化趋势，成立了果业中心和果业局负责猕猴桃技术的标准化推广工作。当前从事猕猴桃种植的果农大多数是 50 岁左右的老农民，他们由于特殊的时代背景，限于自身的资源禀赋，很难在猕猴桃产业发展中迅速跟上科技进步的步伐，因而需要一些能够将先进的标准化技术推广给这些农民的人，乡土专家也就应运而生了。从这个角度来看，乡土专家是特殊时期农技推广工作机制创新的产物，自然可能会随着猕猴桃产业的发展而消亡，而当前的一些迹象也表明了这个趋势。

首先，当前眉县比较活跃的乡土专家的年龄都在 50 岁以上，年龄普遍偏大。对此，一些乡土专家已经开始担忧。下第二坡村的乡土专家张建兵说："我对于未来家庭农场、合作社的前景比较看好，因为像我这样（年龄）顶多再种植 10 年左右。但是 10 年之后呢？谁来种植猕猴桃？""现在不仅大多数果农是 50 岁左右，就连乡土专家也是这个年纪为主，基本上没有年轻的乡土专家。"另一位乡土专家赵继财认为，"这些'50后''60后'的果农一旦不再种植猕猴桃后，他们的田地自然会承包出去，可能就不需要我们这些乡土专家了"。

其次，年轻人通过外出求学、打工等渠道大量外流，不会在家务农，而少部分年轻人回流也不再需要此类乡土专家。随着青壮年劳动力的大规模外流，老人农业已经成为当前农业发展的新常态。而随着这批老人的逐渐淡出，"谁来种地"引发了社会各界的广泛关注。即便是年轻人返乡，他们也会主要通过家庭农场或合作社等新兴农业主体来拓展发展空间。他们本身有文化、会经营、懂管理，容易与县乡农技推广部门和大学教授直接对接，有能力直接承接标准化的农业技术，并不需要经过乡土专家的"转译"。

最后，一些公司正在推动"代办转型"，将乡土专家直接聘请为公司下属基地服务站的站长。目前，齐峰合作社等新兴农业主体正在将一批优秀的乡土专家打造成自身的技术队伍。这些受聘的乡土专家更多是为签订了协议订单的果农服务，而不会再提供免费的公益性服务。将乡土专家纳入科技入户工程，对于眉县政府来讲，相当于招募了一批无私奉献、有公德心、无须报酬的基层农技服务人员。乡土专家配合县乡农技部门进行技术培训与指导，更多是一种无偿的义务劳动。一旦他们受聘为企业的技术员，需要收费才会提供技术服务，那就失去了乡土专家的本色。

由此可见，乡土专家的未来发展堪忧。按照眉县猕猴桃协会第一任会长赵继财的说法，"当前眉县的乡土专家虽然有着很多冒尖的人才，但是仍然缺乏总体型的全面顶尖的人才，还没有特色鲜明的乡土专家"。从当前乡土专家的素质来看，眉县的乡土专家由于年龄等问题，已经很难再成为高素质的全能人才。但是，换个角度来看，眉县这些年正在大力实施"十百千人才培训计划"，着力推行新兴职业农民培训，引导更多的青年农民投入到猕猴桃产业发展中。从这个角度来看，乡土专家的称号虽然可能在未来5—10年消失，但也只是换了一种形式以职业农民等身份继续存在，继续推动眉县猕猴桃产业迈上更高的台阶。

第 五 章

接点推广:"西农模式"的运作机理

第一节 农业科技推广中的接点推广

农业科技进步不仅在中国过去的农业生产增长和贫困人口减少方面发挥了重大作用,而且在未来中国农业的可持续发展中也将扮演不可替代的关键角色。[1] 但是,整体来看,现阶段中国农业科技成果的转化率仅为 50% 左右,与世界发达国家 65%—85% 的转化率相比,仍存在较大的差距,不能满足现代农业发展的客观需要。[2] 这是因为我国的农业科技推广体系存在着投资不足、体制不合理、推广方式方法落后等问题,使农业科技推广难以走完"最后一公里"。为了缓解原有的五级农业技术推广体系出现的"线断、网破、人散"等体制难题,"西农模式"应运而生。

农业科技推广指的是将先进、现代、实用的农业科技推广到农村,提高农民从事农业生产的技术水平,使农民家庭增产增收,改善农户福利水平。然而,现代农业科技要想进村入户,必然会与小农耕作传统相碰撞。如果将现代农业科技视作普遍性知识,小农耕作传统则是一种地方性知识,农业科技推广即是要用普遍性知识来替代地方性知识。[3] 但是,作为一种地方性知识,小农耕作传统是农民在长期从事农业生产的

---

[1] 参见黄季焜、罗泽尔《迈向二十一世纪的中国粮食经济》,中国农业出版社 1998 年版,第 17—23 页。

[2] 参见王利清《农民视角下的农业科技推广困境与出路研究》,《科学管理研究》2013 年第 2 期。

[3] 参见滕瀚、孙超《知识哲学视域中的农业科技推广》,《自然辩证法研究》2012 年第 4 期。

实践中总结提炼出来的经验性知识,其对农民而言是一种不言而喻的生产常识。现代农业科技,作为一种科学性知识,其进村入户的过程必然会对农民的经验性知识形成冲击,并在潜移默化的过程中影响和改变农民的日常生产行为逻辑。这个过程的发生,伴随着两套不同的知识体系的冲突和碰撞,由此使现代农业科技推广的价值得以凸显。既然农业科技推广发生在两套不同的知识体系之间,那么在现代农业科技与小农耕作传统之间自然存在着一个"接点",这个"接点"是两套知识体系发生关系相衔接的地方。因此,农业科技推广的关键即是要在现代农业科技与小农耕作传统之间构建起一种有机衔接机制,推动现代农业科技进村入户到田,从而影响和改变农民的生产方式。为此,本书尝试提出"接点推广"的理论分析框架,以此来认识和把握农业科技推广的内在机制,厘清现代农业科技进村入户的基本逻辑。

我们结合眉县调查经验,分析认为农业科技进村入户中"接点推广"机制中的"接点"在村庄。其中的关键是村庄在农业科技推广的链条中占据着关键位置。按照费孝通的观点,村落是乡土中国社会的基本结构单元。这里的村落指的是自然村,是农民世代居住的地方。农民在这里通过社会化的过程习得生产技术,依靠惯习指导农田耕作。虽然当前中国农村的村落发生了质的变迁,村庄社会正在遭遇"千年未有之大变局",但是村落依然构成承载乡村社会秩序的基本结构单元,[①] 对农民的生产生活产生着重要影响。[②] 正是在村落社会里,小农耕作传统得以生成,并成为现代农业科技进村入户的主要屏障。同时,需要指出的是小农耕作传统并不是一个完全静态、一成不变的生产知识体系,它对外来的生产技术知识在保持警觉不会轻易接受之外,也会在不断试验示范的基础之上逐渐吸纳其合理的技术成分,重塑经验性知识的构成体系。因此,现代农业科技推广的本质即是通过农技推广机构和推广人员的努力,使科学性知识迈过推广"接点"进村入户,转换成一种指导农民从事农业生产的经验性知识。然而,由于现代农业科技进村后面临的是分散经

---

① 参见陈柏峰《华中村治研究:问题与方法》,《甘肃行政学院学报》2010 年第 3 期。

② 参见赵晓峰《公私定律:村庄视域中的国家政权建设》,社会科学文献出版社 2013 年版。

营的农户，两种知识体系的转化很难实现"无缝隙对接"，农技的推广往往会出现复杂的现实局面。我们认为，西北农林科技大学创建的以大学为依托的农业科技推广模式，有效解决了现代农业科技与小农耕作传统对接的难题，提高了农业科技成果转化率，促进了县域农业经济的发展，使科技推广逐渐成为支撑三农发展的主体力量。但是，随着猕猴桃产业的快速发展，受市场环境、农民素质等因素的影响，科技推广也出现了新的难题。

第二节　农业科技推广中的眉县经验

一　乡土专家：理解"接点推广"机制的关键因素

从当前的现实情况来看，"1＋2＋2＋n"的合作推广模式具有极大的创新价值。从"1＋2＋2＋n"的合作推广模式中，我们可以看到以自然村为分界点，农业技术表现为两种不同的知识体系：在村落之外，高等院校的科教专家与县乡基层农技推广机构的技术人员共同分享作为科学性知识的现代农业科技；在村落之内，乡村技术骨干以乡土专家的身份与普通农民共同享有的是作为经验性知识的小农耕作传统。这两种知识体系遵循着截然不同的技术运作逻辑，客观上需要以自然村为接点在现代农业科技与小农耕作传统之间构建起一套精巧的承接与转换机制，以实现农业科技推广的目标。这个功能自然是由乡土专家来承担的。乡土专家打通了现代农业科技与小农耕作传统之间的区隔关系，他们将理想状态的现代农业科技转换成农民易于识别并认同的实用操作技术，以达到推广农业科技的效果。"1＋2＋2＋n"合作推广模式正是借助于这套制度设计模式，使西北农林科技大学科教专家研发的农业技术在乡村社会达到了间接推广的良好效果。

借助于"接点推广"有机衔接机制的构建，在自上而下的农技推广轨道上，现代农业科技通过县乡基层农技推广机构与村组干部的连接，被输入到村落社会传递给土专家，再经过土专家的翻译和转录，以可操作的实用技术的形式输出给科技示范户及其他普遍村民。而在自下而上的农技需求信息传递轨道上，农民在一线生产实践中遇到的技术难题，如果通过乡土专家依靠其掌握的既有技术资源无法提供解决办法，就可能通过村组干部等体制性力量向县乡基层农技推广机构反馈农技需求信息,再由县乡基层农技推广机构告知高等院校的科教力量或整合其他科研资源加以技术研发,然后通过自上而下的农技推广轨道加以化解。以乡土专家为中介,现代农业科技与小农耕作传统之间得以"通约",这即是农业科技进村入户过程中"接点推广"的内在机制与实践逻辑。

在"接点推广"中,乡土专家扮演着关键角色:一方面他们充当着高等院校和地方政府在村落社会的"代理人"角色,负责承接自上而下、自外而内输入的现代农业科技;另一方面他们还充当着普通农民的"保护人"角色,承担着现代农业科技不能匹配地方农业生产条件所带来的农田经营风险。因此,"接点推广"的首要功能是将理想化的现代农业科技转换成农民可以接受的技术形式以推广到千家万户。同时,以乡土专家为载体,这套机制也具有沉淀与过滤不适用的现代农业科技的功能。虽然高等院校科教人员将试验站建在农村,有助于解决科技研发不接地气的问题,但是将试验田里完成的科研成果推广到农户的大田中仍有较大的生产经营风险,尤其是对猕猴桃这样需要较高气候和水源条件的农作物。乡土专家承接新技术后,先在自家果园中进行试用,等效果明显后才会向其他农户推广。这个过程虽然会延缓新技术的推广速度,但是却为新技术的扩散提供了一个缓冲期,有利于降低不适用的农业新技术快速大面积使用所带来的巨大风险。

眉县农技推广机构就曾试图推广西北农林科技大学猕猴桃试验站研发的新品种95—1,号召乡土专家和科技示范户种植,却因增产提质效益不明显而最终没能推广开来。再如经济效益很高的猕猴桃新品种红阳,如果由技术过硬的农户种植,一亩的收益历年都在万元以上。然而,由于红阳对技术条件要求很高,很多农户难以掌握技术要领,虽然有不少农户曾经尝试种植,但均以失败告终,这就导致如表5—2所示,红阳在眉县猕猴桃产业发展中所占的比重非常低的现象。所以,"接点推广"机制的构建,还为现代农业科技的推广起到了"安全阀"的作用,保证了眉县猕猴桃产业的稳步健康发展。

二　科技推广支撑三农发展的眉县实践

从表5—1中,我们可以发现,49.7%的农户是在近10年才开始种植猕猴桃的，也就是在眉县猕猴桃试验站创建以后受到试验站农业科技推广带来的经济效益的影响而开始选择种植猕猴桃，进而调整家庭种植结构的。表 5—2 的数据则更明显地显示了猕猴桃试验站是推动眉县农业产业结构调整的最为关键的力量。2006 年之前，秦美是眉县农民主栽的猕猴桃品种，几乎所有农户都有种植，当时这一品种的种植比例是很高的。但是到 2015 年，72.8% 的农户都选择种植了徐香，45.9% 的农户种植了海沃德，种植秦美的农户则下降到了 42.3%。而徐香和海沃德都是经过试验站近些年的引进改良，在眉县推广，并提供技术支撑的猕猴桃新品种。由此可见，试验站在为农户培育适应自然条件和市场环境的新优品种，以及帮助农民调整种植结构，促进农业产业结构优化，推进"一县一品"方面做出了重大贡献。

表 5—1　　　　　　　　农户种植猕猴桃的时间分布状况①

5 年及以下	6—10 年	11—15 年	16—20 年	21 年及以上
18.6%	31.1%	20.0%	21.1%	9.3%

表 5—2　　　　　　　2015 年农户种植猕猴桃品种的分布情况

秦美	徐香	海沃德	红阳	其他
42.3%	72.8%	45.9%	1.1%	10.8%

　　表 5—3 至表 5—5 反映的是农民对猕猴桃种植管理中的关键技术的看法。表 5—3 中列出的是试验站推出的猕猴桃种植环节的关键技术，数据显示这些关键技术都在不同程度上得到了农户的认同，尤其是充分授粉、科学施肥和优良品种三项技术得到了农民的高度认可。表 5—4 反映的是农民认为的猕猴桃种植中的最关键技术，其中 62.9% 的受访农民认为猕猴桃种植管理过程中最为关键的技术是充分授粉。充分授粉是由试验站科教专家研发推广的一项关键技术，它依靠人工授粉器，可以使得果园产量增产率达到 20% 以上。除了充分授粉这项技术，试验站总结推广的

　　① 本章表格数据来源：2015 年 7 月，农业治理研究课题组在眉县面向果农开展问卷调研，共搜集有效问卷 280 份。

其他技术也增加了猕猴桃产量,改善了果品质量,提高了果实商品率。这些技术也使试验站的科技推广工作得到肯定,表5—5 中的数据明确地反映了这一点。其中高达 86.8% 的农户都认为试验站的猕猴桃种植管理技术推广服务促进了近 10 年来眉县猕猴桃产业的发展,农技推广赢得了农民的认同和信任,以大学为依托的农业科技推广模式极大改变了农民对技术推广的认识。

表5—3　　　　　农户眼中种植猕猴桃的关键技术分布情况

优良品种	优质壮苗	充分授粉	适时采收	科学施肥	标准架型	生态栽培	其他
53.6%	27.2%	84.4%	26.4%	76.8	13.4%	13.8%	11.2%

表5—4　　　　　农民眼中种植猕猴桃最关键的技术分布情况

优质品种	优质壮苗	充分授粉	科学施肥	生态栽培
13.9%	4.6%	62.9%	16.8%	1.8%

表5—5　　　　近 10 年来猕猴桃种植管理技术推广对当地猕猴桃
产业发展的帮助程度分布情况

非常有帮助	有一些帮助	不知道	几乎没有帮助	完全没有帮助
30.4%	56.4%	7.1%	5.7%	0.4%

表 5—6 反映的是近 10 年来眉县猕猴桃产业的发展状况。前后对比可以发现,近 10 年来,眉县猕猴桃种植面积增加了 3.8 倍,产量增加了3.5 倍,产值增加了 11.7 倍,人均产业纯收入增加 11.3 倍。可以说,从2005 年西北农林科技大学在横渠镇建立试验站开始,眉县猕猴桃产业有了突飞猛进的发展,无论从面积、产量还是产值上来看都有了巨大突破。农民收入因此增加,生活质量得以改善,同时猕猴桃产业发展成为眉县县域农业经济的主导产业,也带动了第二产业和第三产业的发展,拓宽了就业渠道增加了就业岗位,为增加眉县人民收入、繁荣县域经济提供了机遇。

表 5—6　　　　　　　　　　近 10 年来眉县猕猴桃产业的发展状况

产业状况＼年份	2006	2007	2008	2009	2010	2011	2012	2013	2014	2015
面积（万亩）	6.2	8	10.3	17.6	21.7	24.7	27.1	28.6	29.4	29.8
产量（万吨）	10	13	15	20	25	30	35	41	42.3	45
产值（亿元）	1.97	2.6	4.5	6.17	9	12	21	23	24	25
人均产业纯收入（元）	797	1050	1730	2340	3400	4600	8000	9000	9400	9800

　　表 5—7 显示的是农户家庭收入中猕猴桃收入和非猕猴桃收入的比重分布。51%的农户家庭收入中猕猴桃收入的比重都已超过非猕猴桃收入所占的比重，而只有 22.5%的农户家庭收入中非猕猴桃收入所占的比重超过猕猴桃收入的比重。这些数据表明猕猴桃收入能够为农民带来很高的经济收入，甚至超过非农收入，从而使猕猴桃种植成为农户主要的家庭经济来源，因此这里的大多数农民选择留在农村发展猕猴桃产业而非加入打工大流，他们投入了更多的精力在农村中，农村的治理环境由此得到改善，表 5—8 也很明显反映了这一点。表 5—8 中有 72.6%的农民会为自己是本村村民而感到自豪，经济收入的增加、生活水平的提高以及村庄整体环境的改善增强了农民对村庄的认同感和归属感，这些方面又相互促进。这种良性发展正是间接得益于"西农模式"的农技推广过程。

表 5—7　农户家庭收入中猕猴桃收入与非猕猴桃收入的比重分布状况

低很多	低一点	基本一样	高一点	高很多
7.9%	14.6%	26.4%	22.1%	28.9%

表 5—8　　　　　　　被访谈农民为是本村村民而自豪的分布情况

从不会	很少会	有时会	很多时候会	经常会
6.4%	21.1%	26.8%	20.4%	25.4%

第三节　农技推广的"内卷化"瓶颈与遭遇分化困境的接点推广

　　西北农林科技大学与眉县县委县政府联合创建的"1 + 2 + 2 + n"合

作推广模式，以多元利益主体共同参与协同创新的方式扭转了农业技术"无人推广、无心推广、无力推广"的局面，推动了现代农业科技进村入户的进程，解决了农业科技成果到户率、到田率、到位率低的难题，为眉县猕猴桃产业的快速发展提供了强有力的技术支撑。但是，经过 10 年来的发展，眉县猕猴桃产业正在面临农技推广的"内卷化"瓶颈，出现了技术推广的新难题，而这源于接点推广机制内在的分化困境。

一　技术推广的"内卷化"现象与农民需求的饱和状态

内卷化，是一个引用频次很高、影响很广泛的分析概念，它最早由美国人类学家格尔茨提出，指的是在土地面积有限的情况下，增长的劳动力不断投入农业生产，导致农业发展水平长期停滞，只是不断地重复简单再生产，人们的生活水平也只有非常小的改善的经济发展现象。黄宗智将这个概念引入到中国农业经济的研究中，将"内卷化"阐释为"无发展的增长"，用来解释"就总产出和总产值的绝对量而言，明清时期长江三角洲的农村经济的确出现了相当幅度的增长……这种增长乃是以单位工作日的报酬递减为代价而实现的。家庭年收入的增长，不是来自单位工作日报酬的增加，而是来自家庭劳动力更充分的利用"[①] 的现象。不仅在经济学界，而且在政治学和社会学界，内卷化的概念也有很强的影响力，但其共同的意涵均在于指代一种制度变革脱离了理想形态，虽然投入其中的人力与财力等资源越来越多，但是制度变革的效益并无显著的增长，没有达到预期效果。笔者认为，在眉县猕猴桃产业的发展中，农业科技的推广也出现了"内卷化"现象：地方政府和高等院校投入的资源越来越多，推广的技术也越来越广泛，而取得的技术推广效果却越来越不明显。

技术推广的内卷化现象在村落社会显示为农民对猕猴桃种植技术需求的"饱和"，他们缺乏足够的动力采纳新的农业技术。农民认为"技术就那样，谁不会啊"，但是，细细追究就会发现，绝大多数农民只掌握了技术的"形"，而没有掌握技术的"实"。从表面上看，农民对各项猕猴桃种植技术都非常熟悉，也知道基本的操作规范。然而，现实的情况是

---

① 参见黄宗智《华北的小农经济与社会变迁》，中华书局 2000 年版，第 143 页。

农民掌握技术的程度差异很大,少部分农户能在田间经营时做到精准操作,使猕猴桃种植能够连年高产,而大部分农户的经营方式仍然是粗放操作,不仅容易出现猕猴桃收获"大年"与"小年"(高产与低产)交替的现象,而且在经营中疲于应对各种病虫害,无法确保猕猴桃的品质,由此导致猕猴桃种植户的亩均经济收益差异也很大。猕猴桃技术在推广中出现名实分离现象,说明技术在推广的过程中存在着不同程度的损耗现象。普通农民学农业技术,靠的不是文本上的操作规范,而是乡土专家的现场演示或口头讲述。农民在看与听中好像学会了相关技术,往往只是保留了对技术的模糊印象,掌握了相关技术的"形",一旦回到自家田地"照样子画瓢",就容易出现有形无实的技术采纳效果。因此,技术推广内卷化瓶颈的本质是农技形式推广绩效显著而实质推广收效不足,并且农户缺乏掌握技术之实和引进新技术的动力。

由此可以发现,现阶段农民对农业技术需求的饱和状态是一种虚假的、表面的现象,技术供给与技术需求之间的平衡是一种低水平的均衡状态。这些情况的出现,说明农业科技的推广走过了快速扩张的阶段,开始受到行政体制环境与市场行情的压力,遭遇内卷化的瓶颈,需要直面村落文化,促进小农耕作传统更深层次的变革。在西北农林科技大学猕猴桃试验站进驻眉县开展农业科技推广的初期,推广的新优品种、标准架型和充分授粉等技术,一方面易于掌握,另一方面经营效益非常显著,因此推广取得了良好的成效。2006年之前,眉县农民主栽的猕猴桃品种是秦美,经过大力推广,到2014年,徐香和海沃德已经在眉县猕猴桃的种植总量中各占1/3左右,而徐香和海沃德等新品种更适合消费者的口味,经济效益远远超过秦美等老品种。再以充分授粉技术为例,专家保守估计单是这项技术就能帮助农户亩均增产20%以上,且能有效提高猕猴桃的优果率。但是,随着农业技术推广的深入,一些技术要领难以掌握、市场见效慢、与小农耕作传统及地方文化存有冲突的新技术开始进村向农户进行推广。例如科学施肥技术,虽然看着简单,农民认为很重要,学起来也不难,但是用起来却很不容易,农民既要懂得在何时施用何种肥料,又要能够在多家化肥供销商之间进行选择,并辨识肥料的详细成分。再如果园生草技术,农民觉得采纳这项技术会被别人视作懒汉做法,因为在地方文化中只有懒人的地里才会杂草乱生。

二 遭遇分化困境的接点推广:农技推广的现实瓶颈

农技推广"内卷化"瓶颈的出现,说明农业科技进入农户的"接点推广"机制仍会遭遇来自村落社会多方面的分化压力,陷入"形式推广有余而实质推广不足"的现实困境。具体来讲,这些分化压力表现为以下几种形式:

首先是强弱有别的村组力量。村组力量指的是农村基层组织,包括党支部、村委会的成员和村民小组长。高等院校科教专家在推广农业科技的时候,需要依赖县乡基层农技推广机构的组织体系,向下与农村基层组织形成对接,从而实现最有效的推广效果。村组力量强,主动性和积极性高,就有更多机会与县乡基层农技推广机构建立紧密的联系以迎技下乡,提高土专家与科技示范户的技术水平,加快技术扩散传播的速度,推动村内猕猴桃产业的科学发展。目前,在眉县猕猴桃产业发展中,农技推广在不同村庄呈现出迥异的实践效果,均与此有关。在眉县猕猴桃试验站驻站专家联系的第二坡村,全村95%的土地都种植上了徐香等高品质的猕猴桃,人均猕猴桃经营收入15000元,超过50%的农户年收入不低于10万元,已经有70多户农民购买了小汽车。而在一些村组力量软弱涣散的村庄,虽然猕猴桃的种植面积也在不断增加,但是农民习得的主要是形式上的技术,其种植行为普遍存在盲从现象,缺乏现代农业科技的有力支撑,经济效益相对较差。

其次是差序格局的社会结构。差序格局是对中国农村社会结构的经典概括,中国人"和别人所联系成的社会关系,不像是团体中的分子一般大家立在一个平面上,而是像水的波纹一般,一圈圈推出去,愈推愈远,也愈推愈薄"。因此,中国人的社会关系是私人联系的增加,社会范围是一根根私人联系所构成的网络。① 这就自然会对土专家在村庄里的农业科技推广行为产生重要影响。普通农民学技术的主要途径是跟着乡土专家和科技示范户"学样子",而技术真谛往往是隐藏在"样子"背后难以被人察觉的。在差序有别的社会关系影响下,乡土专家和科技示范户更倾向于优先向与自身建立亲密关系的亲朋友邻传播、推广新技术,而

---

① 参见费孝通《乡土中国 生育制度》,北京大学出版社 1998 年版,第 26 页。

那些跟他们关系相对较远的普通农户却很难获得技术的密码,仅能掌握形式上的技术。由此,技术推广在村落内部并不是公平的、等距离的扩散,而会以乡土专家和科技示范户为中心,形成愈推愈远而愈推愈不明显的推广效果。

表5—9的数据说明,40.4%的被访谈农民没有接受过果树管理技术的培训,仅有10.1%的被访谈农民每年接受果树管理技术培训的次数超过3次。这意味着有2/5的被访谈农民学习农业技术主要依靠自己去向相关的机构或人求助。表5—10和表5—11的数据则进一步说明,有2/5以上的农户学习猕猴桃种植关键技术和遇到技术困难向外求助时的对象均是亲朋好友。因此,对于普通农民来讲,他们学习农业技术必然会受到差序的关系网络的影响,很多时候只能"看样子",并且掌握难度越大、市场效应越明显的农业技术的传播效果往往越差。如表5—2所示,红阳作为猕猴桃新品种的亩均经济效益高于秦美、海沃德和徐香,但是却只有1.1%的农户选择种植,关键即在于红阳对技术的要求太高,是依靠看样子学技术的普通农民所无法真正切实掌握的。

表5—9　　被访谈农民每年参加果树管理技术培训的次数分布情况

0	1—3次	4—6次	7—9次	10次及以上
40.4%	49.6%	9.3%	0.4%	0.4%

表5—10　　农户眼中最关键的猕猴桃种植技术的来源分布情况

政府技术推广人员	猕猴桃试验站	合作社	村级技术推广人员	农资店老板	亲朋好友介绍	电视网络等媒体	其他
36.7%	4.7%	2.5%	9.1%	14.5%	41.1%	5.5%	22.2%

表5—11　　农户学习技术遇到困难的求助对象分布情况

政府技术推广机构的技术员	猕猴桃示范站	合作社	村级技术推广员	农资店老板	亲朋好友介绍	其他
26.4%	4.7%	1.4%	12.3%	26.0%	44.8%	22.0%

再次是日益分化的农民阶层。家庭承包责任制实施以来,随着人口流动、土地流转等现象的出现,农村社会日益分化形成不同的农民阶层。简单地区分,可以将留守村庄从事农业生产的农民以家庭为单位划分为两种不同的类型:半工半耕的兼业农民和以耕为主业的专业农民。兼业农民的家庭大多采取"父耕子工"或"男工女耕"的家庭内部分工模式,家庭经济的来源以外出务工就业收入为主,以农田耕作收入为辅。因此,这个阶层的农民缺乏推动农业生产方式变革的经济动力,缺乏引进农业科技提升种植效益的迫切需求。专业农民的家庭收入主要来源于农田耕作,他们对农业经营的依赖程度较高,有很强的动力去学习猕猴桃种植新技术,他们更倾向于掌握技术的"实"而不会满足于仅仅掌握技术的"形"。所以,专业农民才会成为迎技下乡的主要推动力量。农民所属的阶层不同,采纳农业技术的积极性不同,自然也就成为技术推广内卷化现象出现的重要原因。

最后是生产与消遣有别的经济观念。猕猴桃发展是一个资本与劳动双重密集型的产业。逐渐富裕起来的农民越来越舍得投入资本,但在人口结构老化、劳动力越来越不足的情况下,他们对劳动的投入却越来越吝啬。然而,优质壮苗、生态栽培、合理负载等农业新技术都需要密集的劳动投入。中国农村农民的经济形式是"消遣经济",他们宁愿节制自己享乐的欲望也不愿过多承受体力劳动的痛苦。[①] 更何况,当前眉县农民的生活已经越来越富裕,不少人已经接受农闲外出旅游观光的休闲观念,接受问卷调查的农户有 15.8% 都在 2014 年出去旅游过。由此,当农业新技术的采用,需要更多的劳动投入而增产提质增收的效果越来越不明显,猕猴桃种植业出现内卷化的发展格局时,农民的生产生活态度也会随之发生重大改变,不再愿意积极采用先进的农业生产技术,那么这就会影响到现代农业科技的推广效果。

三 农技推广的组织制度环境:内卷化瓶颈的硬约束

综上所述,我们可以看出,一方面西北农林科技大学创建的农业科技推广模式取得了巨大成功;另一方面又面临着内卷化的推广瓶颈。课

---

① 参见费孝通《江村经济》,上海人民出版社 2006 年版,第 28 页。

题组认为内卷化瓶颈的出现不能抹杀农技推广西农模式的成效，因为这种现象的出现根源于农技推广的组织制度环境，受到农业经营体制和市场环境的硬约束。

首先来看农业生产经营组织体制的影响。从表5—12中可以看出，96.1%的农户种植猕猴桃的面积低于10亩，仍然是分散的小农经济发展模式。这意味着农业科技在县域范围内的推广需要直接与数以万计的分散农户打交道，且推广机构缺乏强制措施和足够的物质、人力资源。同时，表5—13的数据显示，78.2%的农户在今后几年希望稳定现有规模，而仅有14.3%的农户期望能够扩大猕猴桃的发展规模。这说明受人地关系的资源硬约束，农户扩大猕猴桃种植面积的可能性很低。这就必然会导致农业科技推广的交易成本过高，单纯依靠高等院校和地方政府仍然难以从根本上化解实质推广不足的困境。在这样的情况下，农技推广原本可以依托合作社和企业等现代市场化组织的力量来突破小农经济的困境，但如表5—10和表5—11所述，合作社等新型农业经营主体在农技推广中的作用严重不足。

表5—12　　　　　　　　农户猕猴桃种植面积分布情况

3亩以下	3—5.9亩	6—9.9亩	10—14.9亩	15亩及以上
16.1%	47.5%	32.5%	2.5%	1.4%

表5—13　　　　　　　　今后几年农户种植猕猴桃的计划分布情况

放弃种植	缩小规模	稳定现有规模	扩大规模
2.1%	5.4%	78.2%	14.3%

另外一个因素来自市场。眉县县委县政府争取各种资源积极打造良好的猕猴桃销售市场，但是收效仍然有限。按照当地的环境条件和猕猴桃的生长习性，猕猴桃的自然成熟期集中于9月中下旬到10月中下旬之间，可是每年从7月开始就有商家到村庄里收购猕猴桃。因此，部分农户就开始提前采摘和出售猕猴桃。政府每年都要花费不少的资源向农民

宣传适时采摘技术，却依然阻挡不了多数农户的早采行为。因为多年的市场经验是，晚采会面临更大的市场风险，适时采摘卖到的价格在多数年岁要低于早采卖到的价格。再以生态栽培技术为例，近年来，随着食品安全事件的频发，多数农民都接受了有机生态的理念。然而，在田间经营时，多数农民仍以粗放式经营为主。因为猕猴桃消费者市场的分级体系尚未完全形成，农民种植有机猕猴桃需要更多的投工、投力，有时生产出来的猕猴桃还会被混同一般猕猴桃，很难卖出好价钱。表5—14 的数据显示，63.9% 的被访谈农民认为近年来猕猴桃价格的波动幅度大。表5—15 至表5—17 的数据说明，价格不稳定是农户在发展猕猴桃产业时面临的最大困难，导致猕猴桃的销路问题已经构成影响农户选择农业新技术的最大约束变量。

表 5—14　　　　　　　　近年来猕猴桃价格波动情况

价格波动很大	价格波动较大	价格波动较小	价格基本稳定
15.0%	48.9%	24.3%	11.8%

表 5—15　　　　农户在猕猴桃产业发展中遇到过的困难分布情况

缺乏资金	难以掌握管理技术	缺乏劳动力	价格不稳定	其他
29.6%	27.9%	23.2%	76.4%	10.7%

表 5—16　　　农户眼中猕猴桃产业发展中遇到的最大困难的分布情况

缺乏资金	难以掌握管理技术	缺乏劳动力	价格不稳定	其他
12.1%	16.1%	7.5%	57.1%	7.1%

表 5—17　　　　　影响农户选择农业新技术的因素分布情况

猕猴桃的销路	技术的来源	技术掌握的难易程度	对技术效果的信任程度	对技术风险的承受程度	其他
74.3%	16.4%	17.9%	23.9%	26.4%	1.8%

第四节　农业技术推广中的精英俘获现象

一　精英俘获:眉县猕猴桃产业发展中的内在困境

精英俘获(Elite Capture)这一概念最初用来表示一些用于第三世界发展项目的资源被当地精英所扭曲甚至占用,导致无法达到项目的预期目标,难以惠及普通民众的现象。国内学界对此已多有讨论,学术界关注到农村能人运用自身能量来俘获外来资源并从中获利的现象,主要集中在三个方面:第一,在合作社内部治理中,由于一些精英之间"利益共谋"关系的形成,出现了普遍的"大农吃小农",[1] 或者精英人物控制合作社的现象,[2] 导致普通农户的合法权益受到侵害,加剧贫富分化;第二,在扶贫项目和政府补贴项目中,精英俘获现象容易导致目标偏离,[3] 出现瞄准困境;[4] 第三,在地方治理资源分配过程中,农村能人形成了一定的利益同盟关系,[5] 在中西部一些地区甚至出现了项目分肥型"富人治村"现象。[6] 以上研究表明,精英俘获影响到乡村社会的各个层面,而学界对农技推广中的精英俘获现象尚缺乏深入的分析。本书尝试将"精英俘获"理论引入到农业技术推广领域中,探讨农村能人俘获技术等资源的运作逻辑,剖析其形成的原因。

眉县猕猴桃试验站建立后,引导果农大力发展海沃德、徐香等适生优良品种,在果园管理方面全面推广人工授粉、配方施肥、果园生草、合理负载等8项关键技术,为猕猴桃产业的提质增效提供了技术依托,全县优良品种占比达60%以上,优果率更是达到90%以上。然而,经过

---

① 参见温铁军《部门和资本"下乡"与农民专业合作经济组织的发展》,《经济理论与经济管理》2009年第7期。

② 参见梁剑峰、李静《"精英俘获":农民专业合作社成长之困》,《宏观经济研究》2015年第3期。

③ 参见邢成举、李小云《精英俘获与财政扶贫项目目标偏离的研究》,《中国行政管理》2013年第9期。

④ 参见许汉泽《扶贫瞄准困境与乡村治理转型》,《农村经济》2015年第9期。

⑤ 参见李祖佩、曹晋《精英俘获与基层治理:基于我国中部某村的实证考察》,《探索》2012年第5期。

⑥ 参见陈柏峰《富人治村的类型与机制研究》,《北京社会科学》2016年第9期。

十余年的发展后,眉县的农技推广也出现了一些新问题。从创新扩散四要素创新、沟通渠道、时间和社会体系来讲,农技推广中的现实困境集中在社会体系这个核心要素上。① 社会体系是指一组面临同样问题、有着同样目标的团体的集合,在本书中是指村域内部的所有农户。调研发现,几乎所有的农户说起猕猴桃种植技术都能侃侃而谈,似乎人人都是专家,农户常说:"猕猴桃都种20多年了,谁不会呢?"但是仔细探究一番,很多农户依然停留在"会说不会做"的层面上。例如,2013年新推广的人工授粉技术,农户都知道人工授粉的好坏直接影响到猕猴桃的品质。但是,眉县农技人员的调研发现,真正掌握诀窍的农户不足60%。这些都表明了村域内存在较大的技术差异,技术差异不仅体现在同一个村庄的不同农户之间,也体现在不同村庄之间,这意味着农业技术在推广实践中出现了"精英俘获"现象。

二 精英俘获:农业技术推广的实践困境

农村能人是指村庄内部成长起来的农民精英,本书中的农村能人主要指的是技术精英,即村庄内部精通农业种植技术的农民。农村能人比普通农户具有更多的资源禀赋,而且受村域中农民的"自己人"意识和特殊信任结构的影响,具有较大的权威性。② 现代农业技术本质上是一种标准化的普遍性知识,需要通过农村能人来对接与转译农业技术,一方面是通过他们对接标准化技术以转译成通俗易懂的农民生活语言;另一方面是通过他们促使周边农户采用新技术。这种方式在眉县猕猴桃产业发展中产生了巨大的作用,却也带来了农业技术推广的精英俘获现象。本书认为,农技推广中的精英俘获现象是指农村能人扭曲或利用外来资源,导致技术等资源无法惠及村域内的普通农户,进而影响了农技推广的成效。

在我国多元农技推广体系下,虽然公共传媒渠道是农户获取技术信

---

① 参见〔美〕E. M. 罗杰斯《创新的扩散(第五版)》,电子工业出版社2016年版,第6—8页。

② 参见赵晓峰、付少平《多元主体、庇护关系与合作社制度变迁——以府城县农民专业合作社的实践为例》,《中国农村观察》2015年第2期。

息的最主要来源,但是人际沟通仍然是农户采用新技术的基本方式。① 农村能人既有强烈的技术需求意识,也有抵御外在风险的能力,因而通常作为技术落地的承接者。地方政府和高校共同探索出以大学为依托的推广模式,将农村能人纳入到农技推广体系中,主要是为了提高农业技术的成果转化率。眉县政府设立了示范村,将农业技术推广服务向示范村倾斜,试图发挥示范村的辐射带动作用。通过示范村到示范户,通过示范户再扩展到普通农户,虽然有效地促进了农业技术在示范村的推广与转化,但是由于示范村受到更大的支持力度,示范村的精英也更会跑项目、拉资源,使得专家入户、讲座培训等农技服务明显多于非示范村,最终使得示范村中的农村能人获得更多的技术信息等资源。

不仅如此,眉县在很多村庄都设立了科技示范户,他们本身就是农业技术掌握不错的农民,经过政府的认证后也就具有更大的影响力。基层农技员在接到推广任务的时候,都会通过他们先展开试点工作。在这个过程中,农村能人成为技术进入农村的"守门人",在农技推广中发挥了降低风险、示范带动和话语转译等作用。从理想角度来看,农村能人处于现代科学技术和传统小农生产的区隔地带,可以实现技术稳妥的推广。但是在现实运作中,农村能人会依靠自身的资源禀赋优势俘获技术信息等外来资源。目前农民精英俘获外来资源的方式主要有三种:一是直接俘获国家货币型资源并从中获利;二是通过俘获集体资源来套取国家项目资金;三是俘获国家实物型资源并转化为资本化运营来获利。② 农业技术不同于现成的、可直接获取的货币与实物资源,因而农村能人对技术等资源的俘获主要体现在对市场信息的提前获知与对技术的熟练掌握上,这主要体现为村庄内部精英农户与普通农户之间的技术分化。

知沟假设理论认为,随着大众传媒向社会传播的信息日益增多,社会经济地位高者通常能比社会经济地位低者更快地获得信息,最终导致

---

① 参见陈强强、王文略、王生林《农技成果转化主体多元化与农户技术响应研究——以甘肃省为例》,《科技管理研究》2015 年第 8 期。

② 参见刘升《精英俘获与扶贫资源资本化研究——基于河北南村的个案研究》,《南京农业大学学报》(社会科学版) 2015 年第 5 期。

知识鸿沟的不断扩大。① 在信息知沟的作用下，农村能人在面对外来资源时相比普通农户占据着优势地位，能够及时采取行动抢占先机。普通农户在获知技术信息与学习新技术上通常处于劣势。他们很少按照文本资料来规范操作技术，更多是通过农技员或技术精英的口头讲解与现场示范进行学习。与其说是学习，倒不如说是低水平的模仿。普通农户采用新技术相对较晚并存在跟风种植问题，他们只有在周围人尝试成功的情况下，才会采用新技术，并且通常是边摸索边种植，很难及时获得全面的技术指导。在这种情况下，普通农户更多是运用传统经验来种植，而不是采用标准化的种植技术。"农民种田就是看样子"，他们不太理解背后的技术操作原理，往往容易凭感觉务农。

普通农户很少主动向他人专门咨询技术问题，更多依靠人际传播，在学习新技术的过程中会遭遇以下三个难题：一是技术保留。在社会转型期，农民更多是通过先天的血缘关系来建立"自己人"的心理联系，大多数农民精英对于关系好的"自己人"会主动传授技术，但对于其他人会有技术保留，很少会分享自己的核心技术，甚至可能会出现胡乱指导的现象。二是技术壁垒。一些农民精英愿意分享技术要领，但是这些技术需要加大资金投入或者劳动力投入，普通农户无法承担这些投入，无形之中也就形成了技术壁垒。三是技术失真。即使农民精英毫无保留地传授技术，而且技术对于普通农户也具有可操作性，但在扩散过程中也会出现技术失真现象，即一些关键技术经过几个人的传播到达有需要的人时，已经产生了很多耗散。最终导致多数农户仍然是靠经验感觉来种植，无法做到标准化经营。

总之，农民精英受益于自身的资源禀赋，可以提前获知技术信息，从而技术水平较高；而普通农户在获取信息与学习技术中受技术保留、技术壁垒与技术失真等因素的影响，无法及时全面地获得农业技术，最终表现为技术水平不如农村能人。

---

① 参见徐雪高、马九杰《农村各阶层"知沟"的影响因素分析——基于福建永安市的农户调查数据》，《中国农村观察》2007 年第 2 期。

三　精英俘获的成因分析

农技推广中精英俘获现象的凸显是多种因素共同作用的结果,与农技推广内卷化现象出现的原因具有一定的相似性,具体表现如下:

第一,农业技术作为外生型资源需要再嵌入。吉登斯曾经提出"脱域机制"的抽象体系包括专家系统和象征标识,其中专家系统的再嵌入需要信赖的发育。[①] 不仅专家是村庄的"陌生人",而且其讲解的农业技术本身也是一种标准化的外来技术。由于对专家信赖度不高,普通农户出于"自己人"意识会更信任通过村庄里的农民精英转译过的技术。这是因为技术的采用过程与采用结果具有较高的不确定性,精英对技术进行转译与再嵌入可以有效降低风险与提升技术的实用性,而这为精英俘获创造了条件。

第二,农业技术推广的转译方式具有滞后性。农技推广试图达到标准化的目标,但是传统小农生产如孟德拉斯所说是一种"地方性技艺",即是一种真实的、具体的、可以通过劳动的反复体验来感知的实然。[②] 农业技术在研发出来后,经由精英进行试验种植,等待技术较为成熟后再推广给其他农户。这种制度设计确实取得了不错的成效,但是通过中介进行转译,必然会延缓技术的推广速度。利用这一段宝贵的试验期,农村能人可以对新技术加以钻研摸索,甚至发明出一些"土方法",真正转化为经验性知识。然而,普通农户习得的是已经较为成熟的技术,容易对精英产生依赖,特别在面对病虫害时会不知所措。这种转译方式把宝贵的反复体验机会留给了精英,普通农户"坐享其成",自然容易产生技术分化。

第三,乡村治理中村组力量的权威性。取消农业税费以后,国家逐渐弱化基层治理力量,但是基层治理的压力却有增无减,这就需要村组力量发挥更大的作用。农业技术作为外生型资源进入村庄需要依靠村组力量。如果村组力量较为涣散,甚至出现派系斗争,就容易丧失权威性。这会使村组力量无法有效组织开展相关技术培训与引进外来资源,从而

---

① 参见 [英] 吉登斯《现代性的后果》,译林出版社 2011 年版,第 23 页。
② 参见 [法] 孟德拉斯《农民的终结》,社会科学文献出版社 2010 年版,第 48 页。

延缓技术的传播速度、影响推广效果。

第四，精英农户遵循技术扩散中的"差序格局"。当下农村社会确实是发生了巨大的变迁，但是在一些农业发展或者传统秩序保持相对较为良好的村庄，仍然保留着熟人社会的基本特征。这在农技推广领域中表现为，一方面掌握技术的精英，一般只会对亲朋好友私下传授技术奥秘，对于其他农户则不会主动讲解；另一方面一些农户即使技术水平高，但因为平时与其他农户交流不多或者人缘关系不好，也很少有人来请教。这样一来，越靠近技术精英的人越能够掌握关键的技术信息。

第五，普通农户具有生计模式的压力。大多数普通农户学习技术更多是出于家庭生计的考虑，一方面会采用劳动力"过密化"种植方式，即经常在田地劳作，通过多样化种植进行风险摊派，这样保证每年都会从农业种植中获取一定额度的现金收入，从而满足日常生活与农业再生产的需要；另一方面会保持"半工半耕"的家庭经营方式，主要表现为农户家庭内部的代际分工模式，即家庭中的中老年群体在家务工务农而年龄较小的中青年群体外出务工，这种代际分工促使农业种植主体以中年人为主，也有部分老年人。目前，多数农户仍然遵从多样化种植或"半工半耕"的生计模式，这也就压缩了有限的劳动力投入，造成低产量粗放式经营模式的持续存在。此外，农户普遍认为技术好的人一定是"勤快人"，而这种思维会延缓技术的采用，比如猕猴桃种植中的园中养草沤肥技术可以有效防治果子灼烧，但农户认为耕地留草是懒汉作风故而不采用。

第五节　接点推广的效度和限度

"接点推广"揭示了农业科技进村入户的基本规律，分析了村庄视域中农技推广的内在机制及其症结。通过土专家这个衔接桥梁，作为科学性知识的现代农业科技得以翻译、转录并输出为农民易于接受的经验性知识，并以此重构了小农耕作传统的构成要素，对农民的技术采纳行为产生了决定性影响，为农业科技推广提供了较为畅通的渠道。然而，以村庄为接点、以土专家为中介的农业科技推广，仍然会遭遇来自村庄和农民两个层面多个方面的分化压力，进而陷入内卷化的发展困境。高等院校和县乡基层农技推广机构投入的人力、技术、财政项目等资源越来越多,而农业科技推广却在村庄里呈现出复杂的现实局面。相当数量的农民在采纳现代农业科技时,重形式甚于重内容的情况说明,现阶段的农业科技推广虽然为地方产业的发展提供了必要的技术支撑,满足了当地农民繁杂而不同的技术需要,但是未能从根本上改变农民的小农耕作传统,使农技推广在制度变迁中陷入低水平的均衡状态,制约着眉县猕猴桃产业向生态健康、可持续的方向发展。同时,本书认为这种均衡是一种中度水平的均衡,是农技推广受到不成熟的农业生产经营体制和不完善的市场环境等组织制度硬约束的影响形成的暂时的均衡,既有持续推动制度变迁的需要,也有以制度创新突破农技推广内卷化瓶颈的空间。

应该说,接点推广的农业科技进村入户机制虽然并不完美,但其在眉县猕猴桃产业发展中所展现出的活力说明,它仍然是现代农业科技与数以万计的分散农民家庭衔接的有效机制。因此,结合调查的结论,本书认为应从以下三个方面着力推动农业生产经营方式的变革,以便为推动农业科技推广体制的持续完善注入制度变迁的新动力:一是提高专业农户在农户总量中的比重,发展适度规模的家庭农场;二是推动农民合作社规范化发展,支持合作社以农技与农资相配套的方式推广农业新技术;三是在消费者中宣传生态健康的消费理念,培育全方位、多层级的农产品销售市场,以激活市场潜力为抓手,引导农民不断采用新技术、淘汰旧传统,促进农业生产经营方式的变革。

第六章

合作社:助力农技推广与三农发展

第一节　眉县猕猴桃专业合作社发展概况

一　眉县农民专业合作社发展概况

2007 年 7 月 1 日,《中华人民共和国农民专业合作社法》(以下简称《合作社法》)颁布实施,为我国新型农民合作社的发展提供了强有力的政策支持与法律保障。之后,中央连续多年聚焦农民合作社,持续为农民合作社的发展保驾护航。眉县坚持"数量增长、质量提升、机制创新、实力增强"的发展思路,以提高农民进入市场的组织化程度为切入点,不断完善和规范合作社经营管理制度,强力提升全县农民专业合作社的规范化程度。

2014 年,全县通过合作社销售农产品总额达 3.87 亿元,入社成员人均增收 4200 元。截至 2015 年底,全县农民专业合作社总数达 297 家,拥有注册商标的有 26 家。种植业有 229 家(其中猕猴桃专业合作社 146 家),养殖业有 52 家,其他有 16 家。入社成员 10799 户,注册资金 5.98 亿元,辐射带动农户 4.83 万户。目前,合作社已覆盖全县 8 个镇的 112 个村,行政村覆盖率达到 91.2%,农户覆盖率达到 71.05%。①

眉县农业专业合作社在发展中也得到了党和政府的认可,取得骄人的成绩。2012 年 7 月,3 家合作社被农业部命名为"全国农民专业合作社示范社";2014 年,3 家合作社被国家九部委命名为"国家级农民合作

---

① 参见中华人民共和国农业部《眉县:农民专业合作社发展势头喜人》,2015 年 3 月 25 日 (http://www. moa. gov. cn/fwllm/qgxxlb/shanxi/201503/t20150325_ 4457642. htm)。

社示范社"，7 家合作社被陕西省十部门评为"陕西省农民合作社示范社"，5 家被评为"省级百强示范社"，10 家被宝鸡市政府评为"十佳农民专业合作社"，17 家被评为市级优秀合作社，40 家被评为县级示范社。7 家合作社对自己的农产品进行了有机（转换）认证，并取得有机认证（转换）证书。"眉县金果""秦旺""晓文"等商标被评为"省级著名商标"。

"一方灵秀山水，千年魅力眉县"，眉县农民专业合作社的发展成为全市的排头兵，在质量、规模、效益、"三品一标"、标准化建设等方面均处于全省前列。全县农民专业合作社发展呈现出数量增长快、带动农户多、涵盖产业广、服务内容宽的良好态势。如今，眉县的农民专业合作社已成为引领全县群众增收致富的一支生力军。①

二　眉县猕猴桃专业合作社快速发展的驱动力量

早在 2007 年 4 月，眉县第一家猕猴桃专业合作社——"眉县金香果友猕猴桃专业合作社"就已经成立了。而《合作社法》正式实施后，眉县猕猴桃专业合作社就如同雨后春笋般涌现出来，"一村多家""跨村跨镇"的合作社一时之间蔚为大观。2010 年，眉县被确定为省级农民合作社示范县后，猕猴桃农民专业合作社更是蓬勃发展，粗略估计到 2016 年底猕猴桃专业合作社已经接近 200 家，不少猕猴桃合作社更是成为陕西省乃至全国知名的合作社，比如眉县齐峰富硒猕猴桃专业合作社、眉县金桥果业专业合作社、眉县秦旺果友猕猴桃专业合作社、眉县幸福洋猕猴桃专业合作社等。

眉县猕猴桃专业合作社的迅猛发展，离不开眉县政府"把鸡蛋放在一个篮子"的发展策略和对猕猴桃产业的大力扶持，也离不开西北农林科技大学猕猴桃试验站"为有源头活水来"的技术依托。眉县猕猴桃农民专业合作社十年的辉煌发展历程，也是自 2006 年"校县合作"开展科技入户工程以来科技进村入户加速推进的重要十年。西北农林科技大学与眉县人民政府实施科技入户工程之初，便确立了"按照'龙头企业 +

---

① 参见魏金红《眉县：农民专业合作社发展势头喜人》，2015 年 3 月 25 日，陕西农业网（http：//www. pcagri. gov. cn/templet/sxny_ gov_ cn/xcbdshowarticle. jsp？id = 283655）。

合作组织＋基地＋农户'的经营模式,大力推进猕猴桃产业化经营,实现产业的多层次增值"的理念,更是构建了"以西北农林科技大学猕猴桃试验站为依托,以眉县园艺工作站为技术服务中心,以示范园、示范基地和猕猴桃专业合作社为基础,以乡镇农业技术推广站和百名技术能手为骨干的猕猴桃技术推广服务网络"。① 一般而言,合作社的生命周期分为四个时期:诞生期、发展期、完善期和分化期,前面的两个时期被视为合作社发展的早期,后面的两个时期则被视为合作社发展的中后期。正如眉县田家寨合作社的社长姚林科所说,"合作社成型以后对猕猴桃(产业)的推动作用较大,之前主要是(眉县)政府在推动"。这里的"成型"主要是指眉县一些发展态势良好、发展规模较大、影响范围较广的合作社,这些合作社不仅助力农技推广体系,而且推动眉县的三农发展,在猕猴桃产业发展之中发挥着独特的作用。当然,一些尚未"成型"的合作社,我们也需要对其剖析,进行对比研究,透视眉县猕猴桃专业合作社发展态势良好背后的驱动机制。

在调研中,我们发现这些合作社在农业科技推广中主要受到眉县政府和西北农林科技大学试验站的影响,合作社可以被视为一个中介组织,将来自政府与高校的相关资源进行有效的整合,然后把这些资源传递给与其联系的千家万户的果农。当然,在这个过程中,合作社并不是单方面地作为隶属性组织,它还具有较为强大的行动者的主动性。合作社不仅仅接收外来的种种资源,也会主动搜索符合自身发展的各种要素。因而,我们需要结合眉县猕猴桃专业合作社的发展历程,来探析眉县政府与西北农林科技大学试验站在其中的作用。

(一) 眉县政府的政策推动

眉县政府长期以来都非常重视猕猴桃产业的发展。1978 年,全国开展了猕猴桃种质资源调查,眉县农技人员在秦岭北麓海拔 700—1200 米的浅山区发现大面积的野生猕猴桃,包括美味猕猴桃、葛枣猕猴桃、狗枣猕猴桃等野生品种。通过资源勘查与研究,眉县政府获得了大量重要的一手资料,这些努力为后来猕猴桃产业的大规模发展奠定了一定的基础。

---

① 参见《西北农林科技大学与眉县合作打造优质猕猴桃全产业链》,2011 年 9 月 28 日,陕西省教育厅网 (www.snedu.gov.cn/jynews/gdxx/201109/28/15530.html)。

在这个基础上，眉县领导班子加大对猕猴桃产业的重视程度，不断引进并优化品种，研发推广新技术，加快提升猕猴桃品质。在《合作社法》颁布之前，眉县已经成立了一些果品协会，从事与猕猴桃相关的生产经营活动。但是，合作社真正进入迅速发展期，是离不开眉县政府的政策支持与保护的。下面从培育建设公用品牌，重视产业"三品一标"，推动质量可追溯系统建设以及制定猕猴桃产业长期规划四个方面来说明，眉县政府对合作社乃至整个猕猴桃产业的政策推动作用。

1. 培育建设公用品牌

如今，眉县猕猴桃产业已经形成生产、贮藏、加工、销售的完整产业链。"眉县猕猴桃"以其外型美观、天然绿色、口感酸甜清爽、香气浓郁、营养价值高等特点闻名全国。眉县不仅是猕猴桃种子资源和生产的聚集区，而且打造出"眉县猕猴桃"的公用品牌而在全国享有较高的知名度。"眉县猕猴桃"是指分布在眉县渭河以南7个猕猴桃主产镇104个行政村的猕猴桃，这些区域的猕猴桃由有资质的合作社实施订单生产，有组织地进行猕猴桃标准化生产管理，建立生产档案，实施生产、贮藏、销售全程监控，所生产和销售的酸甜美味、绿色无污染、质量可追溯的优质猕猴桃被称为"眉县猕猴桃"。①

2009年10月，眉县104个村的10909.9公顷（16.36万亩）猕猴桃通过了无公害猕猴桃产地整县环评认定。2010年9月，眉县猕猴桃通过农业部地理标志产品认证，县政府授权眉县果业中心全权负责该品牌的使用和管理工作。2012年12月，眉县无公害猕猴桃整县环评又通过了现场检查、产地环境检测的复评。2014年4月，"眉县猕猴桃"地理标志证明商标注册成功，商标持有单位为眉县果业局。此后，眉县以地理标志证明商标为基础，策划包装猕猴桃公共品牌，把现有企业品牌全部纳为公共品牌的子品牌，实施单一品牌全球营销战略，提高眉县猕猴桃品牌的影响力和市场竞争力。

眉县经过多年的发展，总共建立起来了21个猕猴桃商标品牌，诸如陕西齐峰合作社有限公司注册的"齐峰缘·奇异果"、眉县金桥果业有限

---

① 参见《眉县猕猴桃之公用品牌管理》，2015年4月20日，眉县农业信息网（http: // nongji. sxny. gov. cn/templet/meixian/mshowarticle. jsp？ id = 120813）。

公司注册的"眉香金果"、眉县第五村猕猴桃专业合作社注册的"第五村"以及眉县秦旺果友猕猴桃合作社注册的"秦旺"等商标。公用品牌的统一管理是实现眉县猕猴桃规范化管理、提升市场竞争力和更好发挥品牌效应的重要举措。在连续几年一系列管理措施的落实下,眉县猕猴桃品牌建设取得了丰硕的成果,2011年荣获"消费者最喜爱的100个中国农产品区域公用品牌",且是唯一获得中国农产品区域公用品牌的猕猴桃产品;2012年,眉县猕猴桃又获"中国最具影响力农产品区域公用品牌",这为眉县进一步加快农业自主知名品牌建设步伐,加快优势农产品产业升级,推进农业发展方式转变,全面促进县域农业增效和农民增收发挥着巨大的推动作用。

2. 重视产业"三品一标"

眉县格外重视猕猴桃产业的"三品一标",以便稳定产业发展与支持产业升级。"三品一标"是指无公害农产品、绿色食品、有机食品和农产品地理标志。无公害农产品是指产地环境、生产过程、产品质量符合国家有关标准和规范的要求,经认证合格获得认证证书并允许使用无公害农产品标志的未经加工或初加工的食用农产品。绿色食品是指遵循可持续发展原则,按照特定生产方式生产,经专门机构认定,许可使用绿色食品标志的无污染的安全、优质、营养类食品。有机农产品是指来自有机农业生产体系,根据国际有机农业生产要求和相应的标准生产加工的、通过独立的有机食品认证机构认证的一切农副产品,包括粮食、蔬菜、水果、奶制品、禽畜产品、水产品、调料等。

从眉县楚红猕猴桃专业合作社(金渠镇第二坡村)取得无公害猕猴桃产地认定以来,眉县目前已有6家专业合作社取得了无公害猕猴桃认证,认证面积771.17公顷(11567.55亩),分别是:

眉县众喜猕猴桃专业合作社200公顷(营头镇上第二坡基地);

眉县楚红猕猴桃专业合作社33.3公顷(金渠镇下第二坡基地);

眉县鹏盛达农副产品购销专业合作社113.7公顷(横渠村基地);

眉县五坞猕猴桃专业合作社206.67公顷(首善镇岳陈村基地);

眉县秦旺果友猕猴桃专业合作社137公顷(槐芽镇西街村基地);

宝鸡眉县兄弟果业专业合作社80.5公顷(汤峪镇黄西庄村、佘家庄村、毛家什村基地)。

从 2009 年起，眉县各个猕猴桃专业合作社开始重视有机猕猴桃基地建设，先后有 8 家合作社取得了有机转换认证，认证面积 5349.95 亩。其中：

陕西齐峰合作社有限责任公司 14.3 公顷（214.5 亩）（金渠镇红星村基地）；

眉县金桥果业专业合作社 33.68 公顷（505.2 亩）（齐镇齐镇村基地）；

眉县金色秦川猕猴桃专业合作社 29.26 公顷（438.9 亩）（营头镇上第二坡村基地）；

眉县五埝猕猴桃专业合作社 66.66 公顷（999.9 亩）（首善镇五埝村基地）；

眉县秦旺果友猕猴桃专业合作社 71.99 公顷（1079.85 亩）（槐芽镇红崖村基地）；

眉县金蛋蛋猕猴桃专业合作社 1143 亩（横渠镇曹梁村基地）；

西安幸福洋果业科技有限公司 800 亩（首善镇王长官寨村基地）；

陕西杨凌农夫果业专业合作社 168.6 亩（金渠镇第二坡村基地）。①

3. 推动质量可追溯系统建设

眉县依托陕西省优质农产品中心建设的"陕西省农产品质量安全追溯系统"，建立了眉县猕猴桃质量安全监管审核体系，使用该系统的企业通过网站进行备案，通过县、市、省逐级审核，企业用系统授权的用户名和密码登录进行相关档案和生产管理的填报，最终生成二维追溯码，打印或粘贴在产品或外包装上，建成完整的全产业质量追溯体系。眉县农业部门一方面加强农业投入品管理，进行生产全程的监管，落实标准化生产技术措施；另一方面联合猕猴桃专业合作社签订技术合作协议，外联市场，内联生产基地，全面提高猕猴桃质量安全水平。合作社年组织订单生产 12 万余亩，涉及农户 3 万户，订单规定了猕猴桃收购的标准，确定了最低收购保护价，最大限度保护了果农的利益，调动了果农标准

---

① 参见《眉县猕猴桃之"三品一标"认证》，2015 年 4 月 20 日，眉县农业信息网（http://nongji. sxny. gov. cn/templet/meixian/mshowarticle. jsp？id = 110847）。

化生产的积极性。①

　　2010 年,眉县猕猴桃获得国家农产品地理标志登记保护以来,眉县
采取地理标志管理和质量追溯管理相结合的模式,不断健全各项制度,
强化措施,使眉县猕猴桃质量有了很大提升,品牌影响力不断增强,对
县域经济发展起到了良好的促进作用。眉县目前授权了 8 家合作社建立
了企业平台的追溯系统,每个使用标志的合作社都制定了详细的猕猴桃
质量控制制度,在猕猴桃示范基地、合作社包装车间、万吨冷库建立生
产记录制度。合作社实施农资配送、技术指导、产品营销三统一,严格
按照"眉县猕猴桃"标准化十大技术规范操作,全面禁止使用高毒、高
残留农药,大力推广使用农家肥、沼渣肥、复合专用肥等有机肥料,在
示范村果园全面推广应用太阳能杀虫灯、生物诱虫袋、捕食螨等物理、
生物防虫技术,确保了眉县猕猴桃的优良品质和质量安全。每个使用标
志的合作社都制定了详细的猕猴桃质量控制制度,在猕猴桃示范基地、
合作社包装车间、万吨冷库建立生产记录制度,在"陕西省农产品质量
安全追溯系统"建立追溯系统档案,确保猕猴桃生产质量信息实时监测。
县政府搭建平台,组织猕猴桃营销活动,支持合作社不断提升眉县猕猴
桃地理标志产品知名度和市场占有率,在公用品牌的带动下,"齐峰"
"眉香金果""金色梅海""板扎"等猕猴桃企业品牌也得到了迅速的发
展,实现了企业与农户的双赢。

　　4. 制定猕猴桃产业长期规划

　　眉县依托陕西省果业管理局《陕西现代果业发展规划 (2014—2020)
框架大纲》,组成专家团队,编制《眉县猕猴桃 2013—2025 年中长期发
展规划》和《眉县猕猴桃 2025—2050 年远景发展规划》,并且编制和修
订了《眉县猕猴桃标准化生产技术规程》《眉县猕猴桃标准化冷藏技术规
程》,规范眉县猕猴桃生产各个环节,依法从严管理,创造良好的发展
环境。

　　按照现代农业发展新要求,牢牢把握创新与发展两大主题,明确
"国内领先、国际一流"的定位,通过提品质、延链条、抓园区、保安

---

① 参见《眉县猕猴桃质量追溯系统建设》,2015 年 4 月 20 日,眉县农业信息网 (http: //
nongji. sxny. gov. cn/templet/meixian/mshowarticle. jsp? id = 152018)。

全、树品牌、强体系,将猕猴桃事业做成产业基础稳固、服务体系完备、产业链条健全、销售渠道畅通、综合效益明显的大产业。通过强化科技培训,提升果实品质,不断完善产业链条,培育猕猴桃"公用品牌",办好高层次的宣传推介会,以及建成国家级眉县猕猴桃批发交易中心,等等。眉县规划到 2020 年,全县猕猴桃面积稳定在 30 万亩左右,优质果园达到 20 万亩以上,总产量达到 50 万吨,农民人均猕猴桃产业收入达到 10000 元以上,把眉县猕猴桃产业打造成国际品牌、百年产业。①

总结起来,眉县政府对合作社的品牌建设做出了以下几个方面的努力:②

(1) 坚持不懈组织果业企业、合作社在全国各地开展各种品牌宣传推广活动。

(2) 眉县果业局每年组织开展各种品牌建设和市场营销培训会,加强对果业企业、合作社负责人的品牌知识系统培训,使其真正认识并深入掌握品牌的价值和作用。

(3) 邀请中央电视台《聚焦三农》《每日农经》等媒体来眉县制作"眉县猕猴桃"及果业企业专题宣传片,提高猕猴桃企业品牌知名度和影响。

(4) 鼓励企业在阿里巴巴、淘宝等各大网站开设网店和销售窗口。在眉县人民政府网站、眉县农业信息网站、眉县吧等网络平台开辟专栏宣传眉县猕猴桃,利用各种新兴媒体扩大品牌影响。

(5) 争取省级果业专项资金进行补助,在国内猕猴桃主销城市建设眉县猕猴桃形象店。

(二) 西北农林科技大学试验站的技术依托

尽管西北农林科技大学和眉县是在 2006 年才签订了科技入户工程的项目,但是双方长期以来一直有着密切的技术合作与交流。早在 1998 年,西北农林科技大学和宝鸡市政府就建设了"农业科技专家大院",这种合

---

① 参见《眉县猕猴桃产业发展远景规划》,2014 年 12 月 21 日,眉县农业信息网(http://nongji. sxny. gov. cn/templet/meixian/mshowarticle. jsp? id =155816)。

② 参见《眉县猕猴桃之企业品牌建设》,2014 年 12 月 21 日,眉县农业信息网(http://nongji. sxny. gov. cn/templet/meixian/mshowarticle. jsp? id =157335)。

作方式主要是借助于农业示范基地,通过西北农林科技大学派送专门的科技专家到基地,开展信息咨询服务和技术培训,带动当地农业产业化与规模化生产。但是,这个阶段的技术服务与技术指导缺乏一个主阵地,没有形成强大的持续影响。直到 2005 年西北农林科技大学猕猴桃试验站投入建设,眉县猕猴桃产业才有了强有力的技术依托,开始实施"猕猴桃产业化科技示范与科技入户工程",探索以高校为依托的技术推广模式。试验站现有科教人员 15 名,其中教授(研究员)6 人,副教授(副研究员)9 人,另有科研助理 6 名;拥有温室 1 栋、试验冷库三座、12要素的自动气象观测站 1 台,并配备远程可视及咨询系统。目前,猕猴桃试验站已经建成了集猕猴桃科学研究、新品种新技术展示、科技培训、学生实习实践等多种功能于一体的专业化科技服务中心,为眉县猕猴桃产业健康稳步发展提供强大的科技支撑,示范、引领陕西乃至全国猕猴桃产业的发展。西北农林科技大学试验站不仅为眉县猕猴桃产业提供了强劲有力、持续稳定的技术支撑,更提供了最为宝贵的信息资源与创新理念。

1. 先进技术支撑产业发展

2015 年陕西省批准发布的《猕猴桃标准综合体》共包含 7 个地方标准,即 1 个基础标准、2 个产品标准、4 个技术规程。这些具体的技术标准则是西北农林科技大学专家和眉县农技人员在长期的猕猴桃技术指导与技术服务之中,总结提炼出来的猕猴桃标准化生产"十项关键技术"的再次凝练。这些猕猴桃标准化作务技术,除却由县乡农技人员来推广给千家万户的果农,更多是依靠合作社来进行技术的推广。

以"十项关键技术"的第二项"规范建园"为例。规范建园技术要求:猕猴桃栽植应采用株、行距 3 米 × 4 米,每亩地栽植 55 株。栽植的行向尽量采用南北行,以充分利用太阳光能;幼树采用"T"形架,成龄树采用大棚架;培养单主干、双主蔓、结果母枝羽状分布的标准树形。技术要求精细到树株距离、雌雄树比例、棚架搭建等方面,这些标准执行起来相当有难度。普通果农一方面很难支付得起高成本的材料等费用,另一方面也很难熟练掌握这些技术要领。尽管眉县有许多乡土专家,但是乡土专家更多的是将自己学习到的技术转译给普通果农,无法有效地将果农组织起来。但合作社可以将这些技术直接应用到大规模的土地上,通过规模效应可以有效降低单位成本，同时也会尽可能地进行标准化操作，舍弃过密式种植以追求单位产量的发展方式，通过标准化种植有效保障猕猴桃的品质。

不仅在"规范建园"技术上，其他的一些技术也有着西北农林科技大学的技术支撑。在2008年底，眉县猕猴桃的种植面积已经达到了10万亩，眉县政府研究决定，必须采取一定的技术措施来平衡市场供应的季节差异，避免出现"谷贱伤农"的情况。大规模的冷库建设就提上了日程，这方面主要由眉县果业局分管，其主要职责是猕猴桃产业的贮藏与农机器具发放。2009年初，果业局在全县范围内进行的一次摸底调查发现，眉县的冷库总贮存量达到了5.9万吨。在对全县贮藏能力有了基本了解后，果业局邀请西北农林科技大学饶景萍老师在眉县县政府礼堂举办全省首次猕猴桃贮藏技术培训。现任果业局副局长杨金娥仍然较为清晰地记得当时的培训内容："首先是一些培训注意事项，如温度、湿度、药品；其次是进库时间；之后去大冷库前还专门进行实践讲解培训。"眉县在2012年申请建设了国家级猕猴桃交易市场，在交易市场里建设了众多合作社的冷库，这些建设都得益于饶景萍老师的贮藏技术与指导。

经由县乡农技部门的人员组织与项目争取，历次的技术培训与技术推广中的目标技术得以迅速地传递下来。西北农林科技大学通过"校县合作"开展的科技入户工程机制，为猕猴桃产业的产前、产中和产后各个环节提供技术指导与技术服务，眉县的猕猴桃专业合作社在西北农林科技大学的技术支撑下，得到了长期有效的指导。中国猕猴桃第一品牌齐峰合作社在官网上直接点出"自有有机猕猴桃基地3000多亩，有机富硒猕猴桃基地接受西北农林科技大学张有平教授常年技术指导"[①]。这些方面表明西北农林科技大学的技术支撑，对于整个眉县的合作社以及猕猴桃产业发展都是极其重要的。

2. 理念创新引领发展需求

如果只是把猕猴桃试验站看作"为有源头活水来"的技术基地，将

---

① 参见《关于我们》，2015年4月18日，眉县农业信息网（http://www.sxqfgy.com/intro.asp? id=111）。

猕猴桃试验站的诸位专家、教授看作技术研发与技术推广的人员,这样就低估了西北农林科技大学对于眉县猕猴桃产业的作用。固然作为一线的科研人员,试验站老师们最为本职的工作是为猕猴桃产业的发展壮大提供技术支撑;但为猕猴桃产业的各个主体提供必要而又急需的技术与信息资源,并将国内外的技术结合本地的实际情况进行试验与总结,从而培训与教育出大量投身于猕猴桃产业的实用人才也是十分重要的。眉县很多猕猴桃专业合作社在发展思路、发展理念和发展方向上就得益于西北农林科技大学猕猴桃试验站。

被眉县人称为"后起之秀"的眉县秦旺果友猕猴桃专业合作社(以下简称"秦旺合作社")虽然早在2008年7月便在金渠镇槐芽镇成立了,但是成立之后一直处于"默默无闻"的状态,直到现任社长祁建生在2011年进行大刀阔斧的改革,之后秦旺合作社才逐步驶入快速发展的车道。"秦旺(合作社)前身是个果品协会,之后是在西北农林科技大学张有平老师的指导下才成立的,(张有平老师)可以说是我们的启蒙老师。"祁建生不无感慨地说。这里所说的"启蒙"相当形象地指出了部分眉县猕猴桃专业合作社在起步时期,直接或间接地受到了西北农林科技大学老师的重大影响。这里也反映出,虽然《合作社法》正式颁布的时间较长,但是很多地方的农村对于相关政策规定依旧不熟悉,或者尽管了解到一些,但是在没有人指导的情况下不会轻易尝试。西北农林科技大学的一些老师由于长期进行技术指导,取得了一些农村能人的认可与信任,继而用专业的思维促使农村能人转变发展思路,在此基础上使一些地方性果品协会转变为农民专业合作社。

光有发展思路还不够,重要的是要有一套行之有效的、与国际先进水平接轨的符合市场需求的发展理念。猕猴桃试验站进行长期的猕猴桃技术研发与技术推广,紧跟着世界的发展方向与潮流,能够及时地了解到国内外猕猴桃产业的现状与问题,并且加以总结与技术转化,协同眉县农技人员及时将这些宝贵的信息资源扩散给广大果农。这些信息借助科技入户工程,实现了猕猴桃技术从"实验室"到"猕猴桃园"的快速技术传播,同时也使得果农们能够随时了解到猕猴桃产业的国内外形势,"足不出门便知天下事"。眉县的合作社在这个过程中也获益匪浅。比如,齐峰合作社的宣传标语就是"好水果,从种植开始",这也正是其创始人齐峰一贯主张的，猕猴桃产业最重要的是做好种植端，否则其他一切都为零。现任秦旺合作社的理事殷敏慧也深有感触："做农业的，要接地气，一定要从种植开始。"利用科学技术保证猕猴桃的生产品质是做好猕猴桃产业的重要一步。

伴随着眉县"中国猕猴桃之乡"的品牌越来越响亮，眉县猕猴桃也逐渐迈开了通往全世界的步伐。对于国外的一些技术标准，技术要求以及可能存在的技术难关，既需要政府做好组织安排，也需要试验站做强有力的后盾。猕猴桃产业需要解决"种什么，怎么种，为何种"的问题，在解决这些问题的基础上逐渐形成了猕猴桃标准化技术，也就逐渐确定了对外出口的一些技术标准。虽然一些合作社发展的市场定位是国内，但也不得不考虑品种的更新换代，技术的长效保障以及未来的技术需求等，这些都离不开西北农林科技大学的技术支持。然而，一些合作社不满足于在国内市场打拼，而是进军国际市场。比如，齐峰合作社始终坚持以新西兰佳沛公司为目标，试图成为"中国佳沛"，这背后就需要政府、高校和社会多方力量的支持。这些明显的或潜在的技术需求，也给试验站提出了更高的要求。如何成为眉县猕猴桃产业发展的技术源泉，源源不断地"造血"，成为希冀打造百年老站的试验站的老师们所需要思考的问题。

总体来说，眉县猕猴桃试验站不仅仅提供了一些技术研发与技术推广的支撑，还将国内外一些先进的信息与技术整合后协同县乡农技人员传递给果农。事实上，很多合作社在早期发展阶段就受益于西北农林科技大学的支持与帮助，更不用说当前众多合作社聘请的乡土专家团队都是在科技入户工程中形成的，这些都表明了眉县猕猴桃产业对于西北农林科技大学的技术依托作用是极其显著的。同时，由于长期的技术指导与技术服务，西北农林科技大学的老师们得到了眉县广大果农从心底里的认可与赞誉，这也就为猕猴桃产业提供了最为关键的信心支持，也为合作社的发展壮大提供了坚实的社员基础。

三　嵌入式发展：眉县猕猴桃专业合作社的基本特征

从眉县整体发展情况来看，猕猴桃专业合作社基本上是在《合作社法》正式颁布实施之后成立的，在此之前成立的大多是一些地方性的果品协会，较少具备当前合作社的特殊性与复杂性特征。农民专业合作社在一般民法体系中与企业或其他社团组织并列，但却又是市场经济社会中的特殊法人。这个特性最为重要的是，企业是作为"资本的联合"，而合作社更多是"人的联合"，人在组织中具备最为重要的地位。眉县猕猴桃专业合作社的发展情况，需要基于行为主体，从内外因相结合的角度对促进合作社发展的动力机制进行分析。

在前文中，我们已经对眉县猕猴桃专业合作社早期发展中政府与西北农林科技大学的作用进行了简要的论述，也认识到合作社作为一个中介组织，通过将来自政府与高校的技术、资金等资源吸收转化后传递给广大果农。但是，我们在研究中发现，合作社快速发展起来的动力机制包括两个方面，内因是阶层驱动，外因则是政策诱导。[①] 合作社作为一种特殊的法人组织，具有一定的非市场性，很大程度上是因为背后有着政府的立法和经济政策的支持和保护。眉县政府对于合作社的扶持是不遗余力的，而且支持力度也越来越大。近年来，眉县合作社的数量从起初的寥寥几家到如今已接近200家，就足以说明政府支持力量的强大。作为合作社快速发展的内生驱动力量则是当前我国农村日益分化并形成的不同社会阶层。以家庭收入为标准，可以把当前的农户划分为五个不同的社会阶层：低收入户、中低收入户、中等收入户、中高收入户及高收入户。眉县地区的农村内部也出现了基于经济财富的阶层分化，合作社的出现与发展，可以帮助农民获取更多的"合作收益"，也就成为地方政府和农村精英的关注焦点。总体而言，当前合作社的快速发展是国家政策诱导和农村社会阶层驱动相结合的产物，带有明显的外发促进内生的特征。

我国合作社的发展过程中，受到了分化的农村社会阶层结构、林立的宗族派系结构、竭力营造自主活动空间的地方政府以及不同利益主体间形成的互动关系等因素的综合影响。由此，我国的合作社显现出嵌入到农村社会阶层结构、村庄派系势力结构、行政结构和庇护关系网络等

---

① 参见赵晓峰、韩庆龄《政策诱导与阶层驱动：农民专业合作社快速发展的双重动力机制分析》，《农村经济》2013年第1期。

"行政—结构/文化"框架的影响。① 从这个角度来说,眉县的猕猴桃专业合作社也不例外,同样也深深地受到这些因素的影响,并呈现出嵌入式发展的特征。比如,一些合作社正在推动的代办转型,正是为了解决合作社与社员之间的长期博弈。但是,我们在此更多地关注眉县合作社在猕猴桃产业发展的作用,特别是在农技推广体系之中的功能发挥。因而,我们也需要对于眉县的合作社进行简单的分类,并针对不同类型的合作社区分出其各自的运作过程与作用。

目前在眉县猕猴桃产业中,主要存在三类合作社,分别是企业领办型合作社,农村能人领办型合作社和村委牵头型合作社。这些猕猴桃专业合作社基本上都是在 2008 年之后才成立的,特别是后两类合作社,更是近期才出现与发展起来的。这个现象一方面表明眉县猕猴桃产业仍然处于较快的发展之中;另一方面也表明眉县的猕猴桃专业合作社已经出现了越来越明显的分化,呈现出鲜明的特征。但是,这些合作社最主要的特征仍然是嵌入式发展。

企业领办型合作社发展之初就有着市场销售的实力,本身具有较强的市场性,可以获取较为丰厚的收入;在成立合作社之后,还可以从传统的财政项目、针对农业大户的补贴、针对龙头企业的扶持政策和针对农民专业合作经济组织的扶持政策中获得有效资源。因而,这类合作社发展起来后,其实力较强、规模较大、影响较广,在承接中央政府到地方政府的各项资源的同时,也需要承接一部分项目任务指标,比如合作社都需要承担一部分"精准扶贫"项目的扶贫任务。但在合作社内部的管理方面,因为牵涉面较广,加入合作社的社员较多,因而管理的难度也与之剧增。以下文的齐峰合作社为例,在短短的几年时间之中,齐峰合作社与社员之间的管理模式经历了几次变化,试图找出一条让合作社的管理层与社员都满意的方式,并不是一件容易的事情。

农村能人领办型合作社主要是指农村社会里资源禀赋较好的一些人,

---

① 参见赵晓峰《新型农民合作社发展的社会机制研究》,社会科学文献出版社 2015 年版,第 48 页;赵晓峰、付少平《多元主体、庇护关系与合作社制度变迁——以府城县农民专业合作社的实践为例》,《中国农村观察》2015 年第 2 期;赵晓峰、孔荣《中国农民专业合作社的嵌入式发展及其超越》,《南京农业大学学报》(社会科学版)2014 年第 5 期。

在《合作社法》颁布之后,为获取更高的经济收益而成立的合作社。在这类合作社中,只有少数合作社可以发展壮大,其他的绝大多数合作社只能艰难维持运转,甚至很快就消失了。农民专业合作社是同类农产品的生产经营者或者同类农业生产经营服务的提供者、利用者,而对于自愿联合成立的互助性经济组织,经济自由发展是至关重要的。但是,绝大多数这类合作社的成立的目的,只是为了更好地牟取利益。这些领办者本身就不太了解相关的法律政策,这类合作社的规章制度也不健全,社员之间没有形成稳定的关系,基本上2—3年就"散伙"了。但这类合作社仍然发挥着重要的作用,一些合作社会逐渐蜕变为家族式企业,成为眉县众多的猕猴桃经销商之一。同时,由于处在村庄之中,有时候还会承担村上的"兜底"任务。即如果村里有些人的猕猴桃确保是无公害的,但是由于卖相或品种不好而卖不出去,这类合作社就有一定的义务帮忙兜售。

村委牵头型合作社也属于农村能人领办的一种,但是最大的不同在于这类合作社因为自身具备着村级自我管理、自我服务的公共性质,因而提供的服务更多的是以公益性为主。《合作社法》颁布后,中央政府和地方政府对于合作社的倾斜资源日益增多,这其中就有很多县乡政府直接惠及基层村民组织的资源,比如农机器具、化肥农药以及培训指标等。这就需要村委会成立相应的合作社来承接这类资源,以便更好地传递给村民。比如,金渠镇下第二坡村就专门成立了眉县楚红猕猴桃专业合作社来发展猕猴桃基地,并带动本村村民发家致富。再比如,金渠镇田家寨村在2012年成立了眉县海振兴猕猴桃专业合作社,之后为了更好地承接大型农机器具等,于2015年更名为眉县田洪猕猴桃机械专业合作社。也有一些是以村为单位成立的专门的生产性合作社,以做好本村的社员生产等任务为目标,并采取与外来的企业或者合作社合作的发展方针。比如,首善镇的王长官寨村以村干部牵头,将附近的3个村子1500多户纳入到合作社中,在这种合作关系之中,王长官寨村合作社主要负责猕猴桃的生产环节,而后期的销售环节由外来的企业或合作社负责。

此处我们对于当前眉县猕猴桃专业合作社的分类是简单而又粗略的,现实中的合作社情况复杂而多维,甚至是有些矛盾的综合性组织。我们在前文中,重点归结了眉县猕猴桃专业合作社的发展历程中政府与高校的作用,同时也提出了合作社的主要特征是嵌入式发展,因为本书试图揭示合作社在整个眉县中对科技推广与三农发展的助力作用,因而不过多涉及合作社内部的发展。

合作社有效地沟通了农户与政府的关系,有利于上下互动信息的沟通与传播。更重要的是,在面对千变万化的大市场时,合作社将千家万户的小农户组织起来,抱成一团,可以有效提高农业产业化、规模化与市场化程度。一方面提供产前、产中、产后的多项服务来保障所有社员的共同利益,降低应对外界的市场风险、经营风险与自然风险;另一方面通过组织手段来规范组织内部成员,并作为行业性代表来与外界和政府进行协商。如此一来,合作社可以充分发挥其在农业产业化经营中的重要作用,从而达到农民增收、农业增效、农村发展的目的。然而,为了应对千变万化的市场,进行市场化经营管理,很多合作社都会成立相应的企业,这样"一体两面"的身份,会使得合作社与农户之间的关系出现一些曲折。

对于这些方面的分析,不管是将合作社作为一个整体还是拆分为"人的组合",都无法直观而清晰地理解眉县的合作社在猕猴桃产业发展中的作用。因而,本书以眉县金桥果业专业合作社、眉县秦旺果友猕猴桃专业合作社和眉县齐峰富硒猕猴桃专业合作社三个合作社为典型案例,通过对这三个合作社深度的描写,凸显合作社发展过程中对猕猴桃产业的推动作用。

第二节　眉县金桥果业专业合作社

一　眉县金桥果业专业合作社发展概况

眉县金桥果业专业合作社(以下简称"金桥果业")于 2007 年 8 月经县工商管理部门登记注册,位于眉县横渠镇,地处 310 国道沿线,是由原眉县横渠果业协会转型升级而来,现在新厂已经搬迁到陕西宝鸡眉县霸王河工业园区。目前有成员 156 人,出资总额 380 万元。按照"民办、民管、民受益"的原则和"实体化发展、股份化运作、企业化管理、产业化经营"的思路,以果品产业为纽带,以服务成员为宗旨,以促进果农增收为目标,在服务中求发展,在发展中增实力,走出了一条自我发展、自我积累、成员与合作社双赢的发展之路。

目前，金桥果业专业合作社在理事长任建社的带领下已发展成为一个集果品生产、贮藏销售、农资供应、技术服务为一体的股份合作形式的农民专业合作社。该合作社通过了 ISO 9000 质量管理体系认证，所产"眉香金果"牌猕猴桃获得 2012 年陕西名牌产品，是陕西省鲜果产品中唯一获此殊荣的企业。合作社拥有建筑面积 1800 平方米，集农民培训、果品检测、农资配送、信息服务、电子商务等为一体的综合服务楼 1 座，拥有贮藏气调保鲜库 48 座，储量 8000 吨，自动化分拣线 2 条，日处理鲜果量可达 100 吨。建立有机猕猴桃生产基地 502.5 亩，已获得有机产品证书，通过"合作社 + 基地 + 农户"的产业化经营模式建立标准化生产基地 1.5 万亩。该合作社在广州、上海、金华、嘉兴等地已建立 8 个直批市场；在北京、深圳、西安、宝鸡等地建立了 7 个直销形象店；在郑州、福州、兰州等十多个大中城市建立了营销窗口；在天猫商城注册开通了"眉香金果旗舰店"。"眉香金果"还打入了国际市场，出口到俄罗斯等国家，年销售猕猴桃鲜果 750 万公斤。

眉县金桥果业专业合作社先后获得"宝鸡市创业就业示范企业""宝鸡市十佳农民专业合作社""陕西省农民专业合作社百强示范社""中国50 佳合作社""全国农民专业合作社示范社""陕西省第四批农业产业化经营重点龙头企业""陕西省民营科技型企业"等荣誉称号。①

二　狠抓基地建设确保果品质量安全

金桥果业合作社成立之初，其理事长任建社就格外注重果品的质量，并且重视对果农的技物配套服务，赢得了果农们的一致好评。在 2009 年，任建社带领全体合作社成员狠抓基地建设，注重果品质量，着力打造著名品牌，进而努力开拓市场。目前，金桥果业已建立标准化生产基地 2000 亩，认证有机猕猴桃基地 505 亩，先后投资 4000 多万元建成了库容量 12000 吨的气调冷库；注册了"眉香金果"猕猴桃商标，"眉香金果"牌猕猴桃已被评定为陕西名牌产品及陕西著名商标。金桥果业还积极进

---

①　参见《眉县猕猴桃专业合作社——金桥果业》，2015 年 4 月 18 日，眉县农业信息网（http：//nongji. sxny. gov. cn/templet/meixian/mshowarticle. jsp？ id = 112894）。

行果品营销,推动"农超对接",先后与重庆超奇公司、宝鸡家美佳超市、宝鸡惠邻购物广场等 12 户大型超市建立了常年供货关系,在广州、重庆、浙江嘉兴及金华、乌鲁木齐、郑州、福州等大型果品批发市场建立 10 个销售窗口。五年来,金桥果业累计销售各类果品 4 万余吨,在促进眉县乃至全市的果业发展、农民增收等方面发挥了良好的带头作用,成为眉县果品营销的主力军。[①]

据任社长介绍,"多年来,金桥果业把果品质量安全管理当作合作社的头等大事来抓,坚持从生产源头抓起,按照'果、畜、草、沼'生态模式建立生产基地,与社员、果农签订生产订单,实施'统一技术标准、统一农资配送、统一技术服务、统一质量标准、统一收购贮藏、统一包装销售'的六统一管理"。

任社长所说的"六统一管理"贯穿于金桥果业质量管理的各个环节,最开始的环节则是通过订单农业来实现。订单农业主要是从化肥、施肥、剪枝、收果等环节进行全面的指导,金桥果业和农户签订协议提供一个保底价,一般是市场价的 2—3 倍。比如,猕猴桃的市场价 4 元/斤,金桥果业则保证 8—12 元/斤。通过这类保底价的形式,可以有效保障农户的利益需求。目前,金桥果业正在着力打造自己的猕猴桃种植基地,这个基地位于铜庄村,海拔较高,靠近山脚,土壤的有机质成分比较高。即便是山脚下的自然条件比较好,金桥果业依然花费了 6 年的时间进行土地转换,最后取得了有机生产基地的认证。土地转换主要是为了防治土地板结,山脚下的土壤由于树叶等遮掩可以有效防止土地板结。金桥果业在成立之初就一直注重土地转化,每年都会向农户提供必要的小麦的糠皮,改善土地的土质。

金桥果业的迅猛发展主要得益于"校县合作",这尤为体现在基地建设上,金桥果业的有机基地和无公害基地的具体技术支持都来自果业中心和西北农林科技大学的专家。果业中心主要将一些成熟的猕猴桃作务技术传递给金桥果业,而西北农林科技大学的专家不仅可以提供技术来源,而且可以对基地的土壤、水源以及空气等高标准的作务条件进行监

---

① 参见《眉县猕猴桃的销售能手——任建社》,2015 年 4 月 18 日,眉县农业信息网(ht-tp://nongji. sxny. gov. cn/templet/meixian/mshowarticle. jsp? id = 141890)。

控，从而有利于从种植端保证猕猴桃的品质。

三 做好技物配套保障社员利益

目前，拥有 15 名中级职业农民的金桥果业合作社里还没有专门的农艺师和农技师，猕猴桃作务的新技术主要来自和合作社相互合作较多的果业中心的农技人员。金桥果业合作社依托于果业中心，将政府下拨的一些资源更加有效地传递给农户，是政府与农户之间的一个重要桥梁。比如，当前农民需要持有职业农民证书，金桥果业可以从县上拿下部分名额，免费给予有需要的农民。不仅如此，县上的相关部门申请一些项目后，会将一些资源直接与金桥果业对接，比如物理灭蚊灯，捕虫螨等。金桥果业将这些资源重新规划使用，依据与农户签约的时间以及合作的程度等标准，将这些资源下发给一些优质农户，从而发挥技术引领的作用。

金桥果业合作社从 20 世纪 90 年代还是协会的形式时，就开始做订单农业，从 2002 年则开始做相配套的技术服务。目前，金桥果业合作社主要依托于"公司+农户+基地"的订单农业，这种方式下金桥果业合作社会为农户提供必要的物资与技术服务，农户则主要负责做好种植端。同时，为了更好地与销售市场对接，金桥果业合作社也成立了相应的公司，在这种模式下，订单农业是公司与顾客的订单，以及合作社与农户的订单，即合作社与公司作为金桥果业的一体两面而存在，公司负责销售端，合作社负责种植端。

不过，金桥果业合作社也面临着一些问题，最主要的问题是如何妥善处理好与社员之间的关系。因为订单农业一般是提前与农户签约，猕猴桃成熟是 9 月以后，而签约则一般安排在 7 月。合作社与农户签订的价格通常会随着市场的变化而变化，这也就容易引起一些争端。当时签约的价位相对收购时候的价位较低就是引发争端的最主要原因。在这种情况下，一方面社员坚持要求提高收购价，另一方面合作社则无力承担高价收购，因而想收回前期在社员身上投资的化肥、器具等费用，但是社员们基本上不同意。这种矛盾自从合作社成立之初就一直存在，即使被称为技物配套做的"还不错"的金桥果业合作社也面临这种问题。这个问题其实也就涉及"一次让利"和"二次让利"的问题，简而言之，

"一次让利"是指合作社通过高于市场价的形式收购农产品，而"二次让利"则是合作社按照市场价来收购农产品，等到售卖出去后再发放金钱或者一定的物资补贴。金桥果业也一直在探索与社员之间的关系处理，就目前的情况而言，其与社员之间的关系处理是比较妥当和出色的。

更为重要的是，与目前通过流转土地来打造生态基地从而妥善解决与合作社社员之间长期矛盾的做法相比，金桥果业并不盲目效仿，而是坚持按照种植标准建设猕猴桃无公害基地和有机基地，大规模推广与应用猕猴桃的"十项关键技术"，严格控制化肥用量，合理规划基地生产，以技物配套为重心，做好种植端。通过源头治理、治标更治本的方法，金桥果业实现了保证合作社自身永续发展以及保障全体社员利益的远大目标。

四　摸索电商发展抢占未来市场

金桥果业合作社发展电商有 3 年多的时间。负责电子商务的发展人员从 2013 年的 2—3 人成长为目前的 30 多人，业务涵盖运营、仓储、物流、配送等各个环节。金桥果业最初只在在天猫商城注册开通了"眉香金果旗舰店"，如今已经延伸到 B2C 线上线下等各个方面，金桥果业在眉县的电商领域不仅起步较早，而且目前经营得也是有声有色。

其实在电子商务刚刚兴起的时候，金桥果业合作社是有些犹豫不决的，总觉得这个前景捉摸不透，况且线下的发货渠道一直做的挺好，因而进军电商领域一直搁置着。直到 2013 年，董事会才终于下定决心进入线上生鲜行业。

金桥果业在天猫平台注册了"眉香金果旗舰店"后，由于确实不懂得相应的运营技术，刚开始的业绩也相当不稳定。之后，金桥果业合作社专门成立了"金桥信息部"来负责运营管理，并且引进了一些懂得网店运营技术的人才，此后发货量逐渐上涨，而后稳定在日均 1000 多件，而在 2016 年"双十一"当天的发货量就有 2 万多件。同时，金桥果业合作社也在大力推广线下平台建设配合线上渠道，在北京、西安、深圳、宝鸡等地开设品牌直销店。线上线下协调运营的模式可以极大地方便网店运营：即在网上统一下单后，经由所在城市最近的直销店直接发货，从而尽可能缩短发货时间。另外，位于眉县霸王河工业园的金桥果业公司本部 2 楼现在正在建立电商孵化中心,依照与政府的协议,准备开设各类培训班,包括初级培训班、中级培训班等。

电商部门的麻哲是 2014 年应聘上岗进入金桥果业的,他在淘宝大学上自学的电子商务的知识,之前在齐峰电商部门工作,如今成为了金桥果业电商部门的内部培训师。麻哲认为:

> 我们(金桥果业)刚开始也是缺订单,但是一单都没有刷,宁愿一单赔3元、5元地在开展。之后就是积极参与天猫的一些活动来赚取积分等。这个都是自行摸索的,其间借助百度、淘宝大学等来发展。刚开始,我们快递费用高,没有标准。刚开始注册后,电商部门的经验、物资奇缺,等到标准化技术推广后,这些方面才基本上持平,但是每年仍然在亏本,仍然不盈利。①

从全国的经验来看,生鲜类的电商比较难做,基本上是赔本赚吆喝。现在的电商主要是流量贵,以往是专卖店较少,现在网络发达、交通便利。全国各地竞争较激烈,网上的顾客分流较多。这些流量靠宣传推广等,没有投入就没有回报,有回报也可能没有收入。但是电商又确实可以极大地带动起眉县猕猴桃产业的发展,眉县农广校自从 2015 年就开始着力开设电子商务培训班,从而为眉县的电子商务培养必需的人才。

但是这些电商主要是针对一般的淘宝店或者微商,因为天猫旗舰店等的运营成本比较高。以金桥果业合作社开设天猫店为例,淘宝是 C 店,每年交 1000 元的保证金;而天猫是 B 店,每年的保证金是 5 万元,续签是 3 万元。即使是不做任何买卖,每年就需要投入 10 万元左右,这是因为每一单都需要支付天猫公司 0.5% 左右的技术服务费。总体比较下来,天猫的成本比较高,一般的微商农户根本无法承受得起。金桥果业在宣传方面投入比较大,高速公路做个牌子每年 10 万元。规模较大而具有一定资金实力的金桥果业可以高度重视宣传推广的工作以保证持续盈利,因此合作社不惜每年花费 10 万元的成本在高速公路上建设广告牌,而且

---

① 来自 2016 年 11 月 25 日在金桥果业对麻哲的访谈。

即使每年电商都有亏本，依然坚持销售带有"眉县金果"刻印标记的箱子和胶带做产品包装，通过这样的以钱换影响力的方式打开了自己宣传推广的大门。

金桥果业合作社也在做微商，但是微商的辐射范围比较小，发展前景相对于以公司为主体的电商较为有限。麻哲认为，微商具有局限性，类似于一个圈套着一个圈；而电商是扩散性的，一个大圈里环绕着一个个群体。因而他的观点是眉县猕猴桃的网络销售渠道仍然主要是电商，"这两个玩法不一样。这个玩法在改变，我们也在顺着改变。这其中主要拼的是资源和渠道，比如说深圳一家专门卖优选水果的，他们的资源多，可以直接派收购商来眉县收购猕猴桃，他们就有可能做得好。"这就是做电商需要具备的一个基本素质：头脑灵活。因为这个行业换代太快，每一天都有着新事物的产生与发展，相对应的做电商的人思维必须要转得快。金桥果业合作社在电商平台销售本地的猕猴桃会一直持续到次年的五四月，之后便从新西兰、意大利等地进口猕猴桃，以确保一年四季都有销售。当前，金桥果业合作社的电商部门已经与多家快递签订了长期的协议，与通常所说的"四通一达"（即申通快递、圆通速递、中通快递、百世汇通、韵达快递五家民营快递公司的合称）以及中国邮政都有合作，基本上可以满足全国各地的发货需求。

金桥果业合作社采取的方式可归结为"线下来盈利，线上做形象"。据粗略统计，2016 年的金桥果业合作社的售货量，线上占 40%，批发市场占 40%，店面占 20%。其中，主要还是通过走线下的大量批发来盈利。往年的线上渠道只占到 20%，但是 2016 年因为存在"市场倒挂"现象，即有机猕猴桃的收购价远远高于售卖价，这样金桥果业因为企业运作的费用较高每卖出一斤猕猴桃反而会赔钱，因此当年猕猴桃的销售顺势向线上转移。但根本问题仍然是有机猕猴桃的市场还没有完全打开，市场对于高品质的猕猴桃有需求，可是价位上仍然较难接受。不过，金桥果业虽然目前是"赔钱赚吆喝"，但是仍然坚信电商是猕猴桃产业未来发展的重要渠道。

第三节 眉县秦旺果友猕猴桃专业合作社

一 眉县秦旺果友猕猴桃专业合作社发展概况

眉县秦旺果友猕猴桃专业合作社（以下简称"秦旺果友"）成立于2008年7月，位于眉县槐芽镇西街村二组，理事长祁建生。槐芽镇自古就有"水果之乡"的美誉，地理位置、自然条件优越，南依秦岭，北临渭河，310国道穿越而过，西汉高铁、姜眉高速横贯其中，交通十分便利。合作社现有社员278户，注册资金2000万元。目前，该合作社的优质无公害猕猴桃示范基地有5个，面积达6630亩，辐射到临近5个乡镇、15个自然村，已取得了果品出口许可证，并注册了"秦旺"牌商标，1080亩的猕猴桃示范园取得了有机认证证书。

秦旺果友之后成立了公司，该公司是一家集果品种植、储藏、加工、运输及销售为一体的股份制企业，经营方式为"公司＋合作社＋基地＋农户"。法定代表人为殷敏慧，注册资金为1000万元。公司现有股东5人，正式员工57人，其中：中级以上职称6人，研究员以上高级技术顾问4人。公司现有多座贮藏冷库，储藏能力达6000吨。

眉县秦旺果友猕猴桃专业合作社自成立以来始终遵循"科技引领、循序渐进、稳健发展"的原则，不断发展壮大；同时，按照"服务—生产—销售"为一体的经营模式，最大限度地保证社员的利益。合作社多次聘请省市有关专家、教授进行科技培训，参训人数逾10000人次，使广大果农作务水平得到很大提高。特别是"统一施肥、统一喷药、统一修剪、统一销售"的管理模式，使果品质量大幅度提高，果农收入明显增长，得到了省、市、县级有关专家、领导的充分肯定，并被多家报纸、杂志报道。合作社始终把技术创新、科技研发、新品种引进推广作为重点，多次组织成员外出考察学习，引进示范新品种、新技术，优化品种结构。

目前，该社经营的猕猴桃品种发展到十余个，实现了多元化、规模化，产品市场竞争力迅速增强。2013年合作社进一步调整发展方向，开拓销售渠道，先后在北京、上海、南京、浙江等多个大中城市设立销售窗口，业绩骄人，实现销售收入5380万元，受益农户2000户，使果农人均收入增加 4200 元,经济效益和社会效益日趋彰显。随后,秦旺果友开辟了多元化销售渠道,在移动端开设了"有赞微商城"和"秦旺微分销"两种营销模式,并与多个大型超市签订了长年供货合同,如今年销售收入 9860 万元,有效地解决了当地果农卖果难的问题,使得周边地区农户的收入显著增长,促进了当地主导产业的发展。

秦旺果友计划进一步扩大经营规模,合作社总占地面积已经达到 18 亩,建筑面积达 12 亩,冷库的储存能力达到 2000 吨以上,并配套建设 20000 吨果品分选线。合作社将继续坚持"诚信至上,创新为先"的经营理念,不断延伸产业链条,促进产业升级,使自身逐步向科技型、集团化方向发展,促进合作社增效、农民增收、农村繁荣。

2011 年,合作社被陕西省农业厅授予"陕西省果业销售大户"的荣誉;2012 年,被评为宝鸡市优秀农民专业合作社;2013 年,被宝鸡市政府评为宝鸡市"十佳"农民专业合作社;确定为"民营科技型企业"。秦旺果友先后荣获"国家级农民合作社示范社""陕西省省级农民合作社示范社""陕西省农业产业化重点龙头企业""宝鸡市农业产业化经营重点龙头企业"等称号;其中"秦旺"商标荣获"陕西省著名商标",并具备出口资格认证。理事长祁建生多次受到市、县政府和相关部门的表彰奖励。[①]

二　快速发展成为"后起之秀"

秦旺果友成立于 2008 年 7 月,可谁也不会想到,这个如今发展前景光明的"后起之秀"的前身是一个果品协会。据现任理事长祁建生介绍,"我们之前是一个果品协会,慢慢才做起生产、加工、销售和贮藏等。我们刚成立时是 15 个人,总共 46 亩地。其中最多的一户也才 7 亩地,其中 5 亩种植猕猴桃。如今已经发展到 612 户,猕猴桃园也有 6630 亩地"。

秦旺果友的现任理事长祁建生,1965 年出生,1985 年宝鸡农校林业专业毕业后进入汤峪镇林业国有公司工作,一直到 28 岁辞职进入中国人寿公司,历经业务员、业务经理再到培训老师。在中国人寿公司做了 9

---

① 参见《眉县猕猴桃之秦旺果友猕猴桃专业合作社》,2015 年 4 月 24 日,眉县农业信息网（http://nongji. sxny. gov. cn/templet/meixian/mshowarticle. jsp? id = 143043）。

年以后,他在村里做信用合作社专员,也担任村干部。回到村子那几年,祁建生结识了一批对于猕猴桃种植与经营有浓厚兴趣的村民,在原理事长范传鑫的带领下,组建了秦旺果友。祁建生是这么介绍范传鑫的:"他当时是 59 岁,比我大几岁,当时是在农业银行工作。经营猕猴桃最主要的要求是'头脑灵活',范传鑫接受新事物的能力比较强。"

发起成立合作社的 15 个人都懂猕猴桃的技术,而且都是村里有资本、有头脑的一些人。其中 2 人是村卫生所的,经济实力强;是村干部的有 3 人,其他人都是种田能手。2007 年,合作社刚成立之时,每个人也就投资几万元,随着发展不断追加投资,逐渐达到了 60 多万元。不过,大家都把经营猕猴桃当作副业,谁也没想到猕猴桃可以做得这么大,谁也没对未来进行过规划。到了 2011 年,原理事长范传鑫由于身体欠佳退了下去,祁建生接任了理事长,他对合作社进行了锐意改革,从上层设计到下层运作统统进行创新,秦旺果友也驶入了快车道。以冷库建设为例。2011 年,祁建生找了村里的一个冷库主咨询情况,这个冷库主回复说,建设冷库的费用比较高,建议秦旺果友最好只建设 2—3 个。祁建生回去后专门召开了一次会议商议,最后决定:要做就做大一些,建设 3 个冷库还不如一口气建设 10 个冷库。2011 年为了建设这 10 个冷库,几乎投入了合作社的所有盈余资金,幸而次年的猕猴桃销售非常顺利,才让秦旺果友渡过了最艰难的一段岁月。从那以后,秦旺果友每年都在新建冷库,将原来的规模翻了几倍。

如今,团队结构发生了改变。最初的 15 个发起人都还在理事会中,不过有一些人由于年纪大了,或是因观念跟不上,就退居了二线。这些发起人仍然享有固定分红,祁建生形象地比喻说:"他们就像家里的老人一样,管好家里面的事情,我们在外面也放心,但是(他们)不参与公司的具体决策。"

秦旺果友主要的事务由新成立的常任理事会的 5 个成员来决策,这就形成了秦旺果友的组织架构。通过逐渐的改革之后,秦旺果友的领导层也基本稳定下来。这 5 人分别是董事长祁建生、生产部经理殷敏慧、总经理史占红、销售部兼采购部经理武继宏和销售经理黄新强。

生产部经理殷敏慧,某电子商贸学院毕业生,原来是保险公司的讲师,在 2011 年加入秦旺果友,也是秦旺果友公司的法人代表。

史占红,西街村人,也是发起人之一。当时也是保险公司的员工,高中毕业生,之后去上了广播电视大学的函授班。他现在出任基地建设部经理,目前在常兴镇北原村那里准备建设 500 亩的现代农业基地。

武继宏,槐芽镇西街人,原来是跑运输的,拥有两辆大货车,2013年的下半年进入秦旺果友,目前是销售部兼采购部经理,主要管理线下销售。

黄新强,2012 年进入公司,毕业于宝鸡农学院,之前在西安某果业公司负责管理工作。

三　作为合作社"眼睛"的基地服务点

秦旺果友的基地如今共有 6630 亩,总共设立了 28 个服务点,服务点主要负责销售化肥,这些服务点的负责人被称为服务点业务代表。按照祁建生的说法,他们如同合作社的"眼睛",可以迅速地上下传达合作社与社员之间的信息。这些业务代表基本上都是乡土专家,要求是热心肠、技术好,有一定的威望,但是最好不要担任村干部,因为村里事务较多的人可能会与合作社的事宜相冲突。目前,秦旺果友选择的这些服务点基本上是涵盖了交通便利、猕猴桃整体作务水平比较高的一些村子。按照一定的区域来划分,辐射了周围 2 万多亩地。每个服务点都设立在这些乡土专家的家里,他们自身懂得技术,也需要掌握本村的农户信息。这些服务点的业务代表会定期接受秦旺果友的业务培训,他们的收入主要由两部分组成:一是售卖化肥利润的 70%;二是从收购的每斤猕猴桃中赚取 5 分钱的中介费用。

对于这些业务代表的考察标准主要是依据化肥的销售量,以及猕猴桃的收购量。对于一些表现好的服务点,秦旺果友会给予一定的奖励,并给予更大的权限。比如,秦旺果友设想,将从县上所承接下来的项目的部分农机、化肥等直接放在这些服务点中。

秦旺果友在建立各个服务点的同时,也在建立起农技服务部。农技服务部的职责主要是为果农提供相关的猕猴桃作务服务,并提供一些必要的物资,包括化肥、花粉以及果实套袋。这些物资中少部分是免费提供的,其他的都是成本价卖给农户。因为秦旺果友还承担了村上 80 多户的扶贫任务,所以提供给他们的物资是免费的。

　　秦旺果友的化肥主要分为两种：一种是有机肥，主要从内蒙古进货，在所有签约农户中有机肥的使用率达到了 60%；另一种是复合肥，主要从四川进货，农户使用率在 40%—50%。因为这些化肥的质量相对较高，因而价格也较高。但是有一些农户觉得化肥并不需要买太贵的，更愿意去附近的农资店买化肥。经过一段时间的比较后，一些果农觉得秦旺的化肥较好，因而这些服务点的回头客较多。

　　秦旺果友的套袋供应较少，因为秦旺果友主要收购的三个猕猴桃品种中，徐香占了 60% 左右，海沃德占了 20% 左右，而只有海沃德才需要套袋，这就从总量上减少了套袋的需求量。更重要的是因为套袋的价位相差不大，虽然秦旺果友供给的会便宜一些，但和其他的农资店相比，10000 个袋子也只是便宜了 3 元左右。这样一来，农户每亩地大约只是多花了 200—300 元，套袋需求并不明显。

　　相对而言，花粉则是价高质高的需求品。由于花粉在 2013 年才开始推广，并且价位较高，一瓶 10 克就需要 200 元，而一亩地需要几瓶才能满足需求，因此一开始果农对于花粉的接纳程度还比较低。但是，因为花粉具有使人工授粉的猕猴桃优果率高，结出外型相当好的果品的优势，从而使果农们对花粉的需求程度逐渐提高，反响也普遍较好。预计未来的几年内，花粉的采用率会有更大的提升。

　　总体评价，秦旺果友成立的农技服务部的作用很大，社长祁建生对此有着很好的总结："成立农技服务部后，可以直接与果农增进联系，建立感情。其作用是负责产前、产中的技术推广，解答果农们的疑难问题，并对他们进行相应的技术培训。"如今，秦旺果友有着较为强大的技术服务队伍，生产服务部内有 3 个专门的技术讲师，20 多个乡土专家。眉县当前 5 个高级职业农民中秦旺果友就占了 3 个。而且社长祁建生本人也是中级农艺师，目前，他在听说眉县刚刚出台"高级职业农民可以直接申报成为高级农艺师"的政策消息后，正在申报高级农艺师。

四　自建基地保护"鸡蛋"

　　在长期的基地建设之中，秦旺果友也面临着较强的竞争压力，一些合作社已经启动了自主建设基地的计划。秦旺果友面对这个现状，也提出了自建猕猴桃市场基地的规划，从原来的农技服务部中专门分离出一个生产服务部,在三县交界之地,即靠近扶风县和岐山县的常兴镇北原村已经流转了土地。2016 年开始建设 240 亩(分为两个基地,一个 140 亩,一个 100 亩,两个相距 500 米),2017 年再投资建设 260 亩,计划建设 500—1000 亩地。这些土地原来是种植小麦的,秦旺果友以每亩地 800 元的租金流转过来,签订的合同是 20 年,每五年租金增加 5%。通过这些土地来种植与经营猕猴桃,可以达到辐射外县的目的。

据粗略统计,眉县 94% 以上的土地都已经种植了猕猴桃,有一些是 20 多年的老地,大部分是 8—10 年的土地。秦旺果友为了眉县猕猴桃品牌的长远发展,展望未来 10 年甚至 30 年以后的状况,也就需要提前做好规划。祁建生认为,"我们现在 75% 以上是农业订单,有一些不收是因为果品的品质不好,而有一些是因为农户毁约收不到。现在独立个体的果农容易急功近利,出现违约的情况比较多。比如,合作社与农户签订的协议是猕猴桃每斤 3.5 元,有些农户碰到高一两毛的收购商就单方面撕毁合同了"。

眉县的猕猴桃产业仍然是一种资本与劳动力密集型的产业,风险较大,很难做到像一些地方的苹果产业一样实现大量的机械化大生产。目前,秦旺在北原村也只是流转了 500 亩土地,只能选择做到"不使用人力的地方坚决不用人力"。虽然重新建设基地的费用相当高,但是总体来说,这又是一个重要的趋势。通过自建基地,一方面可以迅速带动附近村镇的猕猴桃作务的标准化,起到引领示范的作用;另一方面是可以保证这些基地生产种植的猕猴桃标准化,保证秦旺的品牌效应。正如社长祁建生所言:"我们在北原村那里搞这个现代农业基地,主要还是想着带动附近片区的产业发展,如果能带动 3000 多亩,5000 亩以及 10000 多亩发展起来,只要这个片区做猕猴桃想起我们秦旺,我们的目的也就达到了。"

这种自建基地的做法,不仅仅是因为合作社的共同的选择,更是眉县政府上下的忧患意识的体现。因为眉县把猕猴桃产业作为县上的主导性产业,虽然是将"鸡蛋放在同一个篮子里",但也是眉县猕猴桃发展迅猛的关键原因。眉县政府、猕猴桃相关企业以及果农们齐心协力,共同将猕猴桃产业朝着标准化、规范化和规模化发展。

五 电子商务多次"试水"

秦旺果友虽然也重视电子商务的发展,但是采取了不同于金桥果业的发展方式,秦旺果友自身没有建立电商部门,而是采取与电子商务公司合作的形式开展电子商务。理事长祁建生对此表示,他们对于电商一直不太了解,不敢贸然进入一个陌生的领域,但是眼见着眉县其他的合作社纷纷进入电商领域,他们也决心去试试水。

2014 年,秦旺果友与眉县本地的一个电子商务公司合作。因为彼此的距离较近,秦旺果友采取了共同经营的方式。但是由于秦旺果友进入电商领域在当时已经是较晚的,再加上确实是不懂得电商的经营方式,一年活动下来亏损了 20 多万元。第二年,秦旺果友换了思路,远程联系上福建的一家公司,将电商业务完全外包给这家公司,由他们自主进行运营,开展推广。两方面合作都相当愉快,基本上每天秦旺果友都需要向福建发送一卡车猕猴桃,可一年下来结算,发现还是亏本了。秦旺果友总结这两年的教训和经验,觉得自身对于电商的经营确实缺乏经验,决定不再进行托管管理,所以从电商转向了微商,走上了"微分销商"的道路。即通过微小的个体形成不同的网络来卖猕猴桃。秦旺果友在网上招募微商合作人,没有签订协议,也没有固定人员,不定期提供资料和培训。这种微商比较符合当前秦旺果友的发展思路,因为秦旺果友最为主要的精力需要放在自建基地上。但是微商的形势一片大好,秦旺果友的合作人一度达到 60 多个,如今也逐渐稳定在一定范围内。通过这种微商渠道来运作,秦旺果友的发货量虽然减少了不少,但是利润相对稳定可观。

总体而言,秦旺果友对于这些年的电子商务发展仍然处于迷茫之中,虽然线下的渠道建设得有声有色,但是对于线上越来越广阔的发展前景缺乏明确有效的参与方式。值得关注的是,秦旺果友的管理层一直保持着正确的理念,即"为果农提供更好的服务"。在这种理念的支持下,秦旺果友也一直坚持创新求变,不断谋取更好更快的发展。在眉县政府对猕猴桃产业愈发重视的前提下,秦旺果友势必可以探索出更适合的道路,通向更明朗的前景。

第四节　眉县齐峰富硒猕猴桃专业合作社

一　眉县齐峰富硒猕猴桃专业合作社发展概况

2008 年 11 月，眉县齐峰富硒猕猴桃专业合作社（以下简称"齐峰合作社"）成立，当时注册资本为 350.59 万元，合作社社员 35 人。2012 年注册资金增加到 646.35 万元，合作社社员增加到 137 人。如今总资产有 6000 万元，社员人数增加到 351 人。2010 年 4 月，为了更好更快地满足经营管理的需求，合作社在眉县金渠镇田家寨村组织成立了陕西齐峰果业有限责任公司（以下简称"齐峰果业"），从此走上了科学化、规范化和国际化的发展模式。2012 年，齐峰富硒猕猴桃专业合作社落户国家级眉县猕猴桃批发交易中心产业园区，总投资 3000 多万元，占地 39 亩，建筑面积 14200 平方米，分拣包装车间 7000 平方米，自动化程度在国内首屈一指。2014 年 5 月，齐峰合作社在秦岭北麓的新联村流转土地 500 亩，建设齐峰秦岭生态农庄，打造猕猴桃标准化种植基地。2014 年 9 月，为了应对电商的挑战与机遇，齐峰在上海注册成立玩果（上海）电子商务有限公司；2015 年 1 月，在眉县注册成立陕西玩果电子商务有限公司。2016 年 3 月，为了改善猕猴桃果品品质，陕西齐峰农资电商科技服务公司挂牌成立。当前，在齐峰合作社的母体上，齐峰果业形成了行业企业集团，下设陕西齐峰合作社有限责任公司、眉县齐峰富硒猕猴桃专业合作社、陕西玩果电子商务有限公司、陕西齐峰农资电商科技服务公司、陕西齐峰秦岭印象生态农庄五家经济实体。

齐峰合作社在眉县现有大型冷库两座，存储能力 2 万吨；拥有国际最先进的猕猴桃生产线，日可加工鲜果 300 吨，直接带动了 2000 户果农走上有机猕猴桃产业化之路，间接带动了 20000 户果农增收致富。现有有机猕猴桃示范基地 3000 亩，标准化生产示范基地 10000 亩，采取"企业＋合作社＋基地＋农户"的产业化模式。齐峰合作社在短短七年里实现的跨越式发展，既离不开省市县各级政府的大力支持，也离不开"校县合作"这十年间为猕猴桃产业奠定的深厚基础。齐峰集团已由创建当初的小型专业合作社发展为集猕猴桃基地管理、种植、收购、存储、包装加工和销售为一体的全产业链经营模式，成为眉县猕猴桃的领军企业，既是国家级集猕猴桃基地生产、收购贮藏、出口销售于一体的农民专业合作经济组织,也是国内猕猴桃鲜果产业最大的集收购、存储、包装以及销售于一体的企业。在引领和带动眉县猕猴桃产业健康持续发展中,齐峰合作社起着举足轻重的作用。

齐峰合作社在七年的发展时间中,更是取得了众多的荣誉。2011 年公司被陕西省人民政府认定为农业产业化经营重点龙头企业。2012 年取得了猕猴桃有机产品证书;拥有"齐峰缘""齐奇"牌猕猴桃产品商标,并取得了自营进出口权证书。2014 年,公司被评为宝鸡市电子商务示范企业;当选为陕西果业联合会副会长单位和陕西电子商务协会副会长单位;被陕西省果业管理局评为年度果品形象店建设与经营先进单位。2015 年被陕西省商务厅评为陕西省电子商务示范企业;被评为中国果业百强品牌企业,同时"齐峰缘"品牌被评为百强品牌。2016 年被评为陕西省名牌产品。①

二 眉县齐峰富硒猕猴桃专业合作社理事长齐峰

齐峰合作社的迅猛发展与创始人齐峰有着很大的关系。齐峰于 1969 年 6 月生,高中文化,高级园艺师职称,眉县横渠镇豆家堡人,现任眉县齐峰富硒猕猴桃专业合作社理事长。齐峰从 1996 年开始经营水果,经过 18 年的经营管理,现在已经成为拥有国内猕猴桃鲜果收购、存储和销售量最大的现代农业集团化公司的理事长。齐峰合作社通过建基地,扩市场,创品牌,在做大做强猕猴桃产业、促进农民增收、推动地域猕猴桃产业良性持续发展方面做出了积极的贡献。

1996 年,眉县猕猴桃产业刚刚起步,猕猴桃作务技术低,果品质量差,市场价格低。20 岁出头的齐峰敏锐地觉察到猕猴桃营养价值高,市场前景好,将大有文章可做。他自学猕猴桃作务、管理、储藏、运销知识,并亲自参与到猕猴桃收购、储存、销售的各个环节,先后到上海、青岛、济南等地考察市场,开展果品营销。经过多地考察和周密规划后,1998 年他自建猕猴桃冷藏库 6 座,并带动周边群众建设猕猴桃冷藏库 200

---

① 参见《眉县猕猴桃专业合作社——齐峰富硒》,2015 年 4 月 18 日,眉县农业信息网 (http://nongji. sxny. gov. cn/templet/meixian/mshowarticle. jsp? id = 112965)。

多座，既有效解决了猕猴桃不易储藏的难题，又提高了果品附加值。

在国家支持发展农业合作社的政策出台后，齐峰于 2008 年注册成立了眉县齐峰富硒猕猴桃专业合作社，将分散的家庭小规模生产连接成相对集中的大规模生产，带动 400 户果农直接受益，辐射带动果农达到 9000 户，社员人均增收 2000 元以上。成立合作社以来，他采取返现补贴、免费发放油渣和鸡粪、建设有机猕猴桃基地、低价直供农资、免费常年培训、免费给果农修剪果园等方式，支持和引导果农提高猕猴桃标准化作务水平，改善猕猴桃的口感，保证猕猴桃的品质，提高了猕猴桃的价值，为果农增收致富提供了有力的支持。

到 2010 年，由于销售量的快速增长，管理人员的增加，业务量的增大，合作社已不能满足经营发展的需要。为了能尽快将传统农业经营管理进行企业化运作，走科学化、规范化和国际化的发展模式，2010 年 4 月，齐峰组织成立了陕西齐峰果业有限责任公司，将经营管理提高到了一个新的高度。经过 7 年不断变革和创新，陕西齐峰果业有限责任公司已经发展成为一家现代农业企业，成为陕西农业企业经营管理的典范。

在电商异军突起，开始冲击传统企业的常规营销模式时，作为农业企业家，齐峰先知先觉，敏锐地捕捉到农业企业必须紧跟网络经济发展步伐，在 2013 年开始着手建设电商销售渠道。经过 3 年的探索、实践和积累，他于 2016 年成立了陕西玩果电子商务公司，电商团队已发展到近 50 人，电商的年销售额已由成立初的 200 多万元增长到 5000 多万元，齐峰奇异果成为淘宝、天猫、京东、苏宁易购等大型网络平台猕猴桃鲜果销售前三名，网络销售额在不断地快速增长。

为从源头控制好果品的品质，提高猕猴桃的竞争力并加大出口量，齐峰在 2016 年 3 月成立齐峰农资电商科技公司。通过实施猕猴桃的托管模式（农资供应、农机服务、技术培训、订单收购）来推行猕猴桃的标准化种植，提高猕猴桃的品质，保证猕猴桃的食用安全，为果农增收，为消费者提供口感好、营养高、食用安全的果品开创了一个新的模式。由于齐峰在农业企业经营管理上独树一帜，在县域的农业产业经济发展中影响大、贡献大，中央电视台七套的"致富经"和"科技苑"多次到眉县采访他，制作专题片在中央七套播放。

作为农民企业家，齐峰始终把带领群众致富作为自己的人生信条，始终把发展壮大猕猴桃产业作为一项崇高的事业来干。齐峰在发展自己事业的时候,也时刻牢记着自己的社会责任和义务。他出身农家,对农村和农民怀有深厚感情,积极支持农村路、渠、井等公益事业发展;无偿捐助金渠镇中心校 3000 元建校款;他关心农村弱势群体,向患病致贫的金渠镇田家寨村一组群众刘润怀捐款 5 万元;向齐镇小学身患白血病的李佳星同学捐款 1 万元;2014 年在"情系眉县感恩桑梓"大型公益慈善活动中捐助助学资金 5000 元;连续 5 年开展扶贫,累计支付资金 10 万元;2016 年向岐山县救人英雄侯天祥捐助 1 万元;在县政府大力加强食品安全管理的决策下,为了保证眉县猕猴桃品质更优更高,他主动给未使用果实膨大剂的果农返利 30 万元。

齐峰先后荣获眉县猕猴桃销售能手、眉县猕猴桃销售标兵、全县实用人才"双培双带"标兵、宝鸡市"2010 年农村青年星火致富带头人"、宝鸡市"十大杰出青年农民""、2012 年"宝鸡市劳动模范"、2012 年度"眉县十大感动人物"、2016 年"全国物流行业劳动模范"等光荣称号;同时,当选为宝鸡市第十五届人民代表大会代表和陕西省第十二届政协委员。

齐峰所创立的合作社如今成为眉县猕猴桃产业的重要发展力量,接下来,我们将重点从收购之路的变迁、服务优先的战略、全产业链的发展方向和标准化塑造企业品牌四个方面,展现齐峰合作社是如何在眉县猕猴桃产业中发展起来的。当然,这些方面都与其创始人齐峰密不可分。

三 "托管模式"的几次变迁

齐峰合作社的"托管模式"在眉县颇有名气。眉县果业局的副局长杨金娥提及齐峰合作社时说,"齐峰(合作社)的托管模式做得相当有特色,农技服务到位,果农反响不错"。这种模式的运作以齐峰合作社下的陕西齐峰农资电商科技服务公司为依托,模式内容由农资直销、技术指导、机械化农机服务和标准化收购四部分构成,着重做好对果农的服务与管理,提高猕猴桃的品质,实现打造好企业品牌与农民增收的双赢目的。托管模式的形成并不是一帆风顺的,中间也有一些曲折的故事。总体来说,齐峰合作社经历了粗放式收购、订单式收购和托管模式三个时期。其中,最后一个托管模式包含着半托管和全托管两个阶段。

(一) 粗放式收购时期

粗放式收购阶段是采用市场的方式与果农打交道,主要是以果农自行生产为主,围绕着保底价为中心来平衡猕猴桃不同品种之间的采摘,从而达到保证品质的目的。因而,这个阶段的特征是企业与果农之间并没有形成长期稳定的服务模式,更多的是基于短期的买卖关系来运作。合作社的重心在于和大市场打交道,对于果农则缺乏有效的合作与约束机制。这也是因为齐峰合作社处于早期的摸索时期。

齐峰合作社成立的初衷至今未变,就是将分散的优质果农组织起来形成稳定的团体来打造品牌,通过少数懂技术、会经营、善管理的人带动更多的果农走上致富道路。这个初衷与创始人齐峰的个人经历也紧密相关。2007 年,国内一家知名企业为了推出奥运饮品,在眉县大量收购猕猴桃,当时的价位从每斤 1.5 元抬升到 4—5 元,本地的经销商和冷库主基本上放弃了收果。然而,齐峰当时则四处借钱收购一种没人要的硬桃,面对旁人的不理解甚至嘲笑,他置若罔闻。在齐峰收购大量的猕猴桃后,与该公司也有接触,想洽谈合作,但是由于合同的价格始终无法协商一致,于是他决心自己单卖。等到 2008 年 3 月,别的猕猴桃不耐储存基本上卖光了,而齐峰的 50 多万斤猕猴桃则成了"独家",每斤收购价不足 1 元的猕猴桃,开库价就达到了 3.25 元,最后的卖价甚至高达 9—10 元。这一事件不仅成就了齐峰个人,也转变了他做生意的心态,真正意识到做品牌的决心。这一事件更是带动了眉县农户种植猕猴桃的热情与积极性,在政府的推动下,猕猴桃的种植进入快速扩张期。

齐峰个人对于品牌还没有明确的方向,于是就到上海龙吴进口水果市场参观,当时进口水果的价位与包装震撼到了他。"原来不是猕猴桃没有市场,而是缺乏独特的品牌。"当即,他回到家乡开始筹措建立合作社。2008 年 11 月,在齐峰的牵头之下成立了眉县齐峰富硒农民专业合作社,专注于猕猴桃的生产种植与市场销售。在建立合作社之后,他开始向上海地区发货。虽然猕猴桃对于上海市民来说并不是新鲜事物,但是多数人并不认可国内的"毛桃"。就在众人陷入一筹莫展之时,齐峰采用免费品尝的方式打开了上海市场。原来,猕猴桃运输到上海的水果店和生鲜超市,在货架期上摆放后顾客会翻动,这样一来也就促使猕猴桃更为软化,而此时恰恰是猕猴桃的口感风味最佳的时候,在向市民提供免费品尝后,也就较快地积累了一批消费者。利用这个作为突破口,2009年齐峰合作社在上海地区的年销售额达到了1000万元。

带着长期跑市场的经验,齐峰试图用市场的标准和要求来规范果农的生产种植,采取的最主要的措施是保底价销售。因为徐香是晚熟品种,会比海沃德等更晚采摘,但是果农对市场的行情不了解,看到其他的品种进行采摘后会进行早采。保底价的措施是根据海沃德的市场价来给果农定价,这样让果农有了一定的保障。虽然合作社刚开始注重品牌,也找准了应对早采的方法,但是这种保底价的措施并没有实行多长时间,因为果农出于短期经济理性的考虑,更倾向于现钱交易。这尤为表现在,一旦有客商前来收货,就容易出现早采现象。一些企业出于提前收购猕猴桃抢占市场的打算,使得大量尚未成熟的猕猴桃流入市场,造成猕猴桃的口感差。果农由于受到"邻里效应"的影响,不考虑种植的是否是晚熟品种,早采容易扎堆成片地出现。早采现象使得一些在等待猕猴桃成熟的企业收不到品质优良的猕猴桃,长此以往也会扰乱了猕猴桃市场的正常秩序。货源的数量及品质一直是农业产业化的重中之重。齐峰合作社陷入到"无好桃可收"的境遇中,即使市场营销做得有声有色,也因为果品质量不尽如人意而陷入困境。

(二) 订单式收购时期

订单式收购阶段是农业中较为典型的方式,主要特征是从生产环节的无约束性过渡到有约束性,即从指导性意见到禁令性规范。这个阶段相比较前一阶段,从偏重于市场销售端到注重生产种植端,最为核心的仍然是处理好合作社与果农的关系,落脚点就在于技物配套的服务上。合作社成立企业后可以迅速地引进相应的市场标准,也承担着对接千家万户的农户的任务。高标准的要求很难得到农户的迅速认可与接受,这就需要合作社为果农提供优质的服务,并做好市场的价位,做大做强企业自身以取得农户信任,从而带动农业产业化的进程。而齐峰合作社在探索订单式收购的过程中无不体现了这些变化。

在2009年前后,徐香品种的猕猴桃市场价还比较低,在口感上、外形上不如秦美,每斤即使四五毛钱也鲜有人问津。种植了徐香品种的果农对此很是焦虑,即使还没到达成熟期也会随同秦美一道卖出以图安心,客商也乐意低价收购,因为猕猴桃长期供不应求。在这个背景下,齐峰合作社采取了围绕着"套袋"的组合式措施来密切与果农之间的关系。这一套措施重点是针对早采现象,主要有三个方面:第一,与有意向的果农协商后签订合同形成有一定约束力的文本,要求必须等到10月以后再采摘;第二,在给猕猴桃果刚刚长出来时进行套袋,一方面用优质的包装袋子可以在客商面前提高价位,另一方面也使得果子的品质卖相更佳;第三,给果农交付一定的定金,并提供部分购买农资、农具的津贴补助。通过这三个主要措施,保证了齐峰合作社可以在10月以后也能收到保质保量的猕猴桃,带给果农更大的收益。在2010年,齐峰合作社将以前的"保底价"转变为"共同保底价",即在原来的行情价上再给果农提一部分的价位,当年徐香的起初收购价是每斤1.8元,之后齐峰合作社直接采取每斤2.3元进行收购,这也带动了徐香品种的价位上涨,仅此一项就为全眉县的果农增加了几千万元的收入。齐峰合作社的整体思路没有变化,想保证果农种好桃并且不会早采,这也是做好农业品牌的不可或缺的方面。

　　2011年,在科技入户工程的强势推动下,眉县猕猴桃的种植面积从开始时的8万亩扩大到24.7万亩,总产量更是由11万吨增加到现在的25万吨。随着种植面积的急剧扩大,果农的数量也迅猛地增加,如何紧密联系合作社与广大果农之间的关系问题再次提上了日程。齐峰合作社在原来的"共同保底价"的基础上实施了"高额保底价",同样是为了达到提升猕猴桃的售价和品质,并且树立好企业品牌。这种措施主要是在做好前期技术服务的基础上,按照企业制定的标准种植的订单农业,统一用市场价进行收购放进冷库贮藏,等到来年开库后卖价上涨,再将企业获取利润的70%返还给果农。这种措施在当时成为了一种风气,也打响了很多猕猴桃企业的品牌与名声,更让广大果农得到了真正的实惠。不过,这种措施的影响面有限,因为一方面果农更愿意进行现钱交易,对于之后的利润返还并不感兴趣;另一方面企业没有将自身的信誉度做到令果农满意放心的地步。之后,齐峰合作社将利润返还提前到收购环节,一次性拿出30万元直接优惠果农。2012年底,眉县的果农都惊奇地听到了这样一则消息:"齐峰合作社要对社员和果农进行分红返利。社员按照当初注册资本投入情况,每100元分红500元;果农依照交易量,每斤多加 5 毛,进行返利。"对于全体社员和果农的有机果每斤提价 5 毛钱收购,这种方式极大地让利于果农,营造了良好的口碑效应,也形成了一批长期合作的忠实果农。但是,最终的结果也没达到预期的目标。据统计,当年按照协定合同将猕猴桃卖给齐峰合作社的农户只有一半左右。面对这一现象,齐峰合作社意识到用市场销售端的方式来做种植端效果不明显,必须做好相对应的技术服务,才能维系与稳固果农之间的关系。

正好 2011 年科技入户工程第一期结束,眉县在全县范围内大力宣传"标准建园、规范架型、测土配肥、充分授粉、合理负载、果实套袋、果园生草、生物防治、生态示范、适时采摘"十大标准化生产技术体系,引导果农规范种植,从而做到产业化、规模化和标准化。早在 2010 年,齐峰合作社也在推广宣传这些措施,但是还没有形成一定的体系,断断续续会有一些技术培训、技术服务和基地示范等。在这个过程中也形成了两条思路:一是建立标准示范园,让果农看到猕猴桃的标准化种植所有环节,从建园到收购的全过程,这样能够起到良好的示范带动效益,比如在田家寨村的 21 亩徐香猕猴桃园基本上实现了标准化种植,每年的收益可以达到 45 万元,做到了产量高、品质优、效益好的综合效益。二是提供相应的技物配套,这里有两大部分:(1)技术服务,合作社自己成立技术服务队,并邀请或聘请县乡农技干部或者本地的乡土专家,在一些果农的田地里进行实地培训的同时也帮助果农提升技术,同时给予相应的农机服务;(2)物资配送,合作社或承接部分国家项目或自行出资,购置基本的花粉、农药、化肥、管道、剪子等猕猴桃作务必需的物品,帮助果农降低成本、减少投资。这些方式取得了较好的效果,齐峰合作社在与其他企业的竞争中也逐渐脱颖而出,为实现眉县猕猴桃产业龙头企业的目标奠定了基础。更为重要的是,在开展这些工作的过程中也形成了"托管模式"的雏形。

(三) 托管模式时期

托管模式的建立主要是为了应对高标准出口的要求,实现从源头上高度重视猕猴桃种植标准化目标,解决猕猴桃品质的问题。当前猕猴桃产业市场广阔,即使果农种植的猕猴桃品质较差也有客商收购,因而广大果农没有较强的动力来提升作务水平。不过一个产业在经历了长期的发展后总会由繁荣走向衰落,既然猕猴桃种植面积是不可控制的,只有从猕猴桃的品质着手,生产出高品质、口感好、标准高的猕猴桃。这些高标准意味着更高的资本投入与技术要求,单家独户的果农很难负担得起。齐峰合作社则有这方面的优势,可以集中投入使用相关的资金、技术与人力等,保证猕猴桃生产标准化,并做到从源头到终点的全程质量可追溯系统。就目前来看,齐峰合作社的托管模式经历了两个阶段——半托管模式阶段和全托管模式阶段。

1. 半托管模式阶段

到了 2014 年,齐峰合作社总结之前几年的经验,发现最大的问题仍然在于如何处理好合作社与果农之间的关系。因为农业的基础就是农民,处理好与农民的关系,决定着之后的收购、销售等所有环节。这就涉及合作社如何将市场需要的标准有效地传递给农民,如何与最为广泛分散的农民联系起来,如何与农民实现合作共赢,并长期联系在一起等问题,齐峰提出要用"富民之心"看待这些问题。"农业产业化一定要做到使农民致富,否则产业做不起来,企业和品牌也做不起来。农民致富需要企业来带动,通过'富民之心'可以让农民与企业都讲信用,否则会出现两败俱伤。"这是齐峰在对外宣扬的一个重要理念,这些年也取得了巨大的成就,集中表现为"托管模式"。

"托管模式"是齐峰合作社为了应对长期以来猕猴桃种植的品质无法标准化的难题,同时也是为了提升自身品牌而于 2015 年开始逐步推广实施的种植管理模式。通过投资 600 万元建设农资管理中心和果农培训中心,高薪聘用农资行业资深人员,组建农资公司,开展猕猴桃的农资供应、果农培训和农机服务经营工作的一系列跨越式建设,齐峰最终于 2016 年 3 月正式成立了齐峰农资电商科技服务公司,专门承担这一模式的开展。这一模式主要通过四个方面来展开:(1)技术指导。合作社自行成立技术服务队,通过联系眉县果业技术服务中心、西北农林科技大学以及当地的乡土专家,对农民进行相关的培训,通过这些培训让标准化技术真正深入农民的心里,真正解决好种植标准化的问题。过去一年的时间里,齐峰合作社组织了 100 场左右的讲座,普及了大量的标准化技术,起到了很好的引领示范作用。(2)农资直销。由齐峰合作社作为一个重要纽带,和国内外优质的农药和化肥厂合作,引进菌肥、有机肥、第四元素以及杀菌药等,通过在各个村里设立农资基地服务站,将这些农资农肥基本上按成本价售卖给农民。同时,也会附带供应一些其他的如剪子等物资,通过这些化肥农资的供应以求达到解决猕猴桃的品质问题。从农资公司成立到 2016 年底,通过多方渠道成本价售卖化肥共计 1000 多万吨,直接拉低眉县的农资农肥价位 10%,极大地降低了农户的生产成本。(3)农机服务。合作社自行建立机械服务队,通过承接县上果业局等部门下发的一些农机,并自行购买一部分农机,对相应的农资化肥免费使用,并提供部分修剪树枝、人工授粉、抹芽等服务。提供这些机械服务的目的是解决猕猴桃的食品安全问题。目前有喷洒农药无人机、农药喷洒农机、弥雾机、悬耕机、割草机和秸秆破碎还田机等,但仍然还需要多购置一些。(4)高标准收购。在开春之后,由合作社在村委会的见证下,与农民签订订单合同。在收购价格上延续以前的做法,依据市场价增加几毛钱来,保证等到规定时间由代办联系好后,再由合作社专门统一收购。这些年齐峰合作社签订的有机猕猴桃基地有 3000 多亩,极大地满足了原料果的收购。

这种模式最大的优势是可以做到合作社与农民之间的互惠互利,让农户得到最大限度的收益,享受到"一站式服务"。按照这些措施做下来,在签约农户中收购了 80% 以上的猕猴桃,取得了良好的效果。但是,这种模式仍然无法协调好与多数农民的关系,一旦出现一些市场波动或者自然灾害,就容易出现一些不愉快。比如,有一次在某村收购有机果,由于这些有机果采用了新西兰技艺的螺旋素,使得猕猴桃的个子普遍较小,市场上不怎么认可这种水果,果农辛苦务农一整年的优质有机果价位反而不如普通果。而且多日大雨导致收果难度较大,合作社没有及时回应农户的诉求。虽然齐峰合作社前期在该村也投入了大量的农资化肥等,但是双方对于价钱很难协商到一块。该村果农集体堵住了齐峰合作社的大门,最后在县上、村上的共同调解下,解决了这个事端。对此,齐峰认为"问题即是改进的动力",于是将原来的托管模式称为半托管模式,开始构造与运作全托管模式。

2. 全托管模式阶段

全托管模式是相对于之前的半托管模式而言,最大的不同在于全托管模式具有较大规模的土地流转与土地承包,将一些果农的土地集中流转到一起。全托管模式一方面是为了更好地协调与果农之间的关系,另一方面也是回应当前无人种田的难题,目前种植猕猴桃的果农年龄大多在 50 岁左右,而且大量青壮年劳动力外流,由此未来 5—10 年可能会无人种植。齐峰合作社基于这两种考虑,计划在眉县的主要优质猕猴桃生产区开展全托管模式,预计在未来 3 年左右覆盖所有村镇。齐峰合作社的全托管模式是为了做好对果农的管理与服务,重点是推出了果农会员制和建立基地服务站,保证猕猴桃种植环节的标准化,最终生产出健康、安全、放心的农产品。

全托管模式的具体实施由以下几个部分组成:(1) 设立基层服务站站长,这些人懂技术、会经营、善管理,作为该村的管理人员,工资待遇由合作社出资,职责是管理好所有的土地,并及时反映相关的病虫害信息、果农信息以及农资农肥农药的使用情况;(2) 小面积土地流转,将村子中作务水平低者、年老体衰者以及无意经营者等的果园集中成片流转,经过几年的集中改造使之成为标准化猕猴桃园;(3) 打造优质农技服务队,通过自主自营服务队,为这些猕猴桃园从抹芽、施肥、打药、摘果、剪枝等方面提供标准化的 "一条龙服务",最后统一收购到冷库中;(4) 其他配套服务,比如巡逻队抽查、质量监管系统、财务专项管理等方面,从中最大限度地保障这种全托管模式的推行。按照规划来看,一方面可以做到猕猴桃从开花到结果的全程监控,另一方面也可以带领猕猴桃走农业产业化道路,提高农业生产效率。

齐峰合作社采取全托管模式的最终目的仍然是如何解决有效地与市场进行对接,进而使得果农采取标准化种植的问题。齐峰合作社这种模式的实施是基于前期大量的准备——大量的果农信息采集,固定的代办群体与销售网点以及粗具规模的技术服务队等。

总体来看,齐峰合作社在短短的七年时间内,经过不断的尝试与改变,最终从市场端深入认识到种植端的重要性。在通过前期的粗放式收购、订单式收购、托管模式变迁后,为之后的发展积累了大量的经验。目前看来,齐峰合作社做好种植标准化的两条路径分别是,果农种植和齐峰合作社种植,前者包括散户种植、订单种植和半托管模式下种植,后者则包括基地示范园和全托管模式下种植。当前,不仅在眉县地区准备做全托管模式,齐峰合作社还配合着陕西省政府提出的猕猴桃产业 "东扩南移" 政策,12 月底在汉中市和安康市计划土地流转 7000—8000

亩发展示范扶贫产业园区，辐射带动当地 10 万—20 万亩的猕猴桃产业发展。这些地方也将移植在眉县地区发展较为成熟的半托管模式或全托管模式，避免需要重新经过长期的摸索所形成的高昂的试错成本，从而实现果农和企业的双赢成效。当前，齐峰合作社已经和当地政府基本谈拢了条件，未来 10—20 年会有更大的发展。

四　服务优先的战略

（一）农资电商公司的成立

齐峰合作社将 2017 年定义为"服务元年"，这些服务的提供主要是通过 2016 年初刚成立的陕西齐峰农资电商科技有限公司来运作。虽然公司成立时间较晚，但事实上在 2014 年便有了较早的托管模式构想，而在 2015 年开始了试实施。当前做得风生水起的模式，最早却是来自一次意外的交流。现任农资公司的副总经理郑小奎至今还记得当时的情形：

> 2011 年春季，当时我还在某化肥公司做销售，和齐总随意聊起了眉县猕猴桃的农资市场，当时种植面积已有 24 万多亩，每亩地大约需要化肥 2000—5000 元不等，估算下来是个不小的数字。齐总也觉得农资市场前景广阔，不过时机还没成熟，于是就搁置了下来。虽然关于农资的构想没有得到实施，不过这些年一直都有联系。直到 2016 年的春节后，齐总突然打电话让我回来，说是一起做一番事业。我不记得在电话里聊了多久，不过挂完电话后立即就从原公司辞职了，然后来到这里组建了农资公司。我在原公司已经做到了区域总代理，之前的生活也比较舒服，但这里是一个全新的领域，值得做下去。刚成立之初，我就和各个大型农资企业进行洽谈，并外出参观学习，经过半年多的摸索打拼，今天才有了初步的规模。①

目前，农资电商公司的方向是"果园托管模式，引领产业升级"，最终的目标是打造优质的标准化种植，管理与监控好猕猴桃生产。其职能职责包括：（1）提供农资咨询服务，解答猕猴桃栽培管理，投入品使用、

---

① 来自 2016 年 12 月 31 日在齐峰合作社对副总经理郑小奎的访谈。

销售等有关问题；（2）组织种植户开展技术培训、参观学习，指导种植户种植猕猴桃标准化生产；（3）对服务站内猕猴桃投入品进行监督和检查；（4）指导服务站内会员种植，专业组织、建立猕猴桃生产记录档案；（5）发布猕猴桃种植管理、销售信息；（6）开展农产品质量安全、法律法规和相关知识的宣传培训；（7）建立会员档案、台账，日常工作记录台账；（8）集中采购农资，减少中间环节，让利果农。

电商农资公司不仅依据眉县猕猴桃"十项标准化技术"制定了专门的《齐峰合作社猕猴桃标准化生产管理月历》，让果农的标准化生产具体到每个月，并结合二十四节气的划分确立各节气所对应的技术操作要求。同时也制定了专门的基地管理制度：（1）果业基地所用的农资全部由农资电商公司统一购买。（2）购买必须选择正规的生产厂家并索要正式发票；国家明令禁止使用和禁止用于水果蔬菜上的农药及进药渠道不明或成分不清的农药不得购买和使用。（3）农资公司设有专门存放化肥、农药、用具的仓库，并有专人保管，对购入的化肥、农药实行登记管理，登记的内容包括名称、生产厂家、数量、规格型号、采购时间、采购数量、出库数量、出库时间、领用人、责任人、批准人等。（4）使用化肥、农药的种类、喷洒时间、稀释浓度及操作程序由公司统一规定，基地植保员根据猕猴桃病虫害发生情况，出具相关防治方案，由生产技术员在保管处登记，领取当日的使用数量，并由质量安全监督员全程监督实施。如果当日领用的农药因故未使用完，应返回专用保管仓库，并履行登记手续。（5）对使用过的农药空瓶集中深埋，剩余农药均交由专人专库保管，用具用清水清洗，使用过的化肥包装统一回收处理。（6）植保员每年至少进行一次培训，经考试合格后方可担任，每次施药之前，植保员对施肥施药人员进行培训，培训内容包括施肥方法、农药的喷洒方法、安全操作、防毒用具的使用方法、急救措施等，经确认操作人员确实掌握方可实施操作。（7）农药、化肥的使用情况要有详细记录。

依据这些职能职责和基地管理制度，农资电商公司以标准化技术作为引领，从农资直供、技术指导、机械化服务和高标准收购四个方面，提升果农的作务水平和能力。前文提到在电商农资公司刚成立之初，便逐步设立了齐峰农资基地服务站，目前在眉县范围内已经设立了80多个。伴随着从半托管模式转向了全托管模式，农资电商公司也在规划着新的方向，主要涉及果农和代办（即农村经纪人，农村俗称"代办"）两类群体的转型，前者是会员制的兴起，后者是从代办转向基地服务站站长。这两类群体的转型也正是重中之重。

成立农资电商公司自然是为了做好种植端，把好食品安全关，应对市面上出现的农药化肥滥用的问题。更重要的是，伴随着陕西省政府提出的猕猴桃"东扩南移"政策，以及全国不少地方将猕猴桃作为产业扶贫进行推广，市场上猕猴桃供应量必然快速增加，而市场消化能力有限，这就会导致猕猴桃市场由繁荣快速地步入衰落，之前苹果产业的发展就是如此。眉县当地的很多果农对于技术确实有极大的需求，但是苦于没有合适的渠道学习适合的技术，当前科技入户工程仍然无法满足所有果农的需求。此外，农资领域有两个方面的大问题：一是假冒伪劣化肥农药流通于市场上；二是高质正规的名牌农资化肥的价位过高。假冒伪劣的农药化肥一直是农业产业发展的一个头疼的问题，尽管基层政府对此也成立了相关的综合执法大队来严查严控农资化肥店，如 2013 年眉县查处两家农药经销店和两家化肥经销店，对两家农药店的违禁农药当场没收并销毁；对两家化肥经销店的假冒化肥进行没收，并对四家门店做出严肃整顿处理，停业半月，学习《中华人民共和国农产品质量安全法》。但对于到农村各地的售卖农资的流动点很难做到根除。

眉县刚开始种植猕猴桃的时候，由于大多数果农并不熟悉技术与施用的化肥，出现了很多此类坑害果农的事情，被当地的果农称为"忽悠团"。但近些年来，在政府与村委的宣传之下，果农自身的防范意识也得到较大的提高，因而"忽悠团"现象已经较少出现。但是果农对于低价化肥的诉求一直都存在，他们之前上当受骗的原因除却对于低劣农资辨别意识较差外，更大程度上是因为"忽悠团"利用了果农对于价格较为敏感的心理。比如，"忽悠团"所兜售的化肥每袋 40 元左右，而市面上可能会达到每袋 180 元，巨大的差价使得果农为贪一点价格上的便宜而受到更大损失。但是农民对于这些流动点一直都是又爱又恨，因为流动点不仅会售卖相关的农资化肥，同时也会带来部分的作务技术信息，而这些又是果农最为渴望的。

在这些背景下，农资电商公司以农资作为一个突破口，对眉县猕猴桃产业进行快速的介入，而介入的方式则是打造示范村。在过去的半年时间中，建立起三个齐峰标准化种植技术引领示范村，分别是黄西庄、长凹、新联村。建立示范村的目的在于：（1）以技术服务带动农资销售，通过技术服务改善猕猴桃品质的提高和增加果品的商品率；（2）科学指导果农、规范用药，来帮助果农改良土壤，合理施肥，标准化作务；（3）促使农资快速覆盖，借助政府公信力协助宣传销售，从而摸索出一套系统的建立示范村的可行方案，切实做好效果展示，为今后工作打基础。从当前的实践来看，这些目的基本上都达到了。

农资电商公司介入，依靠的是前期已经建立起的较为发达的物流运输体系，深入到眉县各个主要猕猴桃主产村镇的代办收购体系，以及逐渐树立起来的企业品牌与信誉度。优质化肥由于体量较大，运输与贮存都不是很便利，因而只能用层层分销的方式来运作，这也就导致出厂价和销售价之间有着较大的差价。对于零售商来说，由于较大的竞争压力，为了尽快售卖出去自家的化肥等，常常允许果农赊账，这就造成了大量的资金欠缺。对于果农来说，也就意味着不得不付出更多钱来购买这些化肥等，无形之中也就增加了这方面的成本。农资电商公司起步先做服务，追求质量第一，规划3—5年间不赚钱，与一些大型优质的化肥厂商进行协商，直接售卖大量的出厂价的化肥，将眉县当地的白热化化肥竞争拉回到常态，争取其中无高价，也避免大量的赊账。农资电商公司与这些化肥厂进行合作，并不赚取果农的利润，而其与化肥厂合作只需要缴纳一定的库存费、服务费等，这样既保障了双方的互利互惠，也保障了果农的投资上成本极大的降低。

但是这对于农资市场是一场巨大的冲击，特别是对于原来依赖层层分销之下的化肥零售商基本上没有利润可言。在2016年夏天，农资电商公司的化肥受到了农户的广泛认可，当时往槐芽镇地区拉了四车化肥，当地的农资店坐不住了，将这些车拦下，死活不让这些运输车进入。因为当时的复合肥基本上售卖180元每袋，而农资电商公司的化肥直接售卖165元每袋，差价几乎挤占了零售商的所有利润空间。最后，在当地政府的调解下才解决了事端。虽然这些农资店不乐意化肥价位的骤然下降，但是农资电商的这些行为得到了广大农户的认可，已经成为了势不可当的趋势。除却与优质化肥厂商合作进行厂商直销，齐峰合作社还考虑进一步合作共同开发适合猕猴桃的化肥品种，可以预料的是，一旦这种适用于猕猴桃的专用复合肥研制出来，将会极大地改变整个化肥的格局。

一年不到的时间里，齐峰合作社用这种力度极大的手段直接将整个眉县农资市场的市场价拉低了10%，促使当地农资店经销商不得不转变策略，抓紧时间研究相应的营销手段，以应对变化莫测的形势。齐峰谈及此时自嘲道："自己是农资市场的捣乱者。"然而，齐峰合作社作为"捣乱者"的角色，不仅仅在农资化肥上，更是介入花粉环节。

2016年农资公司刚成立不久，便开始研究"齐峰"牌花粉，聘请去过新西兰专门学习花粉研制的专家，成立了独立的花粉实验贮藏室。由于刚开始运作，只是生产了少量的花粉。这些花粉由农资公司处理后，一部分免费附赠给签订了合同协议的果农，另一部分以远低于市场价的价格售卖给果农。原先农户都是自家进行人工授粉，最终果实外形不甚美观，优果率也较低。在槐芽镇红崖头村，齐峰合作社的代办张成辉在这里售卖给20多户果农30瓶花粉，这些农户都掺合着自家的花粉进行人工授粉，都说这些花粉的效果十分明显，授粉后果型美、色泽好、个头足、口感好，得到了果农的一致认可。面对如此乐观的形势，"齐峰"牌花粉已经纳入到生产中，等到2017年将大量投放市场。

齐峰合作社以农资化肥等作为重点的同时，注重做好相应的技术服务。在向果农讲解相关的施肥技巧时，只是讲解技术而不会涉及推荐产品，除却一些通用的化肥外，其他的品种不做硬性推荐，避免了以推销农资化肥为导向的技术讲解。当前，在齐峰合作社的东边厂区正在建设可容纳400多人同时进行培训的大型会议室，本来2016年冬季便投入使用，但是，由于相关的桌椅等设备还未配置齐全，预计等到2017年春季方可正式投入使用。

在机械化农技服务队方面，齐峰合作社和县上果业局有着较为紧密的联系。县上果业局通过承接省政府的"现代农业"项目等，将相应的农机器具部分给予合作社使用。合作社通过使用这些农机器具可以及时反馈相应的体验，以便进一步优化果业局在引进相关农机器具方面的购置经验。齐峰合作社也专门成立了相关的技术服务队，通过相关的技术专家在全县范围内提供服务的同时，进行实地的技术讲解。农资电商公司也安排了紧张而密集的冬季修剪服务，在2016年的12月5日至12月14日的10天时间中，到各个村子开展技术服务与实地培训，总共服务多达 1334 人次。很多果农常常觉得意犹未尽,会跟随着服务队到邻村再次听讲解,并与培训老师进行更频繁的互动。通过这些到家入户的服务,齐峰合作社也与所有的果农建立了良好的关系。

(二) 会员制的兴起

2012 年,齐峰合作社运往台湾地区的两个集装箱里的红阳猕猴桃出现了问题,按照台湾地区的进口水果标准检测不达标,直接经济损失达到 200 万元。未通过监测原因正是部分果农没有按照标准化作务,从而导致品质标准不合格等问题出现。齐峰合作社在这一事件之后,为了保证大陆以外订单的标准化,并解决猕猴桃的品质难题,在订单农业的形式上思考如何促进与果农之间的联系。因为从农户角度来看,很多时候并非是不愿意生产出高品质的猕猴桃,而是没有相应的资金、技术或者信息等来达到标准化种植。

通过与果农签订合同协议后,合作社与果农之间的关系经历了几次较大的变动。在合作社与果农签订合同时便规定,果农如果违约出现早采或者卖给其他客商,则需要向合作社退回定金以及化肥费用;如果合作社未履行约定没有及时收购猕猴桃,则果农可以扣下定金并拥有自主的售卖猕猴桃的权利。在村委会的见证下,双方签订了该合同协议。不过,在市场行情变化、自然气候的影响下,合作社与果农之间的关系并没有达到足够的信任度,双方都会出现一些违约的情况。虽然在县政府、村委会的外在调解之下,双方可以有效解决争端,但是争端的出现就意味着当前的托管模式不足以妥善解决果农与合作社的合作关系。

会员制的提出一直处于构想中,但 2016 年 10 月发生的"堵门"事件加速了这一进程。会员制是对以前的合作社成员和签订合同订单的果农的有效管理,并可以推进农产品质量可追溯系统的建立。农资电商公司主要负责这一事宜,计划在眉县发展 800 多位会员,建立 80 个服务站,每个服务站管辖 50 亩地,发展 10 位会员,每位果农管理 5 亩地。这些果农并不是随意选择的,首先必须要满意一个条件,即田地处于优质土壤地中,这是因为一些沙土地和低洼地种植出来的猕猴桃品质达不到收购标准;其次,这些果农必须要具备一定的文化基础,技术水平较高,人品诚信好。只有满足这些条件才具备发展为会员的资格。果农的技术水平是一个重要方面,猕猴桃果是否达到收购标准则是更为重要的一个方面。当前猕猴桃果的收购必须达到以下几个方面的要求:(1)果型美观,重量适宜,口感风味俱佳,优果率高。(2)果品上肥必须要严格按照相关标准,保量保质,复合肥和菌肥等需要符合检测标准,特别是含糖量较高,确保长时间的贮藏不会损坏品质。

据农资电商副总经理郑小奎介绍,会员制的实施还在进一步完善中,但是在会员制的管理上主要包括以下几个方面:

每位会员实行以信誉度为核心的管理方式,刚加入都具有5分信誉度,通过参加农资电商组织的相关的技术培训活动,购买农资化肥或者其他的技术改进等都会有不同程度的加分;但是如果出现了违约,不按时参加培训,滥用化肥农药等则会被减分,直至扣除到零分时取消其会员资格。

每位会员会定期参加公司组织的培训活动,比如冬季修剪之后会进行3天的封闭式培训管理,每位会员培训期间的食宿费用全包,请一些技术专家和乡土专家专门授课,提升会员的技术水平与作务能力。要求每位会员在3年内考取中级农技师证书,否则也会被取消会员资格。

将所有会员划分为A类和B类,A类会员初步保证在500名,这些会员可以享有免费的高品质化肥直供,免费的机械化农技服务,全程的技术指导与技术培训,最后对其猕猴桃园里的所有果子都会统一收购,除此之外,A类会员还可以享受利润分成;B类会员则不定数量,这些会员可以享有部分减免的高品质化肥直供,免费的机械化农技服务,全程的技术指导与技术培训,其猕猴桃果基本上会被收购。当然,对于还不是会员的散户果农也会提供厂商直销价,提供有偿的机械化服务,没有对应的技术指导与培训,果品除非达到了会员的标准才会进行收购,以确保最后收购的果品的质量与安全。

农资电商公司的发展是极其迅速的,在不到半年的时间里,已经发展了800多名会员,还有更多的果农正在审核之中。而农资电商对于这些果农将按照之前的管理办法进行进一步筛选与分类,进行"精准订单"的管理模式,即保证A类会员的诚信度能够和齐峰合作社长期合作。对于会员的技术培训、管理方式、信誉度评定等几个方面的具体实施与开展离不开代办的支持,这也就涉及代办转型的方面。

（三）代办转型的提出

农村经纪人在农村地区通常被称为"代办"，早在改革开放之初，便有了少部分人从事这个行业，眉县地区伴随着猕猴桃产业的兴盛而产生了更大规模的代办群体。代办通常被认为是"一只手握着市场的需求，一只手牵着农民的产品"，在小农户与大市场之间发挥着重要的桥梁作用。特别是对于猕猴桃产业来说，尤为需要代办发挥中介作用。在农资电商公司成立后，代办转型成为了一切工作的关键所在。代办转型涉及对之前的部分职能进行重组，更重要的是提升这些代办为农户服务的能力。当前"代办"转型主要是适应"托管模式"的需求，未来可能会适应"全托管模式"而发展。

齐峰合作社刚刚起步的时候，与代办之间的合作是浅层次的合作。先由代办在每年的7月找一些品质较好的猕猴桃园，与这些果农协商后签订合同，一般会给予500元或1000元的定金，然后登记好相关的信息，在收购之前会再不定期地去查看猕猴桃的好坏。等到收购的时候，合作社会组织人员专门来进行审核，通过后就会有专人前来进行采摘收购。代办在这个过程中赚取一定的代办费，代办的数量越多，获得的费用也越高。

这些代办的选择也不是随意选择的，通常是自身作务水平较高的，具有一定的经营管理的能力。齐峰合作社通常会选择在签订了订单农业的村庄设置代办，再根据种植规模的大小来确定具体的代办人数，实行的是"本村人管本村"，比如在田家寨村由于建立了规模大的有机猕猴桃生态基地，因而确定了3名代办，分别管理3个村民小组。在其他一些地方则由这些人进行推荐。推荐之后会有专门的实地考核：带着这些推荐人到猕猴桃园里，然后让他们绕着这一亩园子走一圈，出来后向审核员汇报估计的数量及优果率，只有合格的才会通过成为代办。这个实地考核让齐峰合作社拥有了一批资历资质俱佳的代办，也为保证齐峰合作社能够收购到足量优质的猕猴桃果，节约了到处寻找的巨大开支。其实，代办也具有很多的选择空间，外地客商数量更大，只是相对不固定。但齐峰合作社需要这些代办才能将一些服务做下去。比如，合作社选择以直销化肥作为突破口，其实刚开始是得不到广大果农认可的，因为价位过低，没有多少果农相信是真货。按照某代办的话来说，"化肥需要我们动用私人关系才能售卖出去"。由此可见,齐峰合作社进入农资化肥领域,正是利用了代办的社会网络圈才能有后期良好的表现。

随着农资电商公司的成立,在原来 40 多个固定代办,十多个临时代办的基础上,逐步建立起 76 个"齐峰农资基地服务站",服务面积 1500—2000 亩,基本上覆盖了所有的猕猴桃优产地。这些代办转型为基地服务站站长后,必须要具备以下四个方面的基本能力:(1)较高的作务技术,可以识别相关的病虫害,及时反馈给公司相关的农田信息;(2)懂得基本的办公软件操作,公司会专门开发相关的软件进行登记与管理果农、农资情况等,实现信息化与质量可追溯系统;(3)具备基本的农资经营理念,将公司的农资农肥通过一些渠道售卖出去;(4)懂得操作与管理基本的农机,对于管理规模较大的地区专门配备基本的农机,以方便本地区的作务。

除却这些基本的能力要求,据郑小奎介绍说,未来的站长必须是能力较为突出的,作为联系广大果农的重要桥梁,沟通能力要好,学习领悟能力要好。之所以要求学习能力要好,是因为代办在未来 3 年内经过专业的技术培训后,需要获得中级以上的农艺师资格证。

在农资电商公司成立之前,这些代办没有限定相应的收购区域,在某地收购了一定的数量之后,一般是达到收购一天的数量,即 5 万斤左右后,会通知公司前去收货。而之后公司实行了划片区的制度管理,每位主管分管 20 名左右的代办。这些代办可以在当地进行收购,也可以到外村进行收购,如果觉得合适的猕猴桃园,会提前和这个片区的主管打招呼,咨询是否已经有人前来收购,以免出现收购重复的问题。

代办的收入来源主要有两个方面:(1)售卖农资的收入。以 2016 年秋化肥售卖为例,将农资化肥的划分为菌肥和复合肥两种,执行不同的优惠政策:

销售菌肥 10 吨以下,代办费执行 5 元/袋;

销售菌肥 10 吨(包括 10 吨)以上,代办费执行 6 元/袋;

销售菌肥 30 吨以上,代办费执行 7 元/袋;

销售菌肥 50 吨以上,代办费执行 8 元/袋。

复合肥执行 5 元/袋。

(2)收购猕猴桃的中介费用。这些年一般执行的是徐香中介费每斤 2

分钱,海沃德中介费每斤 3 分钱。

代办对于齐峰合作社的发展具有极其重要的意义,通过这些代办经手收购的猕猴桃支撑起背后的大厦。以某一代办为例,张成辉 2011 年成为了齐峰合作社的代办,也是一位合作多年的老代办了。他这 6 年下来,主要收购海沃德和徐香两个品种,前几年的数字只记得总收购量,从 2011 年的 60 多万斤一路增长到 2013 年的 90 多万斤。他做代办这些年,清楚地记得 2014 年的收购量是 156 万斤,是当年所有代办中业务量最多的。之后,张友成连续三年一直保持着齐峰所有代办中的收购总量第一。巨大的收购量背后是他与大量的分散农户长期打交道的结果,这些年陆陆续续地建立起联系的果农有 250 户—300 户,节省了合作社大量的投入,这些代办正是齐峰合作社赖以发展起来的重要根基。

五　全产业链的发展方向

齐峰合作社正在打造"全产业链",总经理齐峰认为:"一个企业要想把农业做出品牌,必须实现全产业链,要保证每个环节都不出问题。"在这种理念的指导下,齐峰合作社先后成立了陕西齐峰秦岭印象生态农庄和陕西玩果电子商务有限公司,一方面全力做好上游的种植部分自己保证原料果的质量,另一方面也打造下游全新的营销方式以适应市场的需求。全产业链最早是 2009 年初,由中粮集团提出的"打造全产业链"构想,以消费者为导向,控制"从田间到餐桌"的所有环节,其实质是为了实现企业内部的纵向一体化,从原料端、生产端、运输端、流动端和监管端都实现产品质量可追溯。这种理念在消费升级、产业升级和食品安全形式的背景下,一度受到我国很多企业的追捧,其优势是有效地实现了资源整合,迅速扩大规模和提高其在产业中的话语权。

齐峰合作社用"全产业链"的企业经营管理思想来"打造中国猕猴桃产业第一品牌",正是因为前期做大做强了市场销售,而后逐步意识到种植端的至关重要,并提出了"好水果从种植开始"的理念,最终实现猕猴桃全产业链的经营(猕猴桃农资、基地种植、收购、存储、鲜果销售、深加工)。在当前,齐峰合作社形成了"上游—中间—下游"的全产业链模式。其中,上游环节以"基地种植管理"为核心,重点做好标准示范园、托管模式和订单农业;中间环节重点做好"收购储存生产"和

"物流运输供应"两个方面,保证标准化生产和规模化分装;下游环节重点做好"批发零售电商",以品牌建设为核心,做好直营批发市场、线下O2O直营店、海外出口贸易和互联网电商四个销售渠道。在"校县合作"的这十年间,齐峰合作社借助于眉县猕猴桃产业发展的基础,在国家和政府的引导下,形成横跨第一、第二、第三产业的产业布局,各产业间无缝对接、相互融合,已显现出较为强劲的持续增长力。

(一) 全产业链之种植端——陕西齐峰秦岭印象生态农庄

齐峰合作社的种植端主要有订单农业下的农户种植,自行种植经营的猕猴桃示范园,以及正在建设中的陕西秦岭生态农庄基地。这些基地的种植端才是齐峰合作社兴盛与发展起来的关键所在,从这些基地的建设历程与技术标准中可以了解到种植端的重要性,也能了解到齐峰合作社宣传的"好水果从种植开始"背后的意涵所在。

陕西秦岭印象生态农庄(以下简称"生态农庄")目前已有800多亩地,规划建设1000亩有机猕猴桃生态基地。整个基地从建园开始就遵循3米×4米的标准化猕猴桃作务空间,园区全部使用铁丝网搭建,不仅美观平直,而且自身的抗风性能强。基地的猕猴桃苗木从省果树所中心直接引进,保证了标准化从源头开始;作务技术是从新西兰引进的"一枝两蔓",一方面保证操作简便,人工技术投入小;另一方面通过技术修剪保证观光采摘的外观漂亮美观。目前已经全部采用了"十项标准技术",包括园中生草技术和水肥一体化,其中,园中生草技术能增加土壤有机质,改善果园小气候,防止或减少水土流失,改善土壤物理性状,提高蓄水保墒能力,改善根际环境,激活土壤中微生物的活动,促进矿物质转化,加快土壤熟化,抑制杂草生长,豆科草根上产生的根瘤具有生物固氮作用,能够提高果实品质,明显增加干物质含量。而水肥一体化也是眉县 GEF(三期)项目节水灌溉示范基地,全称是水肥一体化薄膜滴灌技术。按照同期市场价格,每节省1/3—1/2 立方米灌溉水,灌溉费用可以节省1/3,作物增收达到20%以上。

这些猕猴桃园主要种植海沃德品种,刚栽种了3年的时间,还未到5年的挂果期。等到挂果期之后,猕猴桃园将极大满足国内外对于有机无公害猕猴桃的市场需求,并且可以有效保证质量的可追溯与品质的高标准。猕猴桃示范园基地准备大规模采用机械化服务,降低作务技术难度的同时也省却了不必要的人力投入，极大地节约了劳动力。齐峰合作社非常重视从源头上改善猕猴桃的种植效果，除了推广示范园基地种植之外，为方便果农，还将自己培育猕猴桃果苗直接供应到有需要的果农手中。

这也符合眉县政府对于猕猴桃产业的规划，即五年内在各镇分别建设一个千亩以上眉县猕猴桃主题公园，与观光休闲、文化旅游、生态循环、扶贫开发、统筹城乡等现代元素紧密结合，拓展眉县猕猴桃功能，示范引领眉县猕猴桃标准化生产全面普及推广，提升猕猴桃附加值和综合收入。当前齐峰合作社的基地计划有多重用途：（1）作为猕猴桃种植示范基地，让果农来参观学习现代农业的做法；（2）作为学生科普训练基地，让城市的学生领略作物种植、动物养殖以及生态农庄；（3）作为员工素质拓展基地，让齐峰合作社员工拥有自身的庄园式素拓场地；（4）作为观光旅游基地，基地距离西安市区仅 1.5 个小时的车程，距离宝鸡市区也仅仅是 40 分钟的车程，方便当地的城市居民来生态农庄体验农家生活。由于猕猴桃采摘后还不能直接食用，因而在附近还种植了一个葡萄园，以便满足观光旅游顾客的需求，现采现吃。同时，果树下种植多种多样的蔬菜，方便顾客采摘后带回家，捎给亲朋好友。

（二）全产业链之销售端——陕西玩果电子商务有限公司

齐峰合作社在 2009 年便有了与阿里巴巴公司进行合作的想法，但是在眉县地区没有寻找到合适的互联网人才，而且当时的重心在于线下市场环节，基本上能够满足齐峰合作社的需求，于是电商销售平台的建设便暂时搁置，但是之后发展极其迅速。2013 年 6 月，公司成立了电子商务事业部，同年 8 月开始开拓电商市场；2013 年在淘宝开设 C 店，当年实现网络销售额 270 万元。2014 年 6 月，在上海注册成立玩果（上海）电子商务有限公司，并在天猫、京东和 1 号店开设旗舰店，和本来生活、沱沱工社、易果生鲜等生鲜垂直电商合作进行代售，并开通了 PC 端和移动端的分销业务，当年实现网络销售 1000 多万元。2015 年 1 月，在眉县注册成立陕西玩果电子商务有限公司，与苏宁易购、顺丰优选的生鲜业务合作，进行猕猴桃的网络销售，进一步发展微商业务；并和世果汇、花果山等知名生鲜电商合作，产地发货，当年实现网络销售近 2900 万元。

经过近年来的发展,现已形成了以眉县猕猴桃为主,西北特色农产品为辅,以眉县大基地运营团队为核心,以上海、广州为前线阵地的辐射全国的电商网络。

目前,公司已在天猫、天猫国际、京东、1号店、苏宁易购、微信运营等多个第三方销售平台设立了旗舰店,还建立了自有官方商城——"爱奇果生鲜"专业生鲜垂直类销售平台,并利用移动互联网,建立了齐峰合作社微信商城、微信分销平台、分销社群等,做到了PC互联网、移动互联网的全覆盖销售。公司于2014年实施了齐峰农资电商项目,并依托眉县国家级猕猴桃产业园以及自有的仓储群和12个直销批发市场,建立了高效、便捷的物流体系,能够及时对西北地区各种优质农产品进行收购、分拣、包装,并每天向全国重点城市地区进行运输销售。同时,为节省人员成本和销售成本,进一步提高电商工作效率,公司又积极构建了齐峰云商大数据平台。

截至目前,公司电商团队已拓展到西安、宝鸡、北京、上海、广州等地,电商人员已由原来的20人发展到60人,客服队伍由原来的3人发展到现在的20人,物流由原来的第三方运营发展到现在自有物流+第三方物流。2015年公司电商销售额达3004.5万元,出口总额150万美元(猕猴桃主要出口俄罗斯、迪拜、台湾等国家和地区)。目前公司投资1000万元,正筹备建设齐峰电商物流园区,实现果品质量包装统一,快速分销直达,建成眉县农产品电商物流发货中心。

电商销售已成为企业新的销售增长点,企业将全力打造成为国内专业的生鲜原产地供应链服务商,为众多电商及商超提供生鲜原产地供应链解决方案。依托于当前较为先进的物流体系,齐峰合作社建设了西南原产地生鲜服务链供应商,主要供应安岳柠檬、四川不知火/春见/青见等柑橘品种;建设西北基地,主要供应洛川苹果、静宁苹果、库尔勒香梨、阿克苏纸皮核桃以及和田骏枣等品种,从源头上做好多个精品源头水果。在2016年8月,为了做好生鲜服务供应链条,齐峰合作社给沈阳的京东分仓直接飞机配货,费用自行承担,也正是因为这些与其他品牌合作的意识与努力,齐峰合作社获得了领域内部的一致好评与认可。当前齐峰合作社要做的正是利用系统性,将国家的原产地批发市场全部联结起来,在原产地迅速地建立起物流集散中心,在全国几个主要城市建立起对应的分仓，这样就缩减了所有的中间环节，利用好京东的线下物流配送系统，可以直接做到下单2小时内即可送货上门。这样也就将线上、线下共同结合起来，有效地联结全国各地。

生鲜原产地服务链供应商的做法当前主要是供应国内，将国内外的渠道整合起来，按照不同消费定位，齐峰合作社的销售主要分为国内直营批发、国际高端销售、国内有机高端礼品形象店和网络销售4块：

（1）国内直营批发。合作社视产品质量如生命，通过多年的坚持和打拼，现已在北京、上海、广州、嘉兴、南京、金华等12个地市设立直营批发市场，并配有保鲜库。

（2）国际高端销售。合作社通过推动当地猕猴桃产业标准化、有机化作务，不断提升猕猴桃品质，2012年底已使猕猴桃高端产品销往俄罗斯等国际市场；2014年在中国台湾地区设立办事处。围绕着出口建立起托管模式，将于未来20年持续拉动增长。

（3）国内有机高端礼品形象店。合作社分别在国家级眉县猕猴桃批发交易中心、西安、北京、上海四地，开设了200多平方米的精品专卖店16个，主要开展有机高端猕猴桃的批发、零售、一卡通礼品卡业务。这些快捷方便的服务，可以有效提升品牌的价值。

（4）网络销售。合作社在阿里巴巴、天猫、京东网络交易平台上分别开设网店，销售合作社各种产品。在2016年的"双十一"期间，单日的成交额已经达到了300万元。通过互联网销售，可以达到加大宣传力度，了解消费者对于猕猴桃品质的评价，同时提升销售量的目的。

通过这些方面的措施，可以让齐峰合作社更上一个台阶，未来才有可能达到甚至超越新西兰佳沛公司的地步。但是这些市场销售端的种植根基在于种植基地，种植基地可谓是一切的源头。齐峰合作社在长期的市场销售过程中，也进一步意识到农业的种植源头的重要性，只有以更高的标准和质量要求，才能赢得更多市场。

六　标准化塑造企业品牌

眉县政府制定《眉县猕猴桃地理标志使用管理办法》，开展技术指导和培训，监督指导合作社开展地理标志保护建设工作；每年制作40期猕猴桃地理标志技术电视讲座，利用手机短信、眉县猕猴桃网、眉县政府网站等现代媒体,滚动宣传,扩大宣传覆盖面。同时,为了促进猕猴桃产业的健康发展,落实县委十五届二次全会关于加强猕猴桃行业协会的精神,充分发挥协会作用,成立于 1995 年的眉县猕猴桃协会对理事会进行换届,充实协会力量,以果业中心为主做了大量调研工作,酝酿产生了新一届理事会名单。2012 年 12 月 28 日,召开了眉县猕猴桃协会换届第一次筹备会,协会理事长任建社。改选后的眉县猕猴桃协会理事会由252 人组成,其中顾问 5 人,名誉理事长 2 人,荣誉理事 7 人,其他理事237 人。理事会组成人员涵盖了眉县猕猴桃产业的生产、贮藏、加工、销售、技术推广、营销各个方面,可以在产业发展中发挥积极的引领作用。这些方面为齐峰的自身建设奠定了良好基础。

(一)七个标准化管理

齐峰合作社也在"眉县猕猴桃"的公用品牌下迅速壮大发展,有效做到了政府品牌给企业品牌背书。齐峰合作社也高度重视自身的品牌建设,总经理齐峰有句名言在合作社内外广为流传:"品牌就是生命。"在眉县政府强有力地推动下,在正确的品牌化措施之下,齐峰合作社在"一县一业"的政策下才有了更大的发展空间。当前,齐峰合作社形成了猕猴桃种植标准化、存储标准化、分选标准化、包装设计标准化、质量控制标准化、服务业标准化以及信息标准化七个方面的内容。

1. 猕猴桃种植标准化管理

为能管控好猕猴桃的种植标准化工作,齐峰合作社于 2014 年提出了猕猴桃的托管模式构想(农资供应、果农培训、农机服务、原料果收购);2015 年下半年开始试实施猕猴桃托管模式;2016 年 3 月,正式建立了农资电商公司。投资 600 万元建成了农资管理中心和果农培训中心,高薪聘用农资行业资深人员,组建农资公司,开展猕猴桃的农资供应、果农培训和农机服务经营工作,通过对猕猴桃示范基地的标准化种植管理,影响更多的果农规范用药、规范施肥和规范生产作务,保证果品的安全,提升果品的品质。

2. 猕猴桃存储标准化管理

齐峰合作社在冷库建设方面是按照气调库标准施工建设的,使用的制冷机器是德国比泽尔设备,在冷库配有臭氧自动杀菌设备、自动加湿设备、自动温控设备、风道送风设备,并经过多年的实践总结,制定了猕猴桃冷库管理技术标准。由于冷库硬件设施先进,管理科学,果品存储时间长,质量稳定,品质好,冷库库损率控制在3%以下。

3. 猕猴桃分选的标准化情况

公司有5条国产猕猴桃分选线,为提高分选生产效率,降低果子的损耗和产品重量误差,公司2013年投资700万元从法国进口四通道的全自动分选线一条。先进的分选生产设备,为生产的标准化工作提供了技术支持。公司2012年制定了企业的产品质量控制标准、人工成本统计核算标准、生产任务绩效考核标准、发货控制标准,整个生产现场管理控制有序,生产成本控制有效。

4. 猕猴桃包装设计的标准化情况

公司和西安十方设计团队有多年的合作,每年有近30万元的设计费用开支。公司有完整的VI设计方案,并针对不同的消费群体设计不同的包装,分为直批市场产品包装、礼品产品包装、网销大众产品包装、网销"90后"产品包装以及出口产品包装,这些原创包装申请了外观设计专利。公司产品包装的标准化管理,提升了产品品质,赢得了不同阶层的消费者认可和信赖,促进了品牌打造工作。

5. 公司的质量控制标准化管理情况

公司在2012年通过了西农认证中心的有机产品认证,2014年通过了ISO9001认证,2015年通过了欧盟的GAP认证。

6. 积极参与服务业标准化试点

2016年4月15日,齐峰合作社被陕西省质量监督局确定为第三批省级服务业标准化试点单位,项目名称是猕猴桃产供销及技术推广一体化服务。现已成立了标准化管理委员会,建立了公司的标准化组织机构,成立了标准化办公室,明确了职责权限,制定了公司标准化方针目标、5年标准化发展规划和3年标准化实施方案,对全员进行了标准化培训,编制了企业标准化手册和标准化管理办法。现正收集企业相关法律法规和相关标准,各部门开始制定相关企业标准。

7. 公司的信息标准化管理情况

公司有网站和微信公众平台"齐峰合作社",并定期发布信息,以更好地宣传果业。公司从2012年采用金蝶旗舰版软件作为财务管理软件;电子商务业务以前使用的是金蝶ERP软件,但由于金蝶在电商软件方面不专业，该软件使用过程中问题较多，2016 年 3 月，公司电商正式启用管易 ERP 软件作为电商的更新换代管理软件；公司的直营店业务以前使用的是博友软件，但随着直营店业务的快速发展，该软件已经不能适应直营店管理需要，公司目前正在试用思迅 ERP 软件，来替代博友软件进行直营店业务管理；公司的农资业务管理软件正在考察，到 2016 年 6 月正式启用。公司信息化管理工作正在快速发展，将在 2017 年形成大数据管理模式。

（二）公益活动助力品牌化建设

齐峰合作社建设企业品牌化，不仅是通过标准化种植，还要通过服务广大果农来达成，通过扶贫工作和公益事宜更是做响了企业的品牌知名度与名誉度。齐峰合作社也通过这些公益活动，更加密切了与社员果农之间的关系，也为市场营销做足了口碑。

在 2015 年 6 月 24 日，各大媒体纷纷报道陕西油桃滞销。齐峰合作社电商团队，迅速反应，联合天猫/世果汇发起"聚桃行动"，活动共售卖出 5 万多单，加上齐峰微商渠道 3 万单，按照齐峰合作社的估算，有 200吨油桃通过齐峰合作社销往全国各地，为果农挽回了损失。这是齐峰合作社第一次做突发性的线上助农活动。原先预计销售 2 万单封顶，但公益报道后引起了广大热心人的关注，远远超越了预计的范围。最后齐峰合作社决定："下了单的必须及时发出！"在这一决定之下，齐峰合作社启动专项组，从收购、中转、预冷、分拣、包装、发货等一系列流畅作业，前后发动近 500 人参与"公益油桃"的供应链工作。

齐峰合作社坚持了 7 天，8 万单终于发出。基于对油桃产品和市场价格波动的理解，齐峰预判了果品不合格比率应有 20%—30%，并据此做了预算和利润估计。最后，齐峰合作社共采购了 60 万斤油桃，在品控中筛选出 30% 的不合格果子，运输中也出现少部分货损，但在齐峰合作社供应链及时调整品控级别和包装发货方案后，用户好评率达到 90% 以上。在此次活动中，齐峰合作社一个订单（5 斤装）约赔了一元钱。但是，这次公益活动也促进了齐峰合作社的品牌美誉度提升，更为之后提出的生鲜原产地服务链供应商积攒了宝贵的经验。

（三）承担扶贫任务推广成功经验

长期以来，齐峰合作社承担了眉县的扶贫任务，帮扶县上最穷的两个村——新联村和梁村。新联村有贫困户 54 户,梁村有贫困户 184 户,加起来总共有 238 户贫困户。这些贫困户长期居住在塬上,自身的生活条件很差。齐峰合作社进行了分类帮扶:(1)对于缺乏自理能力的家庭,如遭遇大病致贫或者重大灾害的,进行现金帮扶,如每户支持 5000 元现金;(2)对于贫寒困难的家庭,因学致贫的,给予现金支持,如每户支持 2000—3000 元现金;(3)对于家庭有种植猕猴桃而不愿加入合作社的,直接给予免费的高品质农资农肥,提供相对应的技术服务与指导,对达到技术标准种植的进行收购;(4)对于家庭有种植猕猴桃愿意加入合作社的,提供农资农肥、技术指导,并进行专业的机械化服务。对于这些贫困户,合作社都会发放一些米面油等生活物资,2016 年底已经向这些贫困户发放了 30 多万元物资,准备在 2017 年春节前再发放 10 万多元的慰问物资。

在安康市和汉中市两地即将建设的扶贫产业园区,也将移植眉县地区建设的经验,通过这些半托管和托管模式,将产业扶贫结合起来。规划部分进行半托管模式,齐峰合作社只建设 500—1000 亩地,其余的交由当地的果农种植,由齐峰合作社提供相应的技术指导、农资直供、机械化服务以及统一收购,让果农可以享受到高标准的服务,带领当地实现快速脱贫致富。通过建设这些用地,更为重要的是可以带领附近的农民种植猕猴桃,辐射面积将达到 10 万—20 万亩地。

齐峰合作社的品牌建设之路坚持标准化种植、公益性服务,使齐峰从一个小型合作社做到了当前年销售额 3 亿元的大合作社,背后有着很多的偶然因素,但不可忽略的基础正是"校县合作"之下,眉县政府将"鸡蛋放在一个篮子里",举全县之力做好猕猴桃从种植标准化到产品的品牌化。各级农业部门一方面加强农业投入品管理,进行生产全程的监管,落实标准化生产技术措施;另一方面联合猕猴桃专业合作社签订技术合作协议,外联市场,内联生产基地,全面提高猕猴桃质量安全水平。西北农林科技大学的教授提供标准化的技术支持,通过科技入户工程培育了大量的技术人才,引导建设合作社的质量可追溯系统。

在齐峰合作社的发展中,有一段流传在员工内部的话或许可以说明品牌塑造之路:

"品牌塑造不是一朝一夕,19 年坚持(企业精神);品牌塑造不是单点突破，环环相扣（各个环节）；品牌塑造不是工作内容，全情投入（个人情怀）；品牌塑造不是一人为之，齐心协力（团队凝聚）；品牌塑造不是自说自话，大众口碑（重视客户）；品牌塑造不是套路模板，与时俱进（时刻调整）；品牌塑造要有梦想：成为中国佳沛，走上世界舞台。"

第七章

推广改变社会:田家寨村篇

第一节　田家寨村庄概况

　　田家寨村位于渭河谷地平原,隶属陕西省宝鸡市眉县金渠镇,南邻秦岭主峰太白山,背靠渭河,水利资源丰富,平均海拔600—700米,年平均气温为12.9摄氏度,年平均日照2015.2小时,光照热量充足,是陕西关中宝地,属于典型的温带大陆性季风气候,夏季高温多雨,冬季寒冷干燥,秋季昼夜温差大,丰厚肥沃的土壤和地处秦岭渭河独特的地理位置为猕猴桃提供了最佳的自然生长环境。田家寨村地处眉县县城东南3公里,北紧临310国道,西安至宝鸡的高铁线穿越村庄北部,交通极为便利,不但方便城乡之间的交流,更是为沟通连接外部市场提供了条件。

　　田家寨村辖3个自然村,7个村民小组,分别是田家寨村1、2组,下洪寺村3、4组,上洪寺村5、6、7组,共计498户,2016人,村中共有党员34名。全村耕地面积3675亩,其中猕猴桃种植面积3400亩,分别是1800亩徐香猕猴桃和1600亩海沃德猕猴桃,全村猕猴桃种植面积达到人均1.5亩,户均6亩,截至2015年,全村仅猕猴桃一项人均收入就达15232元,位列眉县农村人均收入第一。

　　田家寨村猕猴桃产业的发展相对较晚,大面积发展已到21世纪初期,不过其发展势头凶猛,短短几年,全村92.5%的土地已经都种植上猕猴桃。田家寨村的产业与眉县大多数村庄类似,其村庄经济发展依赖于猕猴桃种植业,无其他工业等。猕猴桃种植业属于高劳动力、高资本和高技术性投入的产业,凭借一家一户小农的精耕细作和眉县及西北农林科技大学的技术支持,猕猴桃能够成为高回报的产业,猕猴桃种植给全村带来了丰厚的回报。全村除却 20—35 岁多在外地务工外，35 岁以上劳动力因得益于种植猕猴桃的高收入，多选择农闲时节就近做季节性零工。

第二节　田家寨村的产业调整

一　田家寨村产业调整的历史

田家寨村虽然现在的主导产业是猕猴桃，但是这种种植结构不是一蹴而就的。田家寨村形成的以猕猴桃为主的产业是经过三十多年的探索，在实践中一步一步形成的。田家寨村大体上经过了种植粮食作物、种植辣椒、发展杂果和种植苹果几个阶段，最后才走上全村发展猕猴桃之路的。

（一）辣椒与粮食共同发展阶段

田家寨村所属的眉县于 1983 年正式实施分田到户的家庭联产承包责任制，这取得了短时间内迅速实现粮食增产增收的壮举，农民之前饿肚子的时日一去不复返了。温饱问题解决后，农民的增收富裕成为田家寨下一步的目标，随着国家市场经济体制改革的步伐逐步加快，此时田家寨也必须思考分田到户后该何去何从的问题，田家寨深知仅仅靠种植粮食作物是不能富裕起来的，要想富裕必须依靠经济作物。事情的转机很快到来了。

得益于田家寨靠近眉县县城的缘故，20 世纪 80 年代初期分田到户后，田家寨第一批往返在城乡的人考察了城市需求之后，率先做出了种植辣椒的举动。辣椒是一年生农作物，生长周期短，种植见效快，第一批吃螃蟹的人当年就获得了较大收益，来自辣椒的收入远远高于粮食作物的收入。接下来的几年，在第一批种辣椒人的示范引领下，尤其是辣椒相对于粮食作物的高收入效益影响下，田家寨掀起了一轮种辣椒热，这时田家寨村农户土地的使用基本分为两大部分，一部分用来种植小麦粮食作物以供给全家口粮，另一部分则用来种植辣椒发展经济作物。在这种种植格局之下，农民的收入显著提高，生活水平也不断提升。

然而，种植辣椒带来的好收益没能持续几年便发生了转向，一方面是伴随着国家市场经济改革推进，跨区域跨省份的市场逐渐打破区域边界，如此一来眉县辣椒市场价格就要受到全国市场价的影响，尤其是受到四川等地辣椒主产区的冲击。第二个原因是眉县农民在看到辣椒的高收入之后,不仅仅有田家寨村在发展辣椒,其他村庄也开始大规模推广种植辣椒,这样就必然导致辣椒市场的饱和,结果是辣椒价格大降,农户收益降低,而大多数农民在80年代的决策往往滞后于市场的变化。由此,田家寨也在80年代徘徊在种植辣椒和粮食作物之间,农民的收益也在随着市场的波动而不断地摇摆。

(二)苹果、杂果与粮食阶段

在20世纪80年代后期,田家寨的农民已经在思考辣椒市场波动与农民收益之间的关系,要想致富,不能一条路走到天黑,必须做出转变,只有不断地摸索致富道路才是最好的办法。在田家寨辣椒行业日薄西山之际,一部分人再次转向到苹果种植领域。此时,渭河以北尚没有发展苹果,而之后大名鼎鼎的洛川苹果更是没有起步,田家寨再一次看到了致富希望。在1987年,农村集体解散4年后,田家寨村原第一生产队个别农民承包了村大队里的40亩苹果园,又一次发展起经济作物。

提起种植苹果,不仅是田家寨村,而且整个眉县还有一段辉煌的种植苹果的历史。这要追溯到1958年,据说当时来中国援建的苏联专家在眉县考察后,得出位于秦岭北麓的眉县适宜发展苹果的结论,而眉县也紧跟国家步伐,之后提出了"十万亩花果山"的苹果种植计划,遇到没有技术和人才时,就办园艺学校和园艺场解决,在初期发展阶段更是举全县之力。而位居秦岭北麓边缘的田家寨自然也加入了苹果种植大军行列,即使后来坚持"以粮为纲"的方针,田家寨依然保留下了40亩苹果园,这也为90年代苹果发展积累了丰富的果园管理经验。

在整个90年代,田家寨都是依靠苹果产业努力奔向致富的道路,与此同时,眉县也在围绕苹果做不断的探索升级,经历了从矮化苹果到高酸苹果的品种升级换代,但是效益始终不尽如人意。于是,田家寨村一方面种植苹果,另一方面也发展了梨、核桃、葡萄、樱桃等多种杂果,在多种果树致富途径中摸索。虽然包括田家寨在内经历了苹果品种更新换代,但是眉县苹果并没有给果农带来持续的可观收入,原因是经陕西省果树研究所实地调查分析指出,眉县不是苹果的最佳优生区,仅仅是适生区,这导致眉县苹果在自然条件上次于陕北洛川等优生地的自然条件,结果是苹果品质也不如这些地区。因此,经过90年代的苹果种植的折腾,田家寨村渐渐明白苹果之路亦是行不通的致富路,那么田家寨为了致富到底该选择哪一种具有潜力的水果呢?

(三) 猕猴桃种植阶段

田家寨村猕猴桃种植最早可以追溯至 1995 年,而其成规模广泛种植则迟至 21 世纪初,从时间上看,相比 20 世纪 80 年代末就已经发展猕猴桃的眉县其他村庄,田家寨虽然是落后者,但是田家寨村却后来居上,短短十几年时间它已经远远超越其他村庄,在猕猴桃的品质、质量和种植技术上遥遥领先。但是又有多少人知道田家寨村在种植猕猴桃上也经历过一番波折,甚至出现过砍树再种植的二次蜕变,经历过诸如辣椒、苹果及杂果等的种植探索,田家寨村的农民在选择猕猴桃作为主种水果上也变得谨慎,但是一经下定决心则坚决干下去。

当 1995 年田家寨第一批人试种猕猴桃的时候,恰逢眉县 80 年代末第一批所种的猕猴桃进入丰产期,并且在 1995 和 1996 年迎来了第一个高价期,其他村猕猴桃的喜人收入刺激着田家寨敢于冒险的人迈出了第一步。此时,猕猴桃作为比较新鲜的水果还不为广大消费者接受和认可,而果农对种植猕猴桃需要的技术也是陌生的。当三年后田家寨村第一批猕猴桃挂果成熟时,恰恰又遭遇了猕猴桃市场低谷,不但没有收益,连苹果价格都比不上。而此时又适逢县政府推行新品种高酸苹果,一边是猕猴桃价格低廉的打击,另一边是政府对苹果新品种的助推,这导致了田家寨果农在猕猴桃产业面前犹豫徘徊,甚至出现了新种植者砍树换种苹果的行为。然而,随着 90 年代眉县苹果市场被陕北洛川等地苹果占领,即使县政府推行新的品种,苹果产业也无力更新换代,县政府也在积极寻找代替苹果的新种类。并且随着猕猴桃 21 世纪初收益再次崭露头角,猕猴桃的市场潜力和营养价值不断被认识,而眉县又被果树研究部门确认为猕猴桃最佳优生区,田家寨 2001 年开始了大范围的种植,眉县政府更是在 2006 年下定决心把猕猴桃作为全县农业的主导产业,田家寨的猕猴桃终于迎来了春天。

二 猕猴桃产业的摸索发展

(一) 猕猴桃种植协会的探索

从 20 世纪 80 年代至 21 世纪初,透过田家寨村种植产业经历的几次大的调整可知,猕猴桃种植产业的形成实属不易,它背后发展的探索需要多方的支持。首先是村中第一批尝试者,正是他们引入了新的种植品种,在村庄果业种植中具有开拓性作用。但是在当时举村发展苹果或者杂果的时期,他们的行为在他人眼中不合时宜,因为偏偏去选择未曾尝试过的新树种,本身就具有一定的风险性。在遭受首次瓜果市场低价打击后,再加上村庄少数人的冷嘲热讽,一部分尝试者退却了,另一部分人则承受着失败的压力继续坚持了下来。猕猴桃初次发展的曲折过程,尤其需要初种者的相互支持鼓励,不然新事物想要倔强地生存下来该是多么困难。

其次是 21 世纪初,虽然猕猴桃的效益越来越得到人们认可,但是它在村庄的发展势头远远不及苹果,这时第二批的探索者吸收了第一批种植摸索者的教训,于 2002 年由 8 户种植者成立了"猕猴桃种植协会",为势单力薄的种植者提供了组织依赖。协会成立后,一方面积极参加县级种植协会组织的种植培训,不断提高种植技能;另一方面协会内部经常开展相互交流学习活动,共同探索种植技术,相互支持,共同进步,并且协会始终持开放心态,对后种植者毫无保留地分享种植技术,不断提升整体的种植技术。尤其值得肯定的是,在协会的大力示范带动和新一届村委会的支持下,2001—2003 年村庄迎来了第一次大面积发展高潮,尤其是村内 1 组特别积极发展猕猴桃种植业。此时期,猕猴桃的大范围种植还局限在村 1 组内,整个村庄的种植规模还未发展起来。

（二）小组范围的大面积种植

2002 年之后,村庄 1 组在 2006 年之前多数已种植猕猴桃,小组的种植扩散模式又不同于种植协会,但它的影响力却是有过之而无不及。首先,组内的猕猴桃致富能手和热心者积极利用组内地缘和血缘关系积极发挥示范带动作用,他们以身作则,除了把自己的园子管理好以外还腾出手积极给予组内成员指导。农民种植除了依据二十四节气天气变化,向优秀的务农者模仿学习也是不可缺的,比如村中逢年过节来的亲戚朋友,必不可少的一件事就是拜访乡土专家朱建斌,向他学习果园管理的经验技术。其次,组内的猕猴桃致富能手和热心者积极宣传猕猴桃市场效益,动员尚未涉足者加入,共同致富。他们以村组为载体,但其影响力已经超越组的界限,对其他组也起到了范围更广泛的影响。再次,猕猴桃致富能手和热心者积极营造浓郁的猕猴桃技术学习氛围,打破狭隘的封闭界限,营造开放的心态共同学习进步,这种氛围一方面源自集体化时期遗留的互助文化;另一方面是猕猴桃种植需要较高的技术支持,彼此之间开放的交流学习才能更好地经营管理好园子;再者,熟人社会里的氛围为彼此开放心态学习交流提供了无隔阂的平台。

(三) 村庄范围内的全面推广种植

2006 年对眉县猕猴桃产业的发展既是一个特殊的时间点,也是一个关键的时间点,这一年眉县县政府下定决心不再发展苹果,而是决心以猕猴桃种植业为农业发展的支柱。6 月,眉县县政府和西北农林科技大学签订"眉县猕猴桃产业化科技示范与科技入户工程",即校县合作工程,自此有了西北农林科技大学稳定的先进技术优势支持,眉县猕猴桃产业的发展如虎添翼。自 2008 年起,有了田家寨村 1 组种植猕猴桃打下的技术基础和示范带动氛围,再加上政府层面的战略支持,田家寨村的猕猴桃种植迅速扩展到所辖的 3 个自然村的 7 个村民小组范围内。与此同时,这一次的全村层面的全面种植推广,是建立在高定位之上,如选择口感最佳的徐香品种和瞄准国际市场的海沃德品种,而抛弃了品质欠佳的秦美品种,充分发挥后起之秀的优势。

第三节 田家寨猕猴桃产业的多重结构支撑

一 田家寨村庄层面的支持

(一) 村两委的支持

田家寨村猕猴桃主导产业的形成,首先得益于新一届村两委对村庄种植产业的规划调整。田家寨村种植猕猴桃可以追溯至 20 世纪 90 年代中期,但是此后多年,猕猴桃产业的发展规模一直徘徊不前,受 90 年代后期外界水果市场的波动,刚刚兴起的猕猴桃产业在市场经济大潮中如一叶扁舟,个体种植者不能形成合力,难以驾驭市场,以致 90 年代末期村中出现了砍树的悲剧。2002 年,以孙乐斌等人为首形成新一届村委班子,他们年富力强,曾经多年穿梭于省市之间的水果市场,对猕猴桃产业的种植前景和未来市场需求做了分析讨论之后,大胆地做出了田家寨要举村大面积种植猕猴桃的决定。新一届村委规划,猕猴桃种植先从有种植基础的 1 组和 2 组开始,3—7 组逐步跟进,在此基础上进行村庄种植产业调整,在猕猴桃品种选择上抛弃老品种秦美,选择有潜质的徐香和海沃德品种,田家寨村迅速迎来了第一波改种猕猴桃的高峰。根据村两委的产业规划,田家寨 1、2 组建立休闲观光示范园,下洪寺 3、4 组建立有机生态示范园,上洪寺 5、6、7 组沿田蔡路、田黄路两侧创建为海沃德、徐香猕猴桃标准化生产基地,发展连片面积不少于 2000 亩;带动下洪寺 3、4 组,新建嫁接面积不少于 1200 亩;依托齐峰果业,沿 310 国道两侧的观光农业,连片面积不少于 800 亩。最终全村猕猴桃种植面积达到 3400 余亩,形成以种植猕猴桃为主导产业的发展格局,使农民第一产业所得收入占到农民家庭人均纯收入的 90% 以上。

其次,田家寨村猕猴桃主导产业的形成,离不开村两委的积极引导、培训、宣传。田家寨村猕猴桃产业发展短短十年,粗具规模,形成"一村一品"的典型产业格局。田家寨村猕猴桃产业的发展是与村两委十余年的教育引导果农亲商、爱商、诚信经营息息相关的。多年来,每到猕猴桃生产种植的关键环节,村两委不断组织各种相关的生产培训,频繁邀请县农业技术人员和西北农林科技大学教授专家到村讲解,多次组织乡土专家到田间地头实地传授种植管理技术,如关于施肥打药、授粉梳花、剪枝等的培训;而到了猕猴桃采收季节,村两委更是不厌其烦地深入每家每户和田间地头积极宣传,宣传使用营养液而非膨大剂,同时叮嘱果农不要早采,以免影响猕猴桃品质,引导果农树立品牌理念。

再次,田家寨村猕猴桃主导产业的形成,也离不开村两委的积极完善田间基础设施和提供基本服务。一方面是直接完善田间基础设施,村两委为了巩固退耕还林成果,积极争取国家水利部门投资项目,在田间新打深机井,增添农业灌溉所需的变压器,实施低压线路改造,在田间地头埋设管道,这些都改善了猕猴桃种植的水利条件,确保了果园旱涝保收。另一方面还完善了村庄内部的基础设施建设。按照村庄规划,改造村内道路和街道,铺设人行道,大力发展庭院绿化,建设公共绿化游园、文化休闲广场,在村内主干道路,街巷两旁栽植人行道树,农户门前布设绿篱花坛,做到三季有花,四季常青,积极实施"净化、美化、绿化、亮化、优化"工程,通过改善村庄的居住环境,方便了群众的生活,极大地提高了村民对村两委的信任和发展猕猴桃产业的积极性。

最后,田家寨村猕猴桃主导产业的形成,离不开村两委在沟通县乡政府和西北农林科技大学之间发挥的桥梁作用。第一,村两委作为村庄基层的组织在承接县乡政府资金、项目、政策等方面发挥着无可替代的作用,农业产业的发展需要政府宏观层面的指导和支持,政府农业政策和项目的落地需要村庄村两委组织,而千家万户的分散农民不可能作为载体,这就需要村两委发挥基层的组织协调实施作用。第二,猕猴桃种植需要远远多于粮食作物的技术支持,病虫害防治和田间管理也比粮食更为复杂,并且猕猴桃产业作为刚刚兴起二十多年的新兴产业,高标准的种植技术和管理技术还在不断发展完善中,因此猕猴桃种植业尤其需要高校和县农技人员的技术支持。那么在沟通村庄与县级农业部门和西北农林科技大学方面,社会关系网络和个体信息单薄的农户难以承担起对外沟通的桥梁,村两委在联络县校寻求技术支持时责无旁贷,而且也是村两委发挥带头致富作用的题中之义。

(二) 村小组的示范带动作用

村小组前身是集体化时期的生产小队,在人民公社时期生产小队是独立结算单位和共同劳动单位,20 世纪 80 年代,农村推行村民自治后,村小组继承了原生产小队的地缘和血缘关系,使得村小组在微观层面上比整个村庄层次更加团结互助。在 2006 年农村税费改革之后,全国多数农村地区撤销了村小组,陕西省的合村并镇也开展得如火如荼,但是由于各个自然村原来的社会关系并不密切,在多个自然村合并为一个行政村时村小组的实质性作用就凸显了出来,也因此,陕西关中农村村民小组依然存在的原因是它在村庄发展中发挥着实质性作用。所以,田家寨村的村小组因其内在的地缘和血缘关系对猕猴桃产业的形成发挥着重要作用。

首先是小组内的示范带动作用,以村中最早发展猕猴桃的 1 组为例,该组于 20 世纪 90 年代初最早尝试发展猕猴桃,90 年代中期取得初步良好收益后,立即显示出示范带动作用,这也恰恰彰显出农民在新事物面前的既犹豫徘徊又跟风的行动特点。村小组的第一步示范带动对象是本组内其他未发展猕猴桃的果农,此时影响范围还比较小,主要局限在组内。先发展起来的果农以身作则,积极分享猕猴桃种植经验,先富带后富。但是在风云变化的市场面前,90 年代后期组内第二批被带动发展起来的种植户恰恰遭遇了市场低谷，猕猴桃的效益比苹果还要差，导致个别果农砍掉了刚挂果的猕猴桃树，但是大多数果农还是坚持了下来，进入21世纪后猕猴桃价格的一路高升则证明了猕猴桃产业广阔的发展前景。村小组的第二步示范带动超越小组范围，在村域范围内对其他小组做出示范带动，即跨出组内限制，辐射带动全村其他组，这就要求先发展的1组做得更强、效益更好才可以示范带动其他组，尤其是在3—7组作为独立的自然村与1—2所在的村有一定的空间距离的情况下对这几个小组的示范带动。因此，直到21世纪初，当1组在发展猕猴桃取得第二次高收益时，才打消了其他组的种植风险顾虑，整个田家寨村掀起全村发展猕猴桃产业的势头。

其次是小组的宣传动员作用。虽然很多人认为村庄在市场经济浪潮和城市化冲击下，由传统的熟人社会向着半熟人社会转变，但村小组内依然是熟人社会，毕竟小组内部的信任强于更大范围的认同。因此，猕猴桃产业在发展初期，小组内的宣传动员往往是高效率的，此时组内的邻里信任关系就发挥了作用。农民在20世纪90年代苹果产业不景气的时候，也有致富的学习心和好奇心，所以在第一批种植猕猴桃实验者成功时，当他们向组内邻居宣传时，正中对方下怀，双方一拍即合。同时，田家寨的果农也在市场经济中逐渐地认识到，只有将猕猴桃产业发展壮大起来，才能在与市场上的收购商较量时有较大的话语权，因此，先发展者也会主动宣传动员后发展者的积极性。

再次是村小组营造的学习分享氛围。传统意义上，小农多被贴上自私封闭的标签，莫说是农民学习，就是农民之间相互的分享都被局限在十分狭窄的范围内。然而，通过深入调查，笔者发现田家寨村的农民，在猕猴桃种植的产业化之路上展现出新的学习氛围气象，这不单单是田家寨村，在眉县其他村庄，农民同样在发展猕猴桃产业时保持着开放学习的心态。在田家寨村1组初始发展猕猴桃时，小组内的少数尝试者面对这个新的种植行业，组内始终保持着相互之间学习交流经验的风气。而组内自发营造的相互学习分享的氛围，对猕猴桃产业的发展和后来猕猴桃的影响扩散到其他组乃至其他村都功不可没。更进一步讲，田家寨村现在之所以占据眉县猕猴桃产业种植的制高点，与当初小组内奠定的开放学习氛围也有关联。

（三）乡土精英的示范带动作用

乡土精英，顾名思义就是农民社会中的精英，他们在个人能力、视野、胆识等方面强于普通农民。在田家寨村，乡土精英主要是指猕猴桃种植方面的技术能手，他们当然也是致富能手，凭借他们的种植技术和经验，他们先一步致富，对其他果农起着示范带动作用。乡土精英的示范带动主要表现以下几个方面:

第一是种植技术层面。据调查发现，现在猕猴桃务得好的果农，大多在 90 年代之前种植苹果时也是能手，他们通过多年苹果种植已经积累了一定的经验，如田家寨村公认的乡土专家田振斌，就是典型的代表。在农村，无论是之前种植苹果，还是当下种植猕猴桃，农民是果业发展的技术来源，更重要的是乡土社会里的精英，农民对乡土社会里土生土长的乡土人才的经验信任，胜于对外来专家的技术信任，哪怕是高校专家教授。所以，乡土精英在猕猴桃种植技术的传播过程中作用是不可低估的，也发挥着把高校等科研单位的专业性标准化技术转化为农民喜闻乐见的乡土技术的作用，因为生活于农村社会，乡土精英的技术经验更容易被农民信任和接触传播。乡土精英把摸索出的技术经验积极带到村庄组织的培训上，乃至深入田间地头现场教学，果农也乐于向乡土精英请教先进技术。

第二是乡土精英精心管理的猕猴桃果园的示范带动作用。同样面积的一片猕猴桃果园，乡土精英的园子打理得有条不紊，剪枝、施肥、授粉、梳花等处处精心，最终到秋季收获时期，他们的猕猴桃园子的收益平均要高出普通农户收益一倍。所以，在农村社会，这样的高收益果园毋庸置疑是被参观被模仿的标杆。据田家寨村果农讲，每到逢年过节，来村里寻亲访友的亲戚，必定会到朱建斌家的果园参观学习，原因很简单，他家果园中的树笔直挺拔（猕猴桃属藤蔓科植物，自然生长下枝干多弯曲），长势旺，收益好。因此，在农村社会，只要是果园打理得好，慕名来学习的果农大有人在，这在无形中对技术经验的传播也起到了示范带动作用。

第三是乡土精英的高收益起到的示范带动作用。农民一向是务实主义者，农业生产的季节性和时间性迫使农民务实，不是农民天生务实保守，而是农业生产的特性塑造了农民的性格。因此，推动农民发展猕猴桃产业的最大推动力即是猕猴桃产业的高收益。而乡土精英恰恰是村中猕猴桃高收益的代表，他们在猕猴桃种植管理技术上又占据优势，这些促使他们成为村里猕猴桃产业发展推动的权威示范带动者。

二　县乡层面的支持

（一）县级政策、项目、资金的支持

眉县政府将猕猴桃产业定位为农业主导产业不是一蹴而就的，是在实践中不断探索做出的决定，从发展粮食到调整发展苹果，再从发展苹果调整为发展猕猴桃，是不断探索与创新的历史。在县级猕猴桃产业政策上，从 2006 年 6 月开始，眉县人民政府与西北农林科技大学在眉县联合实施了"眉县猕猴桃产业化科技示范与科技入户工程"，紧紧依托西北农林科技大学的技术优势，发挥眉县自然资源优势，按照"市场引导，科技先行，技术入户，项目支撑，行政推动"的思路，具体实施工作由西北农林科技大学抽调栽培、植保、贮藏、营销等方面的 20 名优秀人才组成专家团队，由西北农林科技大学 11 名专家常驻眉县，与县乡农技人员，按照"1 + 2 + 2 + n"模式，即 1 名西北农林科技大学专家，加 2 名县乡农技人员，再加 2 名乡土人才组成工作组进行，由西北农林科技大学专家任组长统一开展科技入户工作。采取抓点示范、培训果农、辐射带动等方式，大力推广猕猴桃先进实用技术，建设标准化生产基地，逐步打造眉县猕猴桃品牌，做大做强猕猴桃产业。

在项目和资金上，除了县级财政资助外，政府部门主要通过县果业局发挥大力度的支持。随着 2006 年眉县把猕猴桃产业的地位提升到新高度，原眉县园艺站于 2008 年改为眉县果业局，次年果业局组建完整即开始发挥针对猕猴桃产业的项目资助作用。眉县果业局争取的项目资金主要花费在两项内容上，一是投入在农田基础设施建设上，如完善农业灌溉设施，增添猕猴桃果园物理除害设施，即在全县 90% 的猕猴桃果园安装太阳能杀虫灯，购置如弥雾机、水肥一体机等机械。二是投入在猕猴桃种植的标准化技术推广上，第一是推广人工授粉，每亩配发 10 克花粉（1 克花粉市场价 20 元），督促全县果园人工授粉百分之百推广；第二是果园生草；第三是果园覆盖，既可疏松土壤又是有机肥料；第四是生物防治，如购买捕食螨，以螨治螨，以虫治虫，这不同于物理的杀虫；第

五是增施有机肥；第六是果实套袋。眉县果业局的行动足见眉县政府层面对猕猴桃种植产业的大力支持。

（二）县乡农业技术支持

猕猴桃种植产业的发展与传统粮食作物的种植最大的区别，即是对技术的高需求高依赖，而眉县猕猴桃产业从起步到今天仅仅二十余年，在市场经济刺激和战略品牌的要求下，不止是田家寨村需要农业技术支持发展，整个眉县乃至整个猕猴桃产业都离不开农业技术的支持。为了对眉县果农普及猕猴桃种植技术，县农业技术推广部门采取了以下重要步骤：

首先是强化农村实用技术培训，提高果农素质，实施"十百千人才培训计划"，以西北农林科技大学猕猴桃试验站为平台，一是针对猕猴桃种植的果农，重点抓好科技专业大户、农村致富带头人、科技示范户的培训，着重加强猕猴桃标准化生产技术、果品贮藏管理、现代农业生产、经营等方面培训，努力造就有文化、懂技术、会经营的新型农民，增强农民发展经济、脱贫致富的能力。二是针对果业推广技术成员及县、乡干部的培训，学习现代农业高新科技知识、农业产业化、农产品质量安全知识及农业标准化生产、市场营销、电子商务与信息化管理等知识，大力提高其专业技能和服务水平。三是针对性研究猕猴桃产业突出的病害问题，如对细菌性溃疡病、黄化病、自然灾害、贮藏技术、保鲜剂等突出问题开展试验、研究，攻坚克难，确保产业健康发展。

其次是抓好猕猴桃种植示范村的建设，打造高标准示范园，田家寨村3000亩优质猕猴桃生产基地即是县上技术支持的重点示范。县农业技术推广部门要求重点示范村打造1个高标准示范园、以示范园为基地培养本村乡土人才3—4名，能解决猕猴桃产业突出技术问题，再由村庄的乡土人才带动本村猕猴桃种植户提高技术管理水平，全面辐射带动全县猕猴桃生产管理技术水平的提高。

再次是积极帮扶猕猴桃产业化龙头企业和农民专业合作社，开展标准化生产新技术推广应用，建立基地果园管理档案，建立质量安全追溯体系，开展生产基地认证，提高产品质量，指导"眉县猕猴桃"地理标志公用品牌标识的规范使用，加强企业宣传推介和打造品牌，提升市场竞争力。抓好猕猴桃标准化技术和新技术的示范与推广，全面提升眉县猕猴桃标准化水平和市场竞争力。

在眉县政府政策、项目和资金支持下，在眉县果业技术推广服务中心的技术支持下，眉县猕猴桃产业培养了一支包含县、校、村多层级的技术队伍，猕猴桃品种的结构趋于合理，猕猴桃标准化生产技术体系已初步形成，贮藏加工产业体系基本健全，品牌效应逐步彰显，经济效益显著，眉县猕猴桃产业规模迅速扩大，初步形成"一县一业"生产格局示范县。田家寨村猕猴桃产业的发展和种植的普及即是整个眉县对猕猴桃产业大力支持的缩影。

（三）千亩示范园基地支持

田家寨村在 310 国道路南竖立着赫然醒目的村庄牌坊——田家寨村 3000 亩优质猕猴桃生产基地，那么这田家寨村 3000 亩优质猕猴桃生产基地是如何建立起来的？又发挥着什么样的作用？

田家寨村 3000 亩优质猕猴桃生产基地是齐峰富硒猕猴桃专业合作社通过争取国土资源局高标准农田建设项目和农发办扶贫项目建成的千亩示范园基地。2011 年在国土资源局高标准农田建设项目和 2013 年农发办扶贫项目支持下，田家寨村的果园全面开展打井、修路、增置农用变压器、地下管道、渠道等农田基础设施，同时在果园配置杀虫灯、扑食螨、草籽、机械等物资设备，这对于田家寨村果园基础设施升级和保证猕猴桃品质都有推动作用。此外，千亩示范园基地也是齐峰果业有机优质猕猴桃生产基地，是出口输向台湾地区的猕猴桃果园基地。

千亩示范园基地除了得到眉县项目资金和基础设施的大力支持之外，还得到了以千亩示范园基地为依托的猕猴桃相关种植管理技术培训，无论是县相关果业技术推广部门的技术培训，还是西北农林科技大学等高校的培训都会优先放置在田家寨村，这种软性的技术培训支持对千亩示范园基地，乃至对田家寨村的优质猕猴桃的出产意义重大。

田家寨村的千亩示范园基地在得到政策、项目和资金支持后，带动了全村猕猴桃种植向着十大标准化技术方向发展，它不仅对内发挥了带动作用，对外也有很强的集群示范辐射效应。田家寨村内部的种植要求相当严格，为了保证猕猴桃有机品质，2016 年全村实现禁止喷洒"膨大剂"，而有机肥、菌肥等使用量也逐年提高，千亩示范园基地带动的高品质效益给果农带来的是高收益回报。同时，整个田家寨村的猕猴桃产业在千亩示范园基地的示范效应下，大大提升了其猕猴桃品质，本地收购商和外地客商争相高价前来收购。此外，千亩示范园基地给田家寨村猕猴桃产业的支持还有了一个插曲，2015 年眉县广播电视新闻局拍摄《太白山下猕猴桃》科教宣传片时，就将田家寨村的果园选为拍摄地之一，田家寨村千亩示范园基地的名气靠着自身的品质越来越响亮。

三　西北农林科技大学技术层面的支持

（一）　西北农林科技大学初期零星技术指导

西北农林科技大学秉承"经国本、解民生、尚科学"的办学理念，服务三农是其不懈的追求，因此西北农林科技大学在 20 世纪 90 年代就与眉县猕猴桃产业的发展结下了不解之缘。90 年代，田家寨村少数果农已经率先改种猕猴桃，由于猕猴桃种植是个新事物，整个眉县也是刚刚起步，所以在种植中遇到的病虫害防治和田间管理问题一时还难以解决，田家寨个别果农就单枪匹马尝试与西北农林科技大学老师联系，咨询猕猴桃病虫害防治的技术途径。令田家寨村果农感到惊喜的是，西北农林科技大学相关老师十分热情，也非常重视，西北农林科技大学老师深入田间地头现场教学指导，甚至多次到村里采取病变样本带回学校分析并给出对策。

其实，在种植猕猴桃之前，田家寨村就有一个农民和西北农林科技大学打交道的传奇故事流传多年。故事是这样的：1987 年，田振斌养了一头母奶牛，经检查这头母牛患有先天不育症，之后他写信给素昧平生的西北农林科技大学畜牧系王光亚老师描述了母牛的病症，得到回信后，他花了一天时间牵着母牛从田家寨步行 70 余里到杨陵找王老师，王老师和 4 名研究生再度对母牛复诊后得出母牛的确患有先天性不育症，于是王老师和田振斌商量，可否用这头母牛做实验治疗其不育症，得到同意后王老师就针对症状做了治疗方案。令人大跌眼镜的是，治疗一段时间后，母牛竟然出现了发情期并且怀孕产下了小牛犊，而且在未产下小牛犊时母奶牛竟日产 8 斤牛奶。这段戏剧性的经历在十里八村传为佳话，人们在茶余饭后，更多的是对西北农林科技大学老师的高超技术点赞。这件事情让人们意识到西北农林科技大学为农民农业服务的热情，也为之后田家寨村猕猴桃产业与西北农林科技大学的技术服务埋下了伏笔。

90 年代，由于田家寨村猕猴桃种植尚不成规模，眉县也尚未把猕猴桃产业作为农业支柱产业，因此果农通过猕猴桃与西北农林科技大学之前的来往还是零星的，但是果农此时在种植猕猴桃时已经发现，在种植的技术层面上不能缺失西北农林科技大学的支持，猕猴桃的病虫害防治和品质的提高要靠西北农林科技大学老师们的支持，故而才有了后来的密切交往。

(二) 西北农林科技大学技术培训服务

进入 21 世纪，眉县猕猴桃种植面积不断攀升，尤其是 2006 年眉县人民政府把猕猴桃产业放到全新的高度，与西北农林科技大学联合实施了"眉县猕猴桃产业化科技示范与科技入户工程"，这意味西北农林科技大学要肩负起眉县猕猴桃种植的技术指导的重任，在眉县猕猴桃产业的发展中发挥更大的推动作用，利用自身技术优势促进眉县猕猴桃产业发展。

"眉县猕猴桃产业化科技示范与科技入户工程"实施后，西北农林科技大学猕猴桃专业的专家学者首先从技术服务培训入手，因为只有先从果农的生产技术抓起，才能保证猕猴桃产业的快速高效发展，西北农林科技大学技术培训是针对全县果农的，而非一村一地。在 2006—2010 年第一期"校县合作"中，西北农林科技大学和眉县共计开展各类猕猴桃技术培训 300 多场次，培训果农 10 万人次，培训农技干部和实用人才标兵 1500 人次。第一期"校县合作"培训以全县农业科技大培训、职业农民塑造、实用人才标兵培养、技术骨干培训等为重点，西北农林科技大学与眉县技术人员共同组建猕猴桃技入户工程讲师团，开展果农、县乡果业技术人员和实用人才标兵的培训和培养工作。在 2011—2015 年第二期"校县合作"中，科技入户工程工作组深入田间地头，5 年累计举办各类猕猴桃技术培训班 585 期，培训 125000 人次，发放技术资料 80000 多份，直接促使了果农科技素质的明显提高。第二期"校县合作"培训形成了以西北农林科技大学猕猴桃试验站为依托，以眉县园艺工作站为技术服务中心，以示范园、示范基地和猕猴桃专业合作社为基础，以乡镇农业技术推广站和百名技术能手为骨干的猕猴桃技术推广服务网络；并且按照"龙头企业＋合作组织＋基地＋农户"的经营模式，大力推进猕猴桃产业化经营，实现产业的多层次增值。2016 年第三期"校县合作"已经签订，计划 5 年内培养 20 名在全国、全省有一定影响力的猕猴桃实用人才标兵,培育150名中级专业技术人员和1500名农民骨干技术员。每个示范村每年完成技术培训6—8次,每年累计培训不少于60次。实现每个猕猴桃生产村有骨干技术员一名,每个村民小组有技术员2—3名,每个猕猴桃生产户至少有一人能熟练地掌握猕猴桃优质高效生产管理技术。

过去十余年,眉县和西北农林科技大学两期猕猴桃产业化科技示范与科技入户工程带来的变化是,眉县猕猴桃种植面积由2006年科技入户工程开始实施时的8万亩扩大到2015年的29.8万亩;总产量由11万吨增加到现在的45万吨;产值由2.2亿元增加到2015年的25亿元。在眉县两期猕猴桃产业化科技示范与科技入户工程中,西北农林科技大学对眉县果农的技术培训都功不可没,在眉县猕猴桃种植面积和产业产值年年提高的背后,既是懂技术果农的辛勤付出,也是西北农林科技大学和县级技术人员辛勤付出的结果。

(三) 西北农林科技大学与眉县的包村工作法及"1+2+2+n"技术服务模式

2006年眉县政府与西北农林科技大学联合实施了"眉县猕猴桃产业化科技示范与科技入户工程",即在全县共成立7个猕猴桃科技入户工作组,每个工作组都由西北农林科技大学教授专家、县乡技术人员和乡村实用人才标兵组成。西北农林科技大学专家团队从以园艺专业为主扩大到植保、食品、资环、经管、农机、生物工程等各个专业领域的猕猴桃全产业链技术团队,加大对农村实用人才标兵的培养,吸收更多的农村人才加入工作组,充分发挥民间技术人才的作用,更好地发挥科技入户专家组的优势和作用。

工作组由西北农林科技大学专家任组长统一开展科技入户工作。每年果业中心技术人员和乡土人才都要到西北农林科技大学和猕猴桃试验站进行充电,接受系统的教育,提高理论水平。通过5年的培养,农技人员的专业技能有了很大提高,不少人员成为独当一面的技术能手,乡土人才也成长为远近闻名的乡土专家,被省内外企业高薪聘请。

在"1+2+2+n"技术服务模式中,"1"指的是1名西北农林科技大学专家,第一个"2"指的是2名县技术人员,第二个"2"指的2名是乡土人才,"n"指的是最基层的广大果农。这是一套完整的技术带动服务模式,采取"1+2+2+n"模式由 1 名西北农林科技大学专家培育带动 2 名县技术人员和 2 名农村乡土人才,最后再辐射到千千万万的果农。不单单是田家寨村的猕猴桃乡土人才嵌入到此技术服务模式中,从而使得该乡村的土专家和广大果农得到技术培训和服务,而且整个眉县猕猴桃产业的技术服务都被纳入到此有效的技术服务模式下。

眉县猕猴桃产业化大为发展,在"1+2+2+n"技术推广服务体系推动下,不但工作组成员人数从 2011 年的 40 人增加到 2015 年的 65 人,而且工作组成员的理论水平和服务能力也大为提升,他们每年都要参加技术培训 1—2 次,以此来提高自身的理论和实践水平。他们常年深入生产一线,对猕猴桃发展作用极大,可以及时解决果农生产中遇到的问题。在产业化发展过程中不仅要提高果农的猕猴桃种植技术,工作组自身的能力更要提升,这样整个眉县的技术服务能力才能更上一层楼,眉县的猕猴桃产业也才能更好地发展。

四　新型农业经营主体和企业层面的支持

(一) 合作社多重的模式支持

自 2007 年 7 月《农民专业合作社法》正式实施以来,全国农业领域的合作社如雨后春笋般出现,远的不说,仅在眉县单纯关于猕猴桃产业的合作社就有 100 多家,而田家寨村范围内就不止三五家合作社,它们对猕猴桃产业的不同领域发挥着不同程度的支持作用。按照合作社发挥的不同职能和与农户的关系差异对在田家寨发挥作用的几家合作社进行分类。

(1) 既收购猕猴桃又提供服务的合作社,如齐峰富硒猕猴桃专业合作社。该合作社主要从事猕猴桃种植、收购、储藏、销售等业务。在收购环节起初以田家寨村的猕猴桃为主,之后随着规模扩大和品牌提升,收购也扩大到其他村庄。为加深与田家寨村果农的联系,也为了保障猕猴桃品质安全,该合作社自 2015 年起为社员提供部分农资,如发放部分花粉,也提供更多的服务,如组织培训等。合作社与果农之间既有利益一致的一面,如都为生产猕猴桃优良品质而努力,也存在分歧的一面,如收购价格分歧,收价高则果农多赚合作社少赚,收价低则情况相反。自合作社提供更多服务后,双方关系融洽,虽然有分歧,但是合作社和果农双方都已经认同彼此的不可分离关系。

（2）只收购猕猴桃不提供服务的合作社，如田家寨果业。该合作社以从事猕猴桃收购、贮藏、销售为主。虽然该合作社使用了田家寨村的名字，但是收购却不以本村为主，因为碍于同村内熟人关系而波及收购时的价格商定，为避免同村内果农关系紧张，合作社的收购以外村为主。但是该合作社在村委的沟通下，也收购本村未能卖掉的猕猴桃，如贫困老弱果农经营的非最优果。因此，虽然该合作社与本村大多数果农没有直接收购关系，但是对村中部分经营不善的果农还是起了一定的保底作用。

（3）只提供服务不收购猕猴桃的合作社，如田洪猕猴桃机械化专业合作社。该合作社发起人主要是村两委成员，致力于承接国家项目以服务于本村广大果农。该合作社是以纯粹服务果农为目的，不牵涉猕猴桃收购业务，由于国家项目不可能直接投到千千万万的果农身上，必然需要合作社等新兴农业经营主体承接。该合作社主要承接国家对农村的农技具补贴资助项目，合作社以生产领域的服务为主，拥有的农技具凡是本村社员都可以免费使用。

（4）外来引入的竞争型合作社，如西安宏彬猕猴桃生产专业合作社。该合作社的发起人是多年来一直在田家寨村收购猕猴桃的西安客商，之所以可以在田家寨得到帮助建立合作社，是因为该客商多年来一直秉承诚信收购，得到了田家寨村果农的信任与支持。基于此信任关系，该合作社在秋季收购时可以不付给果农全额现金，待春节过后所有库存销售完之后再补足对果农的欠款。据村两委领导说，引入该合作社主要是出于引入竞争考虑，即多家合作社收购商竞争将有利于田家寨村的果农，也会对其他合作社改进服务提供刺激因素。

田家寨村存在的多种模式的合作社首先消除了本村果农销售猕猴桃的后顾之忧，敢于在猕猴桃产业上高投入；其次可以督促果农严格生产，保证猕猴桃品质；再次，有利于多家合作社形成良性竞争，规范运作。

（二）企业基地订单模式支持

田家寨村猕猴桃产业的基地订单模式主要是与齐峰果业合作完成的。基地订单模式主要是齐峰果业与田家寨村的农户提前签订收购合同，果农按照要求种植猕猴桃，而过程中企业对果农提供相关的服务。但是由于果农是千家万户的小生产者，导致最后猕猴桃产品千差万别，所以即使企业与果农签订订单，果农若遇到高价的市场收购商依然会毁约，毁约有时也不是单方面的，市场价高时，果农可能会毁约，果品达不到要求时，企业也会毁约。为了达到更好的订单效果，企业逐渐提出了两种模式：

其一是半托管模式。第一步是通过培训，从猕猴桃种植端做起，企业邀请果业中心的技术人员、西北农林科技大学专家和乡土专家来培训果农，让猕猴桃标准化的种植理念扎根到农民的心里；第二步是从农药化肥入手，齐峰果业做农药化肥不为利润，更多的是为服务农民，把优质的农药化肥给果农，让农民真正地认可齐峰，让农民用真正好的农药化肥种出好的猕猴桃；第三步是成立机械服务队，机械服务队免费给使用企业农药化肥的果农施肥打药。第一步的培训是解决猕猴桃种植标准化的问题，第二步的农药化肥是解决猕猴桃的品质问题，第三步的机械服务队免费服务是解决食品安全问题。有了前面三步的铺垫，第四步才是收购，前面三步解决之后，在收购时企业以高出市场价2—3毛钱的价格收购。这样一套模式下来，保证了本来即是高价区位的田家寨村的猕猴桃处于更高品质，如此高品质的猕猴桃果农当然期待更高的价位，这导致企业和外来收购商在价位上发起竞争，果农自身虽然心有期待，但却不知道具体的价位，收购价格的不一致使得签约订单的果农中大约80%最后与企业完成了合同。

其二是全托管模式。这是2016年新提出的模式，全托管模式是指猕猴桃种植的全过程都由企业来做，企业计划在眉县种植猕猴桃的100多个村全部尝试建立全托管模式。全托管模式的具体操作，如在田家寨村，选择1个猕猴桃种植技术优秀的果农，委托他来做田家寨村的托管组长，负责参与订单托管的果园，把外出打工和年老体衰者的果园流转承包过来，给予被承包者足够的费用，然后园子由企业来全程管理，从施肥打药、授粉梳花、机械耕作到果实采摘的全部过程都由企业的服务队来做，而整个生产过程则由本村委托的技术组长全程监管完成，最后成果按照企业的标准入库。

基地订单模式下的托管模式和半托管模式是企业与果农探索的新模式，倘若能够顺利实施，那么企业的订单可以完成，果农也会取得良好收益，关键是猕猴桃品质也可以得到保证，最后获益的不仅仅是田家寨村的猕猴桃品牌，而且也是整个眉县的猕猴桃品牌。

此外，齐峰果业在田家寨村还有另一种基地模式，即在本村有一个21亩的有机猕猴桃果园，该果园完全按照有机标准种植，完全不使用"膨大剂"等，施用的肥料是有机肥和菌肥，劳作由企业的服务队承担。该基地的猕猴桃效益非常好，果品质量通过台湾地区和东南亚的检疫标准，是对境外出口的一个基地。该基地模式的高效益示范性对田家寨村果农的带动作用非常明显，如其有机种植方式，屡禁不止的"膨大剂"2016年在田家寨村真正实现了禁用，这与该基地的示范效应有关，也是对田家寨村猕猴桃产业更上一个台阶的有益启示。

（三） 企业对品质品牌的影响

齐峰果业在处于初期的齐峰富硒猕猴桃专业合作社阶段时，就已经重视田家寨村的猕猴桃品质。近年来更是提出"好水果从种植开始"，这就对猕猴桃品质提出了新的严格要求，而且势必要更加严格地控制种植环节。为了达到企业要求的标准化生产的猕猴桃，获得高品质的产品，第一阶段是果农的种植处于低级阶段，分散的果农难以实现标准化管理和生产；第二阶段是企业建立基地参与标准化种植，以起到对果农的示范带动作用；第三阶段是半托管、托管，企业的参与力度更大，种植标准化实行得更严格；第四阶段是大面积流转土地建立企业的农场，果农成为企业自有农场中的农业工人，严格按照企业要求从事标准化种植。企业的标准化种植生产要求保证了猕猴桃的高品质，为下一步的品牌战略提供了物质保障，企业所做的一切都为品牌服务。有了高标准的种植环节，产品品质不再是问题，下一步即是走品牌战略之路，按照市场不同消费定位，销售主要分为国内直营批发、国内有机高端礼品、网络批零销售和国际高端销售几种。

田家寨村的乡土精英已经意识到猕猴桃产业要长远持续地发展，必须走品牌之路，作为果农则必须生产出高品质的优质猕猴桃，具体来说，即是生产期减少乃至禁绝施药，以此来保证有机种植，收获期禁绝早采以保证品质。然而，当下的大部分果农，不单单是田家寨村的果农，包括整个眉县的猕猴桃果农在猕猴桃的品质品牌上还有很长的路要走。齐峰果业作为企业已经树立起了一面品质品牌的模范旗帜，也在引领着田家寨村的果农和整个眉县的猕猴桃果农走上树立品牌的长远发展之路。

第四节　田家寨猕猴桃产业的发展机制

一　猕猴桃产业产前服务运作

（一）产前果园物资筹备

第一，果园建设投资。猕猴桃果园前三年不挂果，投资主要是树苗和果园基础设施，如水泥桩、铁丝，按照田家寨村 2 米×3 米的行株距种植，每棵树占 6 平方的生长面积，一亩地可以种植 110 棵。每亩地的建园成本是：树苗 2 元/棵×110 棵/亩＝220 元，水泥桩和铁丝共需 1500 元/亩，每亩果园前期投资大约 1720 元。待幼苗生长至第三年的 3 月开始嫁接，嫁接品种是果农根据自己和市场的需求选择，但田家寨村果农以徐香和海沃德两种品种为主栽品种，嫁接完成后即将树苗绑在铁丝上。接着在嫁接完成后两个月内，需要施肥，施肥后需打药以防治红蜘蛛；入冬季后一方面需要开始剪枝，另一方面需要做好防冻防护。

第二是农机具和农资的投资。猕猴桃从第四年开始进入挂果期，主要的投资是肥料和农药，自第五年进入丰产期，每年需要上 4 次肥，每次 300 元，共 1200 元/亩，农药及生长调节剂或植物营养液需约 200 元/亩，每亩农肥农药合计大约 1400 元。购置农具则花费较大，如手扶拖拉机、旋耕机等，但是农机属于耐用品，既可以单独购买也可以合伙购买。

第三是关于每亩所需劳动力成本：修剪 2 个工/亩，工价 120 元/天（技术活）；绑枝 2 个工/亩，60 元/天（女工）；施肥 4 个工/亩，100 元/天；摘花 2 个工/亩，60 元/天（女工）；授粉 3 个工/亩，60 元/天（女工）；打膨大剂（蘸药）3 个工/亩，60 元/天（女工）；浇地 1 个工/亩，100 元/天；收果 4 个工/亩，60 元/天（女工）；其他（如除草、打药）6 个工/亩，60 元/天。总计每亩地需要 27 个工，折合为劳动力成本为 1940 元。若改为雇工，每亩地的雇佣劳动力成本为 2000 元左右，但是田家寨村绝大多数果农拥有猕猴桃果园不足十亩，所以基本不需要额外请劳动力，因此这一笔劳动力成本可以不计。但是田家寨村也有承包种植大户，其雇佣劳动力成本花费占较大比例。

(二) 生产前农业技术学习途径

猕猴桃产业扎根于田家寨村仅 20 年,真正大规模发展也仅 10 年有余,但是发展猕猴桃需技术支持,前期技术的缺乏也是阻碍大多数农户发展的障碍之一。田家寨村果农学习猕猴桃生产技术主要有 3 个途径:县乡农技推广服务、西北农林科技大学猕猴桃试验站技术服务和乡土专家示范户技术服务。

首先是县乡农技推广服务。政府机构农技服务主要通过县果业技术推广中心、县农业技术推广中心、农技站、农机站等农技服务推广部门来进行。政府农技服务体系具有公共性权威和政策宣传性,一方面既对农户提供直接技术指导,解决农户种植中的技术难题;另一方面又组织公共性农技推广培训活动,如请专家讲课对农户的技术培训等,自 2006 年后相关农技培训尤其多。县乡政府搭建的农技公共服务平台,是分散的农户学习猕猴桃种植技术十分重要的途径。县乡政府在技术推广服务中也扮演着中介角色,既自上而下地向农户普及推广农业技术,也会承接农户反馈上来的种植技术难题,如农户经常会拿着害病的叶子到政府部门寻求帮助,相关部门组织专门的技术力量来进行解决。县乡政府整合信息和技术力量对于培训果农,对区域性的猕猴桃产业健康发展作用显著,也是田家寨村果农学习技术的主要途径。

其次是西北农林科技大学猕猴桃试验站的技术服务。西北农林科技大学作为科研单位代表的是标准化技术支持,在田家寨村的猕猴桃种植技术学习中,西北农林科技大学试验站等研究单位发挥了巨大的作用。田家寨村对西北农林科技大学技术服务的认可以通过一件事佐证,村中 1 组的一条南北主干道取名“西农 1 路”,这足见田家寨村果农对西北农林科技大学猕猴桃试验站作用的肯定,用田家寨村书记的话说就是“猕猴桃种植技术上有西北农林科技大学支持还怕什么”。西北农林科技大学在眉县猕猴桃种植推广中的技术支持和新品种的推广促进了本地猕猴桃产业的发展。

再次是乡土专家和科技示范户的技术分享带动。县乡农技服务和西北农林科技大学推行的标准化技术,在进入村庄的应用中要解决如何被小农接受落地的问题,即从理论高度转为果农经验层面的技术,因为标准化技术的推广服务难以直接与小农对接,这就需要村庄里的乡土专家和科技示范户在农技推广中发挥作用。田家寨村的乡土专家和科技示范户大多种植猕猴桃较早，既有种植摸索的经验，也有参加政府农技培训的理论技术，他们对经验和技术的掌握都是比较到位的。而果农学习接受新技术是看着学，只要看到实际效果就会在农户中快速扩散，在乡村熟人社会中，农户既会向乡土专家和科技示范户主动请教，乡土专家和科技示范户也会在熟人中主动进行传播，在田间地头、在茶余饭后的农闲时间都是技术交流和学习的机会。乡土专家和科技示范户通过发挥乡土社会技术传播的作用和其本身的示范作用影响了一个村的猕猴桃种植技术水平，因此，拥有众多高技术的乡土专家和科技示范户的田家寨村成为眉县猕猴桃作务技术和产业发展最好的村。

二 猕猴桃产业的产中管理运作

（一）病虫害防治

猕猴桃在水果中有"维 C 之王"的美誉，但是营养成分丰富的猕猴桃也躲不过病虫害的侵袭，它的主要病症有幼苗病症、褐斑病、黄化病、溃疡病、根腐病等，因此猕猴桃种植尤其需要县果业技术推广中心和农业技术推广中心及西北农林科技大学的技术支持，但是这些病症目前仍然未能根除，只能在一定程度内进行控制。正因为目前做不到根除，就更需要去了解这些病症，进而可以对症下药进行控制。①

1. 猕猴桃幼果期病虫害防治

猕猴桃幼果期是多种病害侵染和害虫发生危害的高峰期。

小薪甲：全县有虫园率 60%，轻度发生，平均百果虫量 20 头。

褐斑病：全县病园率 8%。

叶片溃疡病：偏轻发生，病园率 100%，红阳中等偏重发生，徐香偏轻发生，海沃德轻度发生。

黄化病：全县病园率 60%，主要发生在渭河滩地、河谷阶地下湿地，10 年以上秦美品种老果园发生最重。

生理性叶枯病：全县病园率 55%，轻度发生。

具体喷药雾时间安排在早上 10 点以前或下午 4 点以后，要求无风、

---

① 关于猕猴桃病虫害参见眉县农业技术推广中心网（http://www.mxnjw.com）。

无露水。保证施药质量,确保均匀周到,特别是小薪甲多数藏匿在双连果缝隙处或果实萼片处,喷雾务必细致到位。除却喷洒药剂之外,还需疏除郁闭枝叶,改善通风透光条件,合理灌水,控制田间湿度,科学调节田间有利小生态,能有效减轻病虫害发生。

2. 猕猴桃溃疡病防治

猕猴桃溃疡病是一种低温、高湿性病害,病原菌为细菌,主要从伤口侵入,借助风、雨和嫁接、修剪等农事活动进行传播。若冬天气温偏高导致猕猴桃生育期提前,则溃疡病早发、重发,危害程度重。防治的关键技术要点为,一是提早预防,对于未发现病株和零星发病的果园采取药剂喷雾预防。二是重抓防治,要勤查勤看,对于重发果园,在做好喷雾的同时,对主枝、主干发病轻的采取保守治疗,及时彻底刮除病灶,涂抹药剂保护。三是刮剪具坚持消毒,避免交叉感染,对园内剪除的病枝和刮除的带病残渣,彻底清理并带出园外销毁,减少菌源传播。

3. 猕猴桃褐斑病防治

褐斑病主要危害叶片,是猕猴桃生长期严重的叶部病害之一,可导致叶片大量枯死或提早脱落,影响树势、果实产量和品质。发病部位大多从叶缘开始,初期在叶的正面呈褐绿色小点或在叶边缘出现水渍状污绿小斑,后沿叶缘或向内扩展,形成不规则大褐斑。正常气候条件下,病斑外缘深褐色,中部浅褐色至褐色;在高温高湿条件下,病情发展迅速,病部由褐色变成黑色。为害严重时,病叶大量卷曲、破裂、干枯、落叶满地。褐斑病防治一是要做好冬季清园,剪除病枝,连同落叶一起集中烧毁,减少越冬菌源。加强肥水管理,合理负载,增强树势,提高树体抗病能力。二是药剂喷雾防治。

4. 猕猴桃花腐病防治

猕猴桃花腐病属单孢杆菌属的假单胞杆菌,病原菌普遍存在于叶芽、叶片、花蕾和花中,一般在芽体内越冬。主要为害花和幼果,引起落花、落果或果小、畸形。病原侵入花芽,萼片出现褐色凹陷斑块,花瓣变为桔黄色。干枯后的花瓣挂在幼果上不脱落,病菌从花瓣扩展到幼果上,引起幼果变褐、萎缩、脱落。受害雌花花药和药丝变褐腐烂,为害严重时全部腐烂,花柱不发育变成褐色,开放的花脱落,个别花可发育成小果或畸形果。一般5月上旬开始发病,5月中旬为发病高峰期。尤其是现蕾至开花期温度偏低、遇雨或园内湿度大，发病重。防治时一是加强猕猴桃果园施肥管理，提高树体的抗病能力。春季以速效氮肥为主配合施用速效磷钾肥和微量元素肥；夏季以速效磷钾肥为主适量配合速效氮肥和微量元素肥；秋冬季深翻扩穴增施大量的腐熟有机肥，保持土壤疏松。二是适时中耕除草，改善果园环境，保持排水畅通，降低园内湿度。三是发现病花、病果时，及时摘除，带出园外，减少病源数量。四是药剂防治。

针对猕猴桃诸多病症的防治，除了县农业技术部门和西北农林科技大学的支持之外，村庄层面的乡土专家也摸索出了一些解决病害的办法，如田家寨村田振斌针对猕猴桃根腐黄化病的经验。他发现刚刚嫁接后的猕猴桃易发生根腐黄化病，比如在秦美上嫁接了徐香或者海沃德。他主张挖开根部，施入菌肥和农家肥等微生物肥，提出以菌治菌，即以菌肥的菌治腐根排出的陈茬菌，最后猕猴桃根部病变解决，那么黄化病也跟着解决，根深则叶茂，实验取得效果后，这一套经验也在田家寨村及周边村庄传播。

（二）田间生产管理

猕猴桃生产的果树管理可分为两大部分劳动，其一是种植前 3 年未挂果时的田间劳作，这期间针对猕猴桃的劳动不多；其二是从猕猴桃挂果期算起，每一个生产周期的劳作，直至 9 月下旬或 10 月上旬收果前的所有劳作。

剪枝，分为冬剪和夏剪，冬剪一般在 12 月和 1 月进行，猕猴桃冬剪主要是为保证次年猕猴桃挂果的高产量，留下一定量的结果枝，多余的全部剪掉；夏剪则是避免枝条过分生长而消耗树的营养成分，此时需要把养料留给果子。

掐尖，一般在开春之后，除去顶芽，避免枝条疯狂生长。

梳花，一般在 4 月中下旬，就是把多余的花蕾摘掉，只能留一个将来结果，如果太多了会影响将来挂果的质量。因为不仅产量重要，质量也要严抓，如果产品不符合客商要求，也就不能卖出去。

授粉，一般在 5 月上旬的时候进行，由于猕猴桃花期很短，最好在 3—5 天内完成人工授粉，所以必须抓紧时间。授粉可以说是良心活，授粉质量好坏直接关系到秋季果子的大小和果型，若雇人授粉，必须是值得信任的人。

灌溉,在以前是个非常重要的问题,因为水利灌溉设施不完善,但是随着高标准农田项目和农发项目的落地,现在田家寨村的水井完全覆盖各小组地块,果园灌溉没有问题。田家寨村部分果园在国土资源局高标准农田建设项目下已经建立了水肥一体化设施,灌溉和施肥一次性全部解决,既省力又省时间。

打药,一般每年需要打药5—6次,现在打药使用电动喷雾机,非常省人力,甚至在村承包给齐峰果业的农田可以实现无人机打药。但是分辨猕猴桃的病害和虫害则和果农技术直接相关,也直接决定用药次数和种类,因为猕猴桃本身很少有虫害,主要是病害。这也导致在田家寨村种植技术好的和技术差的在打药上差别很大。

施肥,通常一年施肥3—5次,视猕猴桃生长周期和长势来定,不同时期使用不同的肥,如化肥、有机肥和菌肥等,其中按照标准化生产有机肥需要坚持“吨果吨肥”原则。施肥过程一般使用拖拉机犁沟,再施肥于沟中,即一开沟,二撒肥,三掩埋。平均来说,每亩猕猴桃一年施肥开销需要4000—5000元。

采摘,一般在9月下旬和10月上旬,不同品种猕猴桃成熟期有差别,收果是整个田家寨村一年中相对来说最忙碌的时节。采摘既涉及销售环节,即只有联系好收购客商后才能摘果子,或者是和企业已经签订有收购合同的,在规定时间采摘,早采或违约合同不能保证猕猴桃可以被收购;采摘又涉及雇工或换工帮忙,因为一般情况下短期内自家人忙不过来,还要提防秋雨,采摘雇工价是男劳动力120—150元/天,女劳动力100—120元/天。

猕猴桃田间生产过程包括剪枝、掐尖、梳花、授粉、灌溉、打药、施肥和采摘等环节,对于小农户来说这些劳动投入的成本可忽略不计,但是对于大承包者和企业基地来说则不得不考虑劳动力成本。按照田家寨村户均6亩猕猴桃来算,若生产技术过关,那么一年可以收入10万元以上,这在田家寨村1组是很普遍的,这种收入水平对于农户来说已是富足的小康生活水平,远胜于外出务工。但是雇工或者企业经营成本有多少?我们来算一笔账。

田家寨村6组杜双绪承包了41亩地,再加上自己家的11亩,共计

52 亩地，在 2009 年全部种上猕猴桃，现在已进入丰收期，2015—2016 年一个生产周期共收入 43 万元，其中仅雇佣劳动力一项就花费 5 万多元，部分雇工生产花费如下：

剪枝，2016 年 2 月进行 15 天，共雇 8—10 人，工费每人 100 元/天。

授粉，2016 年春季进行 3 天，共雇 56 人，工费每人 80 元/天。雇工主要是来自南边靠近山脚下的果农，都是提前协商好的，因为那里地势高，猕猴桃花期稍晚。因为授粉直接关系果园产出，雇主需要监督，但是反过来讲，雇工若做得差必然影响其声誉，导致次年无人雇佣，所以授粉时雇工也有一定的自律性。

掐尖，一年 3 次，共雇 20 人，1 周左右，每人 100 元/天。

施肥，一年 4 次，由最初全部雇工改为自家人参与施肥。

打药，雇 30 人，1 周左右，每人 100 元/天。

这还不包括收果时采摘的雇工花费，也不包括每年 10 万元的化肥、有机肥和菌肥花费，以及灌溉等的花费，但从投入产出比分析，大户承包种植猕猴桃的成本高于小农经营，这也反映出在劳动力密集型的猕猴桃生产产业中小农户种植有合理性和持续性，小农户在田家寨村乃至眉县等其他地方猕猴桃生产中仍具有普遍性，其生产成本相对较低。

三 猕猴桃产业的产后销售运作

（一）鲜果直销

每年 9 月下旬和 10 月上旬猕猴桃成熟后，田家寨村的猕猴桃鲜果销售途径主要有三种。第一种销售途径是卖给前期签合同的齐峰等企业或者其他合作社，一般位于齐峰果业基地的订单模式下的果实都会由齐峰果业收购，但是为了保证果品质量坚决杜绝早采，直到 10 月 1 日国庆节前后方可采摘。在与齐峰果业签订单的田家寨村果农不必承担市场风险，这种订单模式下的猕猴桃由于前期的投入保障了果品质量，最后的销售针对的是高端市场，其市场价略高，这对企业和果农是双赢的选择。

第二种销售途径是由外地客商前来收购。由于一方面外来客商对本村本地的猕猴桃种植和果品不清楚，另一方面果农也需要中间人与外地客商沟通协商价格，因此，作为起到中介作用的代办顺势而生。代办要力争做到公平对待外地客商和果农，唯有公正才能将分散果农和收购商联系起来，也才能持续赚取经纪费用。由于客商对猕猴桃的品种、大小、果型等要求不同，这就需要代办对农户的情况做到知根知底，无论客商需要何种类型的果子，代办都要以最快速度找到合适的货源。眉县猕猴桃2015年年产量已经达到45万吨，而整个眉县共有冷库3100座，拥有21万吨的容量。外地客商收购量占整个眉县猕猴桃产量的一半以上，面对过半的巨大销售量，外地客商来收购鲜果目前是最主要的销售途径之一。

第三种销售途径是本地的鲜果收购商，他们既可以直接和果农对接收购，也可以通过代办的中介作用再收购。本地的鲜果收购商收购之后，一部分猕猴桃鲜果直接上市场销售，另一部分猕猴桃则入冷库贮存至春节前后再出库销售。

果农、企业或合作社、外地客商、代办、本地客商这几个市场主体不是相互独立的，他们之间的关系可表示如下：

果农—企业/合作社；

果农—代办—外地客商；

果农—本地客商；

果农—代办—本地客商。

田家寨村的果农首先有自家猕猴桃品质的保证，再加上这三种主要销售途径，基本不存在滞销的情况，当然随着其他销售途径的出现，田家寨村的猕猴桃销售蒸蒸日上。

（二）贮藏销售

贮藏销售就是在9月下旬和10月上旬猕猴桃成熟后存入冷库，暂不销售，等到春节前后猕猴桃价格上涨之后再出库销售的模式。整个田家寨村现在拥有80余座气调冷库，建冷库延缓销售即是在鲜果销售完而市场需求很大的时候再卖出。在猕猴桃鲜果售货时以市场价购入果子，或者把自己果园的果子存入冷库，待到春节前后看准行情再出手，以赚取因前后时间差带来的价格差获得利润。建冷库背后是市场利益驱动的结果，期待以高价卖出。但是冷库贮存销售是高收益和高风险并存的，首先需要对市场需求量有所了解，入库库存的果子要与当年市场需求相平衡，若是冷库库存量大于市场需求则会赔本；反之，若是市场需求量大于库存量则会大赚一笔。据调查发现，目前果农私人的冷库多数是赔多赚少,因为个体果农难以把握市场的瞬息万变;相反,企业的冷库销售模式下则是赚多赔少,因为企业有比较稳定的市场,它们对市场信息的掌握能力远远强于个体果农。

贮藏销售也是一把双刃剑,有利的一面是建设冷库贮存可以增加果农的预期收入,提高果农的心理预期,化解果农收获鲜果后的农户销售风险,因此建冷库可以得到政府政策支持和项目资助;但另一方面是果农贮存的猕猴桃等到春节前后上市再销售未必能卖到理想价格,仅眉县2015年的冷库库存容量即占到整个县猕猴桃产量的40%以上,如此庞大数量即使到出库时间也面临着激烈的竞争,因此错开时间销售和把握市场需求对果农也是一种挑战。再者,在冷库贮存阶段也有风险,如即使使用保鲜剂也不能避免出现一定量的坏果,此外购买制冷设备、电费、建库费用和机器费用等也是一笔不小的花费,因此也有果农选择租赁冷库,从而省去诸多麻烦。

田家寨村果农单家独户的贮藏销售还存在一个问题,即是与企业或合作社大量贮藏的猕猴桃存在着竞争,企业或者合作社有自己的猕猴桃品牌,也有自己稳定的销售市场,因此单家独户的果农虽然在贮藏销售时预期了高价,却未必能在市场中取得预期的收入。这不单是田家寨村果农贮藏销售遇到的问题,整个眉县单独贮存的小农户都面临着同样的问题。小农户若是不合作起来,形不成合力,即使有庞大的贮藏量,在市场上依然不能占据有利地位,也许会面临和鲜果销售时一样的被动,最终被动地接受市场的支配。倘若是这样的结果,也就可以理解果农抱怨贮藏销售也许还不如鲜果销售的收入了。

(三) 网络销售

网络销售是最近几年兴起的新型销售模式,在田家寨村发展势头迅猛,最重要的原因是网络销售价格比大宗出售的市场价高出一倍以上,即使扣除快递费也获利颇丰。先来分析个体农户的网络销售,其一,网络销售对果农有身份限制,在年龄上以年轻人为主,近几年田家寨村猕猴桃收益越来越好,吸引了本村大学生回潮,这促进了田家寨村的电商发展,本村的网络销售也以年轻人为主;其二,朋友圈和人际关系限制,田家寨村个体农户从事网络销售多是通过微信朋友圈或微店形式,而非在淘宝、京东等大的购物网站开店,因为在购物网站开店经营费用过高,因此,在外上过大学的年轻人交际范围的广度直接影响其网络销售效果;其三,最重要的是果农的猕猴桃品质保证,整体而言,田家寨村的猕猴桃品质在整个眉县都不逊色,因此拥有优质的猕猴桃也是网络销售的前提保障之一。田家寨村个体果农的网络销售一般以鲜果期为标准,9月下旬和10月上旬是最好的销售期,也有部分入库后陆续销售的,但是果农也深知入库冷藏的猕猴桃口感和品质与鲜果相比有差距,所以果农多选择鲜果期从事网络销售。

田家寨村也有个体果农专门在淘宝网上开店从事经营的,据村民说2016年的销售势头非常不错,但是也存在快递运输途中因挤压而出现坏果的情况。尤其是在"双十一"物流爆仓时,出现了多数快递都不承接猕猴桃等水果业务的情况,即使承接猕猴桃的单子也是延期发货,避开物流高峰。

还有就是村中的合作社从事的网络销售,合作社一般以规模化的形式出单发货,在量上远大于个体农户,因其一般都建有冷库,可以较长时间地持续进行网络销售。

网络销售极大地拓宽了农户的销售渠道和销售市场,而且省去了中间环节,果农和消费者可以直接对接。如此一来,消费者不仅可以及时尝到最新鲜的水果,而且在价格上相对于经过层层市场和收购商转手的价格更实惠,只要信息范围广,全国各地的消费者都可以通过网络平台直接向果农购买水果。网络销售模式尽可能地扩大了眉县猕猴桃在全国范围内的知名度。

但是,猕猴桃的销售又不能完全依赖网络销售模式,它并不是完全有保证的,对于需要保鲜的猕猴桃来说,没有冷库的话意味着它的销售只能是阶段性的,网络销售模式要持续就离不开冷库的支持。因此,网络销售模式只是为猕猴桃销售打开了一种新渠道。另外,网络销售模式针对的消费人群是城市人和年轻人,其所面对的市场风险和市场逻辑依然存在,而且它不能从根本上解决销售的风险问题,大宗的销售还是需要依靠大型而稳定的客商和企业收购,一家一户的果农毕竟没有企业等抗拒市场风险的能力,但是网络销售模式不失为一种新兴销售模式。

(四) 延长产业链销售

田家寨村从猕猴桃的种植到推广扩散,乃至到销售,都是相对成熟的，但是整个猕猴桃产业的发展都集中生产和销售方面，而对于猕猴桃深加工的侧重比例不算大，甚至目前整个眉县的猕猴桃产业链都较短。即使是眉县最大的猕猴桃果业——齐峰果业——也更多的是集中在生产和销售环节，而忽视了对猕猴桃深度加工进而延伸产业链条。

对猕猴桃产业链的延伸如加工猕猴桃果脯、猕猴桃汁、猕猴桃酒等，都可以较大地增加整个猕猴桃产业的附加值，也就是说，如果能将猕猴桃种植特色深化发展成为完整产业链，发挥集群效应，必将会极大地促进眉县经济的发展。但是有一点需要指出，无论是猕猴桃的果品销售，还是猕猴桃产业链加工销售，都必须严格重视和保证猕猴桃的品质和安全，这样才能维持产业的长远发展。关于猕猴桃深加工产业链延伸，眉县可以继续借助西北农林科技大学的科技资源，如葡萄酒学院和食品科学学院等的技术优势和资源支持，从而实现眉县猕猴桃产业的升级再造，使得眉县猕猴桃效益再上一个新台阶。

随着猕猴桃产业从生产、加工再到销售的产业链的延长，田家寨村乃至眉县将不再局限于农业的产业升级，还将发展成为与工业、第三产业协调融合发展的增长点，这也将成为眉县经济增长的特色。

第五节　田家寨猕猴桃产业发展对村庄变化的影响

一　经济层面

田家寨村自 2006 年全村大规模发展猕猴桃产业以来，恰逢眉县政府与西北农林科技大学联合实施了"眉县猕猴桃产业化科技示范与科技入户工程"。首先，在猕猴桃种植技术上有了可靠的保证；其次，可以充分发挥后发优势，跳过秦美老品种直接采用徐香和海沃德这些市场潜力大的新品种；最后，恰巧遇上比较景气的猕猴桃市场收购环境，搭上了眉县产业发展的致富快车。可以说，田家寨村发展猕猴桃产业具备了天时、地利、人和的条件，截至 2015 年底，田家寨村仅猕猴桃一项，就实现了人均年收入 15232 元，位列眉县各村人均收入第一。

然而，田家寨村经济面貌的改变也经过了很多曲折。20 世纪 90 年代，田家寨村在产业结构调整中摸打滚爬，历经辣椒和苹果等多种经济作物的尝试依然没有找到致富路。当时田家寨村村民连吃水问题都无法解决，房屋建筑仍是 70 年代的土木结构，村中道路都未硬化，村两委也根本没有办公场所。而经过十余年的猕猴桃种植，田家寨村的村民富裕了起来，经济收入大幅度提高。在家庭层面，各家各户都已是两层小楼并排并肩，室内现代家具、家电应有尽有，与城市居住环境不分伯仲，并且小汽车普及率相当高，在眉县县城有房产的人也不在少数。在村庄层面，首先，道路已经硬化到各家各户门前，路灯、花坛非常健全；其次，在建的田家寨村社区服务中心功能更加齐全，涵盖了村两委办公室、医务室、幸福院、村公共娱乐休闲中心等；最后，基础服务设施如自来水管道和天然气管道已经通到每家每户。整个田家寨村村容村貌焕然一新，连续两年被评为"城乡环境综合整治示范村"，而这皆归因于猕猴桃产业对村域经济的提升。

田家寨村也存在个别贫困户，主要是孤寡老人，他们要么是年老体衰丧失劳动力，要么是因病卧床，村两委按照精准扶贫要求给予针对性扶贫帮助。村两委始终秉承田家寨村共同致富的理念，绝不丢下任何一个困难户，坚持共同富裕。在村内各组之间虽然有先发和后发区别，但是先发展的 1 组积极示范带动其他组，尤其是在猕猴桃种植技术上主动交流分享经验。据村庄统计数据显示，2016 年 2 组家庭收入突破 10 万元的户数已经赶上 1 组，3—7 组两三年之后也会追上去，到那时田家寨村才是真正的全面开花式的经济富村，村庄将极大地缩小内部经济差距，与城市居民生活水平差距也将缩小。在田家寨村，若有良田猕猴桃十亩，又何羡慕城市生活，因为村民的猕猴桃产业收入已经高于眉县工薪阶层的年收入。这在田家寨村是真实的，有汽车方便进城，有和睦的邻里关系，有农忙农闲不同时节，有家乡的山山水水，在这富裕经济生活方式下，田家寨村的村民早已过上城镇化的富足生活。

二　村庄人口结构层面

在工业化的推动下，我国城市化正在加速发展，直接结果即是农村青壮年人口不断进入城市，导致农村青壮劳动力严重流失，农村人口出现老龄化、空心化的趋势，村庄人口年龄结构失衡，以至于滞留在农村的妇女、儿童和老人被称为"386199"留守部队。没有年轻一代的支持，意味着农村失去了发展的潜力和后劲,这样的村庄又怎么有发展的活力?
农村留不住年轻人,对中西部农村发展是致命打击,没有合理的村庄人
口结构,更不要奢谈新农村建设的持续发展。

　　然而,在田家寨村我们却看到另一番景象,得益于猕猴桃产业欣欣
向荣带来的丰厚回报,很多本村年轻人,甚至是部分大学生愿意回村创
业,这在眉县猕猴桃产业发展好的村庄表现较为显著,这是猕猴桃产业
带来的意想不到的成果。因为猕猴桃产业首先在经济收入上是高回报,
只要精心打理,就会比在外务工收入要高;其次种植猕猴桃远比在外务
工自由,在这种自由的生活方式下,村民可以自己决定自己的生活节奏,
安排自己的工作时间和闲暇时间。而年轻人进城工作,一来看重相对的
高工资,但是生活压力也大;二来看重城市生活方式的舒适方便,但田
家寨村猕猴桃产业既带来丰厚收入又因为地理位置优越可以方便进城,
满足了年轻人的需要,这正是年轻人回流的关键原因。田家寨村有了年
轻人的参与,对村庄来说,村庄治理就有了活力,产业发展也有了无穷
动力;对家庭来说,中青老少齐全才是完整的家庭,而不是逢年过节时
的临时团聚;对村庄人口结构来说,有了年轻人才是合理稳定的结构。

　　年轻人不但是田家寨村村庄人口结构中重要的一环,他们的回流也
迅速促进了村庄产业的发展,如近几年大规模兴起的电商和微商等网络
销售模式即是年轻人回流直接发起和带动的,年轻的一代人是田家寨村
未来产业发展的希望所在。年轻人回村创业是第一步,下一步则需要村
两委制订工作计划留住年轻人,把年轻人的创业规划与整个村庄发展结
合起来,使得年轻人肩负起田家寨村产业发展的重任。而年轻人也要敢
于担当,勇于挑起祖祖辈辈生活的村庄发展的大旗,爱故乡不是一句空
话,是要有敢作敢为的行动,踏踏实实地接过村庄产业发展的接力棒。

三　村庄家庭结构层面

　　田家寨村年轻人回乡创业不但使得村庄人口结构趋向完整,更使得
村庄的家庭结构变得完整。田家寨村之前和广大中西部农村一样,年轻
人外出务工带来的直接结果在家庭层面即是出现诸多的留守儿童、空巢
老人。一方面孩子的成长受到影响,留守儿童极易成为问题儿童;另一
方面是空巢老人内心的孤独寂寞,天伦之乐只能停留在想象上。目前,

田家寨村猕猴桃产业蓬勃发展吸引年轻人回流,使得不完整的家庭结构慢慢地改善。

田家寨村年轻人回乡创业使得家庭结构完整的第一个好处,即是家庭关系和睦。首先是夫妻关系,之前大多是青年男子外出务工,留下妻子照顾老人孩子和务农,夫妻长期异地必然影响夫妻关系,出现争执乃至离婚时有发生,现在年轻人回乡创业将会改善夫妻之间的关系。其次是与父母的关系,不说其他,国家层面把常年外出子女常回家拜望陪伴父母写进法律,背后已经说明目前子女与父母的关系存在问题,所以田家寨村年轻人回乡创业对改善其与父母关系的作用不言而喻。中国人重伦理,二十四孝的石刻雕塑在金渠镇南北主干道上赫然矗立,田家寨村青年人回乡就不再让孝文化仅仅是字面上的,避免了更多的"子欲养而亲不待"的现象。最后是年幼的孩子与年轻人的关系,年轻人回流不再让留守的孩子对父母望眼欲穿,父爱不再缺失将对孩子的健康成长发挥重要作用。

田家寨村年轻人回乡不能仅仅停留在完整家庭结构层面,这不是初衷,也不是目的。年轻人回乡是为了让田家寨村的猕猴桃产业发展得更好,比如说创办家庭农场,改变分散的种植模式,这样可以更好地促进猕猴桃种植的十大标准技术的推行,年轻人毕竟是新事物的最先接受者,他们敢于创新,敢于革新,他们的回归为田家寨村的猕猴桃产业的发展注入了新的活力,至于最终结果如何,让我们抱以期望,拭目以待。

四 村庄社会秩序层面

在中国,竞争无处不在,而在村庄层面恐怕没有什么可以比对村两委职位的竞争更加激烈的了,村庄里派系的影响无处不在,以村庄权力为中心的派系斗争更是此起彼伏。田家寨村的"政治精英"也与其他村庄一样进行着以村庄权力为目标的争斗,现任村两委成员坦言在 2005 年以前,田家寨村围绕村庄权力的斗争复杂,一波未平一波又起,村两委无暇顾及村庄的发展,田家寨村一度也成为眉县的问题村,以至于县乡政府多年未能涉足该村。但是自 2006 年起新一届村两委干部上台之后,把田家寨村的经济发展工作放到首位,确立了以猕猴桃产业为振兴全村经济的策略,该届村两委坚持全心全意为人民服务,贯彻党的群众路线,十年来始终把群众利益放在首位。新的村两委十年的辛苦努力让田家寨村发生了翻天覆地的变化,田家寨村从问题村转变为眉县的模范村,只是偶尔发生一些小争执,由于村组领导的威信和调解能力大幅度提升,目前已经可以做到小事不出组,大事不出村;从贫困村变成了富裕村,这也进一步促使2015年田家寨村的人均收入跃居眉县农村人均收入前列,这与十年前真是天壤之别。

在田家寨村村庄秩序层面,猕猴桃产业带来的变化更是不胜枚举。田家寨村之前的上访案例不在少数,而今的村庄治理清楚明了,上访者少之又少,这与新一届村两委成员主动关心群众疾苦,化解村庄难题直接相关。之前村民对村两委的不满,不仅仅是因为各派之间的斗争,更多的是对村两委不作为的不满,如道路、农田基础设施落后,而这些在近十年来都已经得到全面改观。新一届村两委为田家寨村村庄猕猴桃产业的十年努力深得老百姓认可,即使是之前的派系反对者对本村十年来发展所取得的成绩也是暗自佩服,整个田家寨村的村庄秩序焕然一新。田家寨村猕猴桃产业的发展不仅带来了村庄经济的富裕,更带来了村庄秩序的稳定,也带了村庄持续发展的动力和希望。

第六节　田家寨猕猴桃产业持续发展建议

一　产业现状及潜在问题

(一)标准化技术未能全面实施

田家寨村的猕猴桃种植管理技术整体上处在眉县前列,但是村内各组之间的猕猴桃种植技术差异依旧较大,如后发展的小组和先发展的1组之间的差距;不同果农之间的猕猴桃种植技术差异也很大,如普通果农和乡土专家及科技示范户之间的差距。虽然各种技术培训已经进行多年,基本的种植技术果农已经习得,但高标准的技术大多数果农未能掌握,导致果农的技术水平依然参差不齐,制约了标准化技术的实施。十余年来,猕猴桃科技入户工程工作组开展抓建示范户和示范园,果农生产技术确实普遍提高,但还不能覆盖到所有农户,标准化生产技术还不能在田家寨村乃至全县所有果园完全实施,水肥一体化、果园生草等技术推广速度很慢，即使是示范户的标准依然不高，田家寨村在猕猴桃种植的标准化技术上还有很长的路要走。

田家寨村发展猕猴桃的地方标准不能完全满足眉县产业发展的需求，尤其是面对出口等高端市场需求，以齐峰果业的有机基地和千亩优质猕猴桃生产基地为主，无公害和有机猕猴桃生产的标准应是田家寨村产业的方向。当下，眉县正在努力建设全国绿色食品猕猴桃标准化生产基地、创建全国出口猕猴桃质量安全示范区，但是眉县出口猕猴桃标准和绿色、有机猕猴桃标准还是空白，生产企业尚没有建立自己的生产标准，对眉县猕猴桃产业转型升级形成制约。在猕猴桃的种植生产环节，田家寨村理应抓住 3000 亩优质猕猴桃生产基地和与齐峰果业的地缘优势，把猕猴桃生产的"十大标准化技术"落实到位，发展高品质的有机猕猴桃产业，敢为眉县先。

(二) 病害药害未能根本解决

在种植环节，田家寨村的猕猴桃与其他村庄的猕猴桃同样面临着猕猴桃细菌性溃疡病，这是世界性难题，仍呈持续蔓延之势，仍是猕猴桃种植的最大威胁。只不过猕猴桃的细菌性溃疡病在红阳品种上表现得更突出，而田家寨村以徐香和海沃德品种为主，受此病害影响小。其次，田家寨村在猕猴桃种植过程中，不可避免地也受到黄化病、叶斑病、根腐病等的侵扰，这些病害严重影响果农的经济效益，目前虽不能根除，但是可以提前预防进而把影响降到最小。再次是植物生长调节剂的影响，它在果农中被称为"膨大剂"，经过调查发现，植物生长调节剂在国外的猕猴桃种植中也在可控范围内使用，适当使用不影响猕猴桃的品质和口感。也许是国人对食品安全的神经过于敏感，对"膨大剂"谈虎色变，听到即是咬牙切齿、深恶痛绝。其实只要合理控制植物生长调节剂的使用量，它对猕猴桃的生长仅仅是起到植物营养液的作用，而非如谣传的那么严重。

在贮存环节，冷库保鲜剂的使用要严格遵照标准，不是保鲜剂使用得越多对猕猴桃的保鲜效果越好，在冷库初建时期，田家寨村的果农也存在保鲜剂滥用问题，保鲜剂滥用会严重影响猕猴桃的果品质量安全，严重地讲，倘若早采让 1/3 的消费者对猕猴桃失去信心，那么保鲜剂过量使用会致使剩余 2/3 甚至所有消费者对猕猴桃失去信心。现在早采在田家寨村已经得到全面的控制,果农也认识到早采的危害,故早采在本村已不是问题,但在储存保鲜的过程中,仍然需要建立科学的指导培训方案、严格合理的制度和不同层级的监控措施。

（三）果农素质仍需提升

毋庸置疑,猕猴桃产业已成为全县农民增收的主导产业,但是产业大,存在的风险也大。在田家寨村,猕猴桃收入更是占据果农家庭收入中的绝对优势地位,一村一品虽然具有规模化优势,但是也具有产业单一化的风险。化解风险的途径是提高猕猴桃产业从业人员的素质,尤其是要提升种植环节果农的素质。不论是在田家寨村,还是眉县其他村庄,在市场利益驱动下,部分果农对果品质量安全认识不足,单纯追求产量和效益,在生产中不按照标准化技术规程作务,盲目追求产量致使果树连年过量负载,导致果树早衰,早采现象则降低猕猴桃果品品质,乃至影响"眉县猕猴桃"品牌声誉。

不论是田家寨村的果农素质提升,还是整个眉县果农素质提升,最关键的是促使传统农民向现代职业农民转变,果农从被动接受市场竞争、被动与技术专家沟通、被动与企业打交道向主动型转变,树立起果农的主体意识,积极学习和接受新事物。在现代职业农民培训上,眉县农广校这些年一直在不断努力,但是对全县的覆盖面依然需要加大,而中年及老年农民要摆正观念,跟上新的猕猴桃种植、销售等步伐,主动提升自身素质。

（四）猕猴桃品牌需要继续提升

眉县经过多年的猕猴桃品牌培育和宣传推介,"眉县猕猴桃"知名度有所提高,例如在"2015中国品牌价值评价信息发布会"上,"眉县猕猴桃"是唯一上榜的猕猴桃品牌。但是也应看到,眉县猕猴桃作为公共品牌,其影响力与安溪铁观音、盘锦大米、西湖龙井等品牌相比还有差距;在国内外市场猕猴桃品牌中,消费者对眉县猕猴桃的认知度还不高,与新西兰的佳沛品牌相比较,还有很大差距。品牌战略的背后需要眉县猕猴桃过硬的品质保证,尤其是需要数十万眉县果农的高标准生产作务的支持,田家寨村作为眉县优质猕猴桃生产地,更应该为品牌的建设添砖加瓦。

其次,支持龙头企业如齐峰果业等加快品牌建设,支持鼓励诸多合作社开展有机猕猴桃、绿色食品基地认证，建立健全生产、贮藏、销售等环节记录管理制度，完善质量安全追溯体系，提高产品质量。但是，不是要求各企业和合作社相互恶性竞争，而是既要和眉县广大果农一起开展标准化生产新技术的推广应用，共同践行生产标准，提升产品质量档次，也要逐步扩大精深加工产品比重，拉长产业链，实现猕猴桃产品系列化。眉县猕猴桃品牌的提升需要田家寨村果农在种植环节不断努力、需要合作社和企业的品牌引导和农资等服务、需要政府的政策项目的大力支持、需要高校等科研主体的现代化技术支持，多元主体的深度融合成为眉县猕猴桃品牌走向中国和世界的不二选择。

二　产业未来发展策略

（一）观光园、采摘园发展模式，第一、第二、第三产业结合道路

田家寨村现在已经拥有 3000 亩优质猕猴桃生产基地，如何将这一亮点打出去，也是村两委思考的问题。做田家寨的优质猕猴猴还要靠果农，但是要打出田家寨村的招牌，第一是必须把分散的果农组织起来，以合作社的形式组织果农，将他们拧成一股绳，执行统一的种植标准，生产出市场需求的高标准果实，或者是依托与本村关系密切的齐峰果业，以企业的标准进行生产整合，这些都是千家万户的果农需要克服的；第二是田家寨村果农的观念必须转变，种植、生产、管理全过程必须以品质和标准化为目标，猕猴桃已经成就了田家寨村经济富裕，下一步必须转向安全的持续性发展，否则之前的苹果、辣椒就是前车之鉴，村两委不能停滞发展的步伐，果农也必须居安思危，不能安于现状；第三是鉴于眉县上百家合作社百花齐放，田家寨村的猕猴桃相关合作社要借鉴它们成功的经验，做好服务性工作，密切与果农的关系，真正起到致富带动作用，期待品牌带动作用。

根据田家寨村村两委的产业规划，未来 3—5 年，将在田家寨村 1、2组发展面积不少于 800 亩的观光示范园，利用其沿 310 国道的交通便利优势发展观光农业，为外面来的消费者提供猕猴桃果园休闲旅游观光去向，为采摘旅游、农家乐旅游奠定基础；在田家寨村 3—7 组发展创建面积不少于 2000 亩的海沃德、徐香猕猴桃标准化生产基地，保证高标准、高质量猕猴桃果园基地；利用和齐峰果业的地缘亲近关系，依托齐峰果业的

产业优势提升本村猕猴桃产业发展,形成以种植猕猴桃主导产业为主的新高度。

对于本村第一产业和第三产业的融合发展,村两委踌躇满志,如规划中的种植观光园和旅游结合发展。举个例子,城市居民可以来田家寨村的观光果园旅游参观,可以对自己满意的果树指认,提前和果农签订购买这棵猕猴桃树的成熟果子,按照其所要求的种植标准委托给果农管理,到秋季成熟季节按照合同采摘购买。这样一来,消费者亲自和果农签订购买协议,保证了果农按照自己的要求种植,可以放心地买到高品质的安全猕猴桃,同时也带动了田家寨村以农家乐为主要形式的旅游业,既沟通了消费者和生产者,又融合了第一产业和第三产业协调发展,何乐而不为呢?第一产业和第二产业协调发展,田家寨村和猕猴桃加工企业打交道已多年,从眉县猕猴桃的种植到猕猴桃的加工历来不缺田家寨村的身影,比如田家寨村可以直接向眉县的恒兴果汁厂和合德堂果汁厂提供优质的有机猕猴桃原果,保证高品位的产品。

(二) 组织起来

田家寨村拥有 3000 亩优质猕猴桃生产基地,也处于眉县猕猴桃的高价位区,但是在田家寨村猕猴桃种植的"十大标准化技术"推进的过程很艰难,即便拥有优质猕猴桃的果农依然在市场上不占话语主导地位,归根结底是田家寨村的果农没有组织起来,依然是分散的、个体的。猕猴桃标准化的技术、猕猴桃企业的生产标准和市场需求的高标准在新西兰可以实现,那么猕猴桃种植的"十大标准化技术"在田家寨村也可以实现,关键是如何把分散的果农组织起来,否则再先进标准的技术,即使是眉县果业部门和西北农林科技大学专家共同制定的技术,在面对千家万户的果农时,执行起来依然是乏力的。因此需要借助村庄内部资源把果农组织起来,合作社作为经济组织是不错的选择,但是合作社要真正运转起来,激发果农的积极性和主动性,真正把果农团结起来,而非只是从事收购,合作社只有立足于服务广大果农才能真正调动果农、团结果农、组织果农。

另一种组织起来的途径是与企业的合作,如田家寨村与齐峰果业签订订单。在这种订单模式下,通过企业把签订订单的果农组织起来,果农按照与企业签订的协议,进行企业要求的标准化生产,企业遵照协议的承诺收购果农的猕猴桃。在 2015 年之前，田家寨村的果农与企业虽然签订单，但是关系不紧密，果农也没有实质性地组织起来，果农和企业之间的关系仅限于收购猕猴桃的关系，其他方面的联系不多，以至于双方之间都存在一定比例的毁约现象。自 2015 年起，尤其是 2016 年，齐峰果业为田家寨村签订单的果农提供了更多服务，如农资农肥、花粉、技术指导等，这加深了果农与企业的感情关系，在实质性服务的推动下，与企业签订单的果农也被实质性地组织起来，果农与企业结成了一个利益共同体。在企业服务的参与下，果农被组织起来，果农的集群减少了企业要求的标准化生产阻力，也促进了签订单果农的有机标准化生产。

（三）继续培育果农

首先是加强诚信教育培训。诚信，不单单是猕猴桃收购商要做到的，也是田家寨村的猕猴桃果农，包括眉县乃至全国的果农需要坚持的，这是进入市场公平持续竞争的通行证。这里有一个血淋淋的教训值得反思，那就是眉县"幸福洋"猕猴桃专业合作社与果农打交道的历史。眉县"幸福洋"品牌猕猴桃曾经荣获"中国著名品牌"，它常年邀请西北农林科技大学专家教授、市县专业技术人员、乡土人才进行现场指导，定期开展技术培训，对果农更是给予优质的农资农肥补偿，使得果农生产的猕猴桃质量得到明显提高。但是到收购时节，果农在高价收购的诱惑下把残次果混入其中以次充好，虽然暂时获得高额回报，但长远看，不但是对该合作社的致命损害，对其自身的猕猴桃种植也是百害无一利，最终加上"幸福洋"猕猴桃专业合作社自身管理不善和资金链断裂致使合作社走向了举步维艰的处境。在这个案例中，部分果农以次充好的欺诈式交易，充分说明部分农民在利益面前经不起诱惑，为此，开展对果农诚信教育迫在眉睫。前车之覆是"幸福洋"猕猴桃专业合作社的历史，倘若不提高果农的诚信意识，谁敢保证不会出现因果农因素导致果品质量差而倒下另一个合作社或企业。

其次是加强果农品牌意识培训。眉县从 2012 年至 2016 年，已经连续5 年成功举办中国陕西（眉县）猕猴桃产业发展大会；2012 年至 2014 年连续 3 年在台湾地区举办"陕西眉县猕猴桃推介会"；连年参加中国—东盟博览会、中国国际农产品交易会、全国名优果品交易会及中国—亚欧博览会等大型推介会。眉县猕猴桃受到中央电视台多档农业节目、凤凰网、新华网等知名传媒的关注，品牌影响力显著提升，培育了"齐峰缘""眉香金果"等陕西猕猴桃名牌。2015 年，"眉县猕猴桃"农产品地理标志示范样板创建顺利通过农业部验收，被农业部授予"国家级农产品地理标志示范样板"，被国家质检总局、中央电视台、中国国际贸易促进会、中国品牌建设促进会等权威机构评定"眉县猕猴桃"品牌，价值达 91.50 亿元，在 27 个初级农产品类地理标志保护产品中名列第 18 位。眉县猕猴桃的品牌价值是从高品质的猕猴桃保证得来的，因此从事猕猴桃种植的果农肩负的责任就更大了。田家寨村的果农和眉县广大果农务必珍视猕猴桃品牌，铭记"千里之堤，溃于蚁穴"的教训，眉县猕猴桃品牌创立艰辛，但是毁灭却可以在一朝一夕之间，从猕猴桃生产的源头上培育果农品牌意识不可或缺，只有千千万万的果农重视品牌，整个眉县的猕猴桃品牌才可以长久持续。

第 八 章

推广改变社会：李魏村篇

第一节 李魏村村庄概况

李魏村隶属于陕西省宝鸡市眉县横渠镇，位于宝鸡市、咸阳市和西安市三地交界之处，北靠杨陵农业高新技术示范区。李魏村原名魏家堡村，是由李家庄、魏家堡和梁家庄三个自然村组成的行政村，1995年以后魏家堡村以自然村为单位分成了三个行政村，由于李家庄和魏家堡两村土地接壤，村民之间血亲和姻亲关系盘根交错，李家庄与魏家堡在2005年两村合并成为如今的李魏村。李魏村现有586户，2280口人，分为5个村民小组，1—3组在李家庄，4—5组在魏家堡。全村人口的空间布局呈现出以年龄为分水岭的在村人口务农人口和外出打工人口两级分布，其中约有40岁以上的1600—1700人在家务农，20—30岁的300—400人在北京、上海、深圳等大城市打工。李魏村共有5000亩耕地，均为旱地，此外，村集体机动地面积700亩、每个村民小组机动地面积100亩左右。村庄的农业经营方式以小农经营、耕种自家承包地为主，户均承包面积约10亩，种植规模分化非常小，大部分维持在5—10亩，少数农户（每组约4—5户）由于家庭人口较多或因承包机动地而种植面积较大，最大的有20亩左右。种植的主要是猕猴桃、苗木和李子等经济作物，其中猕猴桃种植面积1500亩，苗木种植面积1500亩，李子300—400亩，猕猴桃和苗木基本上每家每户都有种植。

陕西关中的农民由于村落认同感较强，村民小组治理传统保留至今，因为每组仍有小组会计和小组出纳等职位，故而为小农经营提供了一个扎实的组织基础，具体表现在土地分配与农业公共品供给上。在土地分配上，小组内部特别强调公平原则，无论承包地还是机动地都呈现均衡分配。2003 年以前，各村民小组已形成"生增死减"的土地调整共识，每 5 年或者不定期地根据人口变动情况进行土地调整，虽然 2003 年后由于政策因素未进行过土地调整，但是总体的承包地分配格局仍然较为平均。在机动地承包方面，村民小组面向组内村民依据承保人数确定承包面积，农户在土地承包方面没有出现内部分化现象，大部分村民的承包面积是 1—3 亩，只有少数达到 5 亩或 10 亩。此外，小组机动田的承包也主要面向组内村民，承包面积根据承包人数来确定，确保所有想要承包的村民都能承包到土地，机动地的承包未造成农户在土地分配上的明显分化。在农业公共品供给上，村民小组能够满足当地因经济作物的种植对水利灌溉和交通设施的高需求。小组的机动地承包收入加上村里争取的项目资金有效解决了供给公共品的资金问题，在水井处设置专门负责水费收缴和设备维修的管水员，让农户井然有序地取水灌溉，解决了水利灌溉的问题。李魏村小组组织实体的存在既保证了土地分配的公平性，防止了农户经营规模的分化，又解决了小农经营的外部组织问题，为一家一户的小农经营创造了一个良好的外部基础。

第二节　农技推广与村庄猕猴桃产业发展

一　农技推广

在李魏村推广的农业技术主要涵盖猕猴桃的品种选择、种植技术、管理技术、病虫害防治技术等方面。其中在品种选择方面，农户种植的最主要品种为徐香，其次为秦美、海沃德、亚特等品种，除了秦美为本地品种以外，其他品种都是从外面引进来的品种，徐香是从江苏引进的，海沃德是从新西兰引进的。种植技术主要包括栽种、嫁接、绑枝等技术，这主要是在猕猴桃的生长初期即挂果前所需要的技术；管理技术主要包括授粉、修剪、掐尖、梳花梳果、施肥等技术，这些主要是挂果期间管理果树所需要的技术，以控制产量和果形。病虫害防治技术则是指对病虫害的诊断和用药技术，主要是为了减少病虫害造成的损失。因此下文主要介绍推广技术的传播和农民的掌握情况。

（一） 品种选择

因为农民对市场效益很看重，种植品种主要依靠西北农林科技大学高校研发和政府推广，由农户根据市场对品种的接纳状况决定。以徐香为例，作为由政府果业部门引进的品种，其推广速度远快于民间推广的秦美，在口感上也优于秦美。虽然如此，其推广速度依然受市场因素影响，由于前期市场接纳度不高等原因，徐香从 20 世纪 90 年代引入眉县后直到 2008 年才在全县范围内代替秦美被全面推广。

（二） 种植技术

从 80 年代猕猴桃产业起步至今，种植技术基本没有什么变化，它不是影响猕猴桃产量的核心技术，农户主要通过亲戚朋友从外地学习或者用村庄内部的熟人社会关系相互学习的方式掌握相关技术，种植技术难度并不大，农户之间的技术分化也很小。

（三） 管理技术

在果树挂果的前两年，产量会连续翻番，第三年进入产量稳产期。在这两年里，果少树旺，管理难度较小，对技术的要求也不高。等进入产量稳产期后，管理技术的重要性才凸显出来。管理技术是一项综合性技术，其最终的目的是在维持单果质量的基础上让产量最大化，同时要将产量维持在果树的承受能力之内，主要的途径就是做好修剪、梳花梳果等环节。政府和西北农林科技大学猕猴桃试验站的农机培训侧重培训这项技术，不仅因为这项技术对产量有重要影响，而且农户之间在此分化较大，掌握得好和掌握得差的农户均只是少数，大部分农户的水平都处于中游，相差不大。

（四） 病虫害防治技术

病虫害防治的主要目的不是增进质量或提高产量，而是防止损失。虽然对于一些常规性的病害，农户都掌握了相关防治技术，比如防螨虫和红蜘蛛，但是，对于一些新出现的病虫害，农户由于缺少相关知识，难以通过症状诊断出病因并对症下药，只能求助于农资店。而农资店的解决方式并不能保证解决问题，尤其是比较严重的病虫害。当前困扰农户最严重的两种病害是黄化病和溃疡病，农户称其为猕猴桃的"癌症"，一旦得病就很难根治，因而只能侧重于预防，而预防的效果并不佳。农户中间，能够根据症状诊断出病因，并针对性用药的只是少数人，本村大部分农户都是通过农资店来应对。而随着猕猴桃种植面积的扩大,病虫害出现增多的趋势,打的农药也越来越多。以前只需要打两遍药,防螨虫和红蜘蛛;现在则至少要打四遍药,多出来的两遍药主要是防新出现的花腐病和溃疡病。

二　技术传播途径

目前,在小农经济体系中,猕猴桃种植管理技术的传播路径主要有以下三种途径,即政府培训、农资店咨询和乡土社会自发传播。

(一)政府培训

政府培训的组织体系在以前主要是由乡镇设立的专门的农技站负责,农技站的业务和人员由县农技站直接管理,工资则由乡镇负担,农技站人员专职负责农技推广,不承担乡镇的其他工作。现在农技站已经撤并到了乡镇上,人员编制也归入乡镇,镇上负责农技推广的主要是农业综合服务站,该站现在共有 5 个人员,所有与农业、林业相关的业务都归其管理,农技推广只是其业务之一,其中专门负责农技、农机推广的 2 名人员同时承担其他工作,并非专职人员。由于人员力量的薄弱,乡镇在农技推广中主要起协调作用,以由政府承担全部费用,组织专家培训的形式开展,具体而言,一是安排县果业专家和西北农林科技大学猕猴桃试验站专家到村里去进行常规化的培训;二是根据各村反馈的情况,有针对性地向县果业中心和西北农林科技大学猕猴桃试验站反馈农户需求。常规化的讲座根据各村的主导产业来安排,培训内容主要是种植技术、管理技术和无公害化方面的知识,一般是根据季节讲授当季需要注意的关键点,培训的时间主要集中在开春和年底两个农闲的时间段。非常规的讲座主要是农户遇到一些疑难杂症无法解决时,通过乡镇向上反馈需求,再由县里派相关专家进行培训。例如 2015 年,横渠镇的一个村的葡萄出现大面积的赤霉病,农户到镇里来反映,镇里向县果业中心反馈,县里先派人下来现场查看,通过症状诊断出病情后再请相关专家开展讲座。培训的具体组织由村委负责,安排培训场地,由小组长通知村民,自愿参加,而参加最多的是新栽种的农户和种植大户。并负责通知农户,一般是通过小组长将培训信息通知到村民。而村民是否去听讲座,还是根据自愿的原则,一般参加培训的都是新栽种的农户和种植大户。此外,镇里还会组织各村的乡土专家和科技示范户外出参与培训,每次都给予横渠镇仅有的两三名乡土专家外出培训的机会。

(二) 农资店咨询

农资店主会依照农户带来的花蕾、果子或叶片进行猕猴桃的病因判断并配药医治,但实际上猕猴桃果病多是因为或施肥或浇水不足产生的。营利性质的农资店以防治病虫害为旗号,利用农民的知识匮乏和解决问题渠道的单一来赚取利润。因此农资店的免费技术服务通过将成本的隐性转嫁,转嫁到农药里面由农户自己承担,而成为一种事实上的有偿服务。

(三) 乡土社会自发传播

这里有两种形式,一是村庄之间的传播,主要是通过亲戚朋友关系进行传播;二是村庄内部的传播,主要是村民之间互相学习。比如,猕猴桃较早是在周至那边发展起来的,李魏村最早种植的农户都是通过在周至的亲戚朋友那里获得苗子和相关的技术。而村民之间的相互学习,与其说学习,不如说模仿更为合适,主要三种形式。其一是地邻之间的相互交流,由于地邻之间地挨着,干活时会遇到,相互观察对方果树的长势并询问对方所打的农药名,如果对方种得比自己好,也会请教经验;其二是村民聚在一起聊天时共同探讨,尤其是男性村民,平时聚在一起聊天主要讨论与果树种植相关的问题,不同的季节谈论不同的话题,比如,在发芽的季节,大家闲聊时会评论谁家的芽发得好,然后一起分析原因,一般都能分析出来,这样农户一比照就知疏漏;其三是专门向其他农户请教,包括向得到大家认可的农户请教和后栽农户向先栽农户进行基本技术的请教。

三 猕猴桃产业发展

李魏村的传统种植结构为小麦与玉米轮作,20 世纪 90 年代以前,传统种植结构占据主导地位,当时已经有少数农户开始种植猕猴桃、辣椒等经济作物;20 世纪 90 年代到 21 世纪初,该村的种植结构从传统的粮食种植,转型为小麦与辣椒套种,以辣椒种植为主,尤其是 90 年代后半期辣椒的行情最好,种植面积最广。在以辣椒产业为主的时期,90 年代前几年也经历了一个猕猴桃种植的小高峰,当时全村村南靠近村庄的土地基本上都种植了猕猴桃,面积约有 1000 亩,后来由于涝灾和土质以及猕猴桃市场价格的原因,种植面积又急剧缩减。2005 年后,辣椒的行情不断下行,同时猕猴桃的价格不断高涨,种植结构又转型为以猕猴桃和苗木为主,尤其是 2010 年眉县政府也在全县范围内推广猕猴桃,对种植猕猴桃的农户进行补贴,每亩补贴 200 元,推广效果明显,自此本村所有适合种植猕猴桃的土地都种上了猕猴桃。

从品种上来看,猕猴桃经历了从秦美到徐香的转变过程,当前的主要品种为徐香;从地域上来看,猕猴桃最初是从周至县发展起来的,并逐步向周边县市扩散,眉县由于自然资源和政策扶持的优势,后来居上,猕猴桃已被发展成为主导产业。周至和眉县都靠近秦岭,最初秦美是周至和眉县发展的主要品种;徐香是 90 年代从江苏引进来的品种,但直到2005 年后才在眉县得到大规模推广。两个品种的差别主要在口感上,徐香的口感更佳,但是不耐存放;秦美的口感较差,但存放时间较长。此外,秦美的产量也高于徐香,盛果期产量可达 10000 斤/亩,而徐香盛果期产量只有 5000 斤。总的来看,在 2005 年以前,眉县范围内种植的猕猴桃品种以秦美为主,虽然徐香也已经传入并有部分农户种植,但是由于市场接纳度较低,一直到 2008 年以后,徐香才取代秦美成为眉县范围内农户种植的最主要品种。

早在 1986 年,李魏村就有农户开始种植猕猴桃,主要是从周至的亲戚朋友那里引进品种并学习技术,但当时只是极个别农户种植,主要原因在于种植猕猴桃的投资期长,种植三年后才能挂果,投资见效慢,且前期投资较高,需要 1000—2000 元/亩,而当时的农户以粮食作物为主,缺少资金积累。此外,当时猕猴桃的种植尚处于探索阶段,技术尚不成熟,最早种植的农户主要依靠周至县的亲戚朋友解决技术问题,而大部分农户缺少这样的技术关系支持。到了 20 世纪 90 年代初,秦美的价格不断上涨,达到每斤 3 元多,种植利润丰厚,在市场刺激下,李魏村大部分农户都种植了猕猴桃,并且在较早种植的农户示范带动作用下,猕猴桃的种植技术通过熟人社会内部的自发传播得以普及,到 1995 年时,全村靠近村南方便灌溉且地势较高的 1000 亩土地基本都种上了猕猴桃。但是等到 2000 年前后猕猴桃上市时,价格开始下降,同时,2003 年的涝灾将村南土地的大部分猕猴桃毁坏,继续种植容易得黄化病,猕猴桃种植面积也因此急剧缩小。2005 年后由于徐香的价格不断上涨,同时,农户根据种植经验发现塬上的黄土地适合种植猕猴桃,因而从 2008 年开始在塬上的土地大面积栽种猕猴桃,种植面积又急剧增长至目前的规模。总之,从发展过程来看,猕猴桃产业的发展越来越成熟,市场价格波动幅度不断趋小,种植技术水平不断提升,市场组织体系也不断完善,因之成为李魏村乃至眉县的主导产业。

以上是李魏村猕猴桃产业的发展历程,接下来分别从投入与产出、机械化水平、劳动力配置和产后销售四个方面来介绍一下李魏村猕猴桃产业的发展现状。

(一) 投入与产出

猕猴桃前 3 年的投资主要是苗子和水泥桩、铁丝,苗子 2 元/棵 × 100 棵/亩 = 200 元,水泥桩和铁丝共 1500 元/亩,前期总的投资 1700 元/亩。从第四年开始进入挂果期,第六年进入高产期,高产期的投资每年需要上 4 次肥,每次 300 元,农药及生长调节剂每年投资约 200 元/亩,每年每亩共需投资 1400 元。劳动力投入:修剪 2 个工/亩,工价 120 元/天(技术活);绑枝 2 个工/亩,60 元/天(女工);施肥 4 个工/亩,100 元/天;摘花 2 个工/亩,60 元/天(女工);打药 3 个工/亩,60 元/天(女工);授粉 3 个工/亩,60 元/天(女工);浇地 1 个工/亩,100 元/天;收果 4 个工/亩,60 元/天(女工);其他(如除草、打药)6 个工/亩,60 元/天(女工)。总计每亩地需要 28 个工,若全部雇工,雇工成本为 1780 元/亩。

秦美第 4 年产量 1000 斤/亩,第 5 年翻番,达到 2000—3000 斤/亩,第 6 年继续翻番,达到 6000 斤/亩,此后也一直增长,到第 15 年进入盛果期,产量开始饱和,达到 10000 斤/亩,盛果期可以维持 4—5 年,若管理得好可以多维持几年,此后产量开始下降,而果树的寿命则长达 40 年。徐香的产量约是秦美的一半,第 5 年 1000 斤/亩,第 6 年 3000 斤/亩,盛果期 5000 斤/亩。徐香从第 6 年开始进入高产期,种得好的农户亩均毛收入能够达到 7000—10000 元/亩,一般农户 5000—7000 元/亩,种得差的 2000—3000 元/亩。由于大部分农户种植的是徐香,这里计算收入也只计算徐香的收入。

(二) 机械化水平

狝猴桃的种植属于劳动密集型产业,劳动投入水平较高,并且由于果树种植侧重人工管理的缘故,不利于大型机械的使用。在农业生产力方面,最近四五年来,小型机械基本普及。小型机械一是投资不大,二是适合小农劳动的特点,三是政府对农机推广进行补贴,因此得以普及开来。具体而言,当前农户使用的主要机械有:(1) 三轮摩的,3000—6000 元,主要用于运水运药、转运水果,也可以作为农户的代步工具使用;(2) 手扶车(带旋耕机),4000 元,主要用于旋地,其劳动效率为10 亩/天;(3) 打药机,700—800 元/台,20 亩/天;(4) 微耕机,2600元/台,10 亩/天,主要用于除草,这也是当地政府最近几年重点推广的小型机械,是有补贴的机械。

由于小型机械的推广,狝猴桃种植的劳动投入和劳动强度都明显降低,但是,机械对劳动的替代并不能有效地提高产量,影响产量因素的主要是对果树的技术管理,这主要体现在日常管理的精细程度上,而管理越精细,劳动投入也越大。个别农户没事就往地里跑,甚至住在地里,看到一个多余的果子就顺手摘下,看到一根多余的枝条就顺手剪下,这些劳动投入都是无法计量的,但是对于最终的产量却有重要影响。

(三) 劳动力配置

狝猴桃种植劳动投入量较大,夫妻两个劳动力最多只能管理 7—8亩,超出这个面积就必须雇工。而在 7—8 亩的范围内,夫妻两个依靠自有劳动力也只能完成日常管理,在授粉、摘果等劳动量需求高的环节,家庭劳动力则显得供给不足。为应对家庭劳动力不足的问题,目前在李魏村主要有三种方式,即帮工、换工和雇工。

帮工一般是在至亲亲属之间进行,工具有人情义务性质,这就决定了帮工不需要以货币来度量,也不讲求即时或者短期内的偿还,甚至是不需要偿还,这种用工形式考虑的是长远预期,未来不管谁家总难免遇到一些困境,依靠平常的帮工可以达到亲属之间关系的润滑,将来有事情也可以更好地展开互帮互助。比如,张阿姨家有两亩李子需要收获,必须一天内完成,单靠自家两个劳动力难以完成,于是让娘家弟弟弟媳过来帮忙,上午帮忙收完李子吃顿午饭,下午就回去了,不用给任何报酬。亲戚之间给报酬也不会要的,算是姐弟间的一次人情来往,通过与此类似的人情互动可以将亲密关系长期维系下去。

换工主要在同一村民小组的邻居熟人之间,是当地素来的习俗,是小农经济内部解决家庭劳动力不足的一种方式。换工也是无酬的,但是需要还工,其计算性就比较强,强调对等原则,主要是为了解决劳动力需求大的问题。以前,在西北小麦种植区,小麦收获以后需要通过碾压脱粒,脱粒环节较多,劳动力需求大,一家一户难以独立完成,一般生产队内的若干农户就会合作起来,轮流为每家碾场。这是一种涉及范围较广的换工形式,组织性较强。此外,还有一种形式,就是在一些农时较紧的时节,为了抢农时,两家农户合作起来轮流为两家干活,这是一种小型的换工形式。换工与帮工不同之处在于帮工可以通过各种形式返还人情,而且人情返还没有时间限制,而换工则不然,必须在短期内返还人情,并且只能以对等劳动返还。相对于帮工,农户之间的换工并不要求很亲密的社会关系,一般的熟人关系即可,建立在双方共同的劳动需求基础上,相当于一种潜在达成的契约。

相比帮工和换工都建立在较为亲密的社会关系基础上,雇工则是纯粹的市场关系,可以发生在熟人之间,也可以发生在陌生人之间。在小麦种植中,因为以前没有收割机就需要人工收割,而小麦成熟时正好赶上多雨季节,收割时节较短,加上同一地域范围内农户的小麦成熟时间大致相同,没办法通过换工或帮工的形式解决劳动力不足的问题,因而只能雇工。而雇工的来源主要是外地来的麦客,麦客不是职业的雇工,而是小农,由于地域之间小麦成熟的时间差,某一地区的小农在自家小麦成熟前,先到小麦成熟早的地区出卖劳力,通过地域之间的劳动力流动解决劳动力不足的问题。这种地域性的劳动力流动,费孝通在《云南三村禄村农田》中也提到过,而麦客在西北地区尤为典型,可见,雇工在小农经济中是一种常态。在当前的猕猴桃种植中,种植面积较大的农户,乃至一般的农户在农忙时节若无法通过帮工或换工解决劳动力不足的问题,也只能雇工。雇工都是临时性雇工,按天计酬,当天结算。目前,雇工主要有两种来源,一是本村或邻近村的村民,这些村民自己也种了地,只是由于种植面积较小或劳动力剩余等原因而经常做雇工,大多是熟人;二是在李魏村十几里外的大桥口有一个十余年历史的劳务市场,到劳务市场雇工需要用车接送,且一般都是陌生人。雇主每次雇工不固定,同时村里每年经常做雇工的人也不固定,主要取决于该年农户自家的劳动力需求情况,若劳动力有剩余,就会出来做雇工。雇工以女工为多,男工较少,主要是在剪枝、搬运等技术活和重体力活中请男工,其他大部分环节如授粉、摘花和摘果等都是请女工。男工的价格在100—120元/天,女工的价格60元/天,农忙请工困难时80元/天。其中,摘果时的工钱是按小时计算,女工10元/小时,男工(主要做搬运)15元/小时。李魏村每年经常做雇工的,男工有3—4个,女工数量较多,至少有20个人。由于男工数量较少,叫工时联系其中的任何一个都可以根据雇主的要求联系其他雇工,没有固定领头;女工由于数量较多,一般有固定领头,共有四五个,雇工时给领头人把需求讲清,领头的再根据雇主需求叫人。领头的不多拿工钱,一般是比较热心的妇女做,和雇工一样,领头的每年也不固定,都在变换。领头的每次喊的人也不固定,都是临时组合。付工钱时,也是将所有雇工的工资先付给领头的,再由领头的转交给其他雇工,这样就能解决关系较好的人来做雇工不好意思拿钱的问题。雇工最紧张的是授粉和摘果这两个环节,授粉农时紧,并且每家的开花时间较为接近,本村和附近村子的劳动力都较为紧缺,这时如果需要雇工多是到劳务市场去雇工。而摘果时的劳动力需求较大,本村的雇工也不能完全满足需求,这时就需要到隔壁村子去叫工,也是先找领头的,再通过领头的去喊工。本村的雇工,基本上都认识,但关系不是特别近。

一般农户主要通过帮工和换工的形式来解决劳动力不足的问题,而种植大户则必须雇工。但是总的趋势是从帮工、换工走向雇工,主要的原因是雇工自由一点,不会欠下人情债,同时也不用考虑还工,可以自由安排自有劳力。此外,换工虽然从原则上强调对等,但实际上很难完全对等,往往相互之间的种植面积有差异,若长此以往,一方总是吃亏,平衡也难以维系,而猕猴桃种植也凸显了劳动力的价值,使劳动力成为紧缺资源,导致换工中的不平衡也越来越难以通过人情关系来弥补,因而呈现出解体的迹象,而迈向了市场化。

总的来看,劳动力的配置越来越市场化。虽然雇工是小农经济中的常态,但值得注意的是雇工的来源发生了变化,原来的麦客虽然是市场化的劳动力配置方式,但是麦客主要来源于外地,比如关中的麦客都是甘肃天水地区的农民，是区域之间的劳动力流动，解决的是当地的劳动力总体不足问题。而现在的雇工，主要的来源却是本地村民，即兴起了一个本地范围内的劳动力市场，本地劳动力市场的兴起不断冲击乡土社会内部的劳动力配置体系。之所以发生这样的变化，原因主要有两个：一是村民之间的异质性程度增加，农业生产上的劳动力需求发生分化，这主要体现在种植猕猴桃较少的农户劳动力剩余，而种植较多的农户劳动力不足，并且不同农户的收入来源的重心也不同，有的在农业以外，有的在农业上，而劳动力不足的问题主要是收入重心在农业上的农户所面临的问题；二是劳动力的流动程度不断增加，劳动力的价值不断凸显，劳动力的配置不再仅仅停留在农业上，同时还存在其他的就业机会，而帮工和换工都是以劳动力在村为前提，事实上通过社会关系限制了劳动力的流动，此外，经济作物的种植和社会的总体发展使得劳动力的价值不断提升，通过市场化的劳动力配置能够将劳动力价值利用到最大化。由此可以看到，帮工和换工都是嵌入在熟人社会的社会关系基础上的一种劳动力配置方式，而雇工则脱离了社会关系的基础，是一种纯粹的市场关系。

（四）产后销售

猕猴桃的销售可以分为两种类型，一种是当季销售，即收购之后不经过冷库存放直接异地销售，由于当季猕猴桃正大量上市，所以销售价格较低，利润也较低，但风险较小；另外一种是经过冷库冷藏之后错季销售，一般在临近春节时价格最高，利润较高，最高能赚 1 元/斤，但是风险极大，春节前后的价格存在不确定性，如果春节前的价格没有如预期上涨，而猕猴桃的储存期限（最多 4 个月）也临近，果实开始腐烂，必须销售，这时就会亏损。目前本地的冷库数量较多，在当季销售饱和之后，大部分猕猴桃都会进入冷库冷藏，年底再销售。

李魏村的猕猴桃销售主要有两种模式，即经纪人模式和网上直销模式。其中，经纪人模式占据主导地位，而网上直销模式从 2015 年才开始兴起。

1. 经纪人模式

经纪人模式是指以收购商为连接点，打通农户收购猕猴桃和面向销售猕猴桃的中间渠道。村民的猕猴桃主要卖给附近的冷库，收购商直接把车开到地头来收购。农户有两种销售方式，一是清园，即除了烂果，所有果子不论大小一次性出售，这样的收购价格较低；二是起检，即按客商的收购标准收购，一般要求单果重量超过100克。农户根据自己的果树当年的长势来选择不同的卖法，一般种得好的农户选择起检，种得不好的选择清园。猕猴桃销售也没有统一的价格，有两种价格差别，一是成熟时间越晚，价格越高，在收购季节越到后面价格越高，农户之间的成熟时间都比较接近，每年的收购时间只有1个月，从9月20号到10月20号；二是长势好的价格给的高，客商直接到地头根据每个农户猕猴桃的长势来定价，果形越大价格越高，同一时间出售的猕猴桃，销售价格也不一定相同。

到李魏村来收购的主要是周至县的收购商，收购商一般都拥有自己的冷库，收购商先联系在本村的经纪人，再由经纪人根据收购商的收购需求将客商带到具体的农户地头，由收购商和农户协商价格。若价格协商不成功，经纪人还会介入其中进行协调，此外，经纪人还负责向农户说明质量标准，并且在现场监督保证农户的水果符合质量标准。若质量不符合标准，经纪人还要介入调解，要求农户按标准交货。而对农户来说，经纪人必须保证客商按时足额支付货款。经纪人从客商处抽取自己的收益，按0.05元/斤的标准。而农户一般是谁出的价格高就卖给谁，如果价格相同，谁先来就卖给谁，没有固定的销售对象。简言之，对于买家来说，经纪人的作用在于保证质量，调解纠纷和协调价格；对于农户来讲，经纪人的作用在于保证及时付款和协调价格。

而收购商在将冷库收满之后，封库等待猕猴桃价格上涨。猕猴桃最多可以储存4个月，从10月到次年2月，即春节前后。本地的猕猴桃主要销往浙江等地区，外地的客商主要通过经纪人介绍，收购商不与客商直接接触，经纪人从中抽取0.04元/斤的收益。当前几乎所有的收购商都是通过经纪人销售猕猴桃。因此，收购商也没有固定的客户。

在经纪人模式下，存在一个较为明显的市场规律，也即每年猕猴桃的地头收购价格与前一年春节前的价格高度相关。原因在于，猕猴桃的收购大部分由本地的冷库收购商控制，这部分人一直等到价格上涨到最高后再向外地客商销售，若价格一直不上涨，而猕猴桃只有4个月存放期，到年底开始腐烂又不得不出售，这时收购商只能赔本销售。收购商由于前一年亏损了,资金较为紧张,且心态变得保守,第二年收购时会压低价格,若前一年价格较高,收购商盈利了,资金宽裕,心态也变得积极,第二年会提高收购价格。这里可以看出,冷库收购商的存在确实在一定程度上化解了猕猴桃集中上市导致的供大于求问题,通过延长存放期,使得猕猴桃在各季的供应比较均衡,同时,收购商也承受了巨大的市场风险,最终的供求关系仍然会发挥作用,但不是直接作用于农户,而是收购商。表面上看,收购商帮助农户抵挡了市场风险,但实际上,市场风险仍然是由农户承担的,只是经过了收购商这个中介才作用到农户身上,其对农户的影响具有一定的延后性。从这里也可以看出冷库收购商对当地猕猴桃市场的巨大影响力,虽然他们仍然要受全国范围内供求关系的影响。

冷库一般都是本地的资金较为雄厚的人投资的,而收购商在收购时对资金的要求也很高。只有具备较高资金实力的人才能成为收购商。同时,收购商的利润高,最高可以赚 1 元/斤,同时风险也大。3 组组长杨军元之前做工程生意,后来将工程上赚的钱于 2012 年投资了 3 座冷库,每座投资 12 万元,储存 50 吨猕猴桃。从 2012 年至今,杨军元都是奇数年赚钱,偶数年赔钱,2012 年赔了 28 万元,2013 年赚了 9 万元,2014年赔了 5 万元,2015 年赚了 8 万元,总体仍处于亏损状况。

2. 网上直销模式

眉县的猕猴桃在 2015 年开始进行网络销售,主要是家里有大学生的农户,通过微信、淘宝等平台在网上直接销售。此种销售模式才刚刚开始兴起,后续发展仍不确定,但值得注意的是,陕西省政府和阿里巴巴公司签订了战略合作协议,意图在农村大规模推广该种模式。据 3 组组长分析,网络销售的好处是买卖方便,价格低廉,问题是假货不易控制。不过,网络销售模式仍然对当地占主要份额的经纪人模式造成了冲击,3 组组长的冷库受此影响没有收满。

在经纪人模式中,经纪人其实是内嵌于熟人社会之中的,主要是在客户与农户之间建立联系,其作用在于帮助客户找到好的货源,并且监督质量。之所以将质量监督交给经纪人,主要原因在于其与农户是熟人关系,保持的是长期关系,农户不愿因为一次性投机行为损害长期关系,另外,中介人掌握的信息更多,在现场的监督更有效率。总的来说,经

纪人解决的是客商与农户之间信息不对称的问题。与经纪人模式不同,
在粮食和许多农产品的销售中,实行的是小贩模式。即先由小贩向农户
收购农产品,再向上面的收购商出售。那么,在猕猴桃销售中,为什么
形成的是经纪人模式呢?当然,显而易见的原因是猕猴桃不易储藏,不
适宜多次经手。此外,值得注意的是,在小贩模式中,市场存在一个层
级结构,即在小贩之上还有更大一层的收购商,对接若干小贩,处于市
场层级顶端的是少数大收购商或大的公司,市场的垄断性较强,是点对
面的关系。而在经纪人模式中,收购商的体量并不一定很大,同时收购
商的数量也很多,市场的开放性程度非常高,而经纪人则是将农户与收
购商沟通起来,是点对点的关系。在这种情况下,市场中的分化较小,
没有形成明显的巨头,同时,市场的组织性也更弱,市场的价格也不易
控制。

第三节　李魏村猕猴桃产业对村庄变化的影响

一　猕猴桃产业有助于促进小农经济的发展

李魏村猕猴桃产业的发展吸纳了大量的农村剩余劳动力,显著提升
了农民的收入水平,带动了当地经济社会的发展,其影响表现在各个层
面,极其深远。

猕猴桃产业是在小农经济的基础上发展起来的,其发展不仅没有受
到小农经济的阻碍,而且还反过来改造了小农经济,使得传统的小农经
济能够跟上农业生产力进步和农业市场化转型的潮流,转型成为现代化
的小农。对于“小农”,通常的认识是其生产技术落后且思想观念落后,
难以适应现代市场经济。实际上,从李魏村猕猴桃产业的发展状况来看,
小农完全能够适应现代农业发展的要求。小农的家庭劳动力较为丰富,
这使得其天然地较为适合劳动密集型的果树经营,而随着劳动力价格的
普遍提升,在家庭经营领域,也出现了机械替代劳动的倾向,这主要表
现在小型农机的推广上。猕猴桃产业的发展,一是使得小农能够进行一
定程度的资本积累,并且在机械等固定资本上进行投资;二是进一步提
升了劳动力的价值,使得机械对劳动的替代有利可图。而机械化水平的

提升同时也带动了农业生产力的进步,使得小农能够适应现代生产力的要求。

此外,猕猴桃产业改造了自给自足的传统小农经济,带动小农积极参与市场,并从市场的发展中获利。据李魏村的村干部说,种经济作物无论如何都比种粮食强。但是经济作物的种植需要一个稳定的市场环境,只有产业发展形成规模优势,才能够在全国性的市场上形成有效竞争力。而眉县猕猴桃产业的整体发展,为一家一户的小农生产披上了一层保护的外衣,使得小农能够通过积极参与市场化的生产获取较为稳定的利润,因而成为市场化的受益者。由此也可看出,农业市场化的发展不是要消灭小农,而是要设法帮助小农与现代市场有效对接,尤其是在劳动密集型的农业产业发展中更需如此。

二 猕猴桃产业有助于维系熟人社会的再生产

费孝通在《乡土中国》中称乡土社会是"一个'熟悉'的社会,一个没有陌生人的社会",因而有人称乡土社会为熟人社会。熟人社会的最大特征可以概括为两点:一是熟悉;二是熟悉基础上的亲密。因而,传统的乡土社会被认为是一个有人情味的、温情脉脉的社会。然而,改革开放以后,随着打工经济的兴起,在很多中西部村庄,由于人均耕地面积太小,所吸附的农业劳动力太过有限,青壮年劳动力都选择外出打工,村庄的"老龄化""空心化"程度严重,熟人社会的社会结构也因此受到冲击。学者吴重庆称其为"无主体熟人社会"。由于传统的熟人社会显现出解体迹象,而新的社会整合机制又难以建立起来,因而使得"空心化"村庄的乡村治理面临挑战,社会失范现象频发。而在李魏村,猕猴桃产业的发展吸纳了大量的劳动力,使得务农的收入与外出务工的收入相匹敌,因此能够抑制劳动力的向外流动,避免了村庄的"空心化"和熟人社会的解体。

在李魏村,基于生产和生活互助基础之上的地缘认同,即小组认同仍然很好地维系着。在农业生产上,虽然越来越多的农户开始选择雇工,但是传统的帮工和换工体系仍然维系着,并且在解决农业劳动力不足问题上发挥作用。而生产互助就建立在亲密的社会关系基础之上,一方面解决了劳动力不足的问题,另一方面又不断再生产了亲密的社会关系。

在日常习俗方面，尤其是在红白事等仪式性事务中，同一小组的村民必须去帮忙，即使在服务队下乡的情况下，没有以前那么多的活需要做的情况下，仍然会有很多村民主动赶来帮工。在这种生产和生活互助的基础上，熟人社会内部的亲密性社会关系，即基于地缘的自己人认同才得以不断再生产。

再者，猕猴桃产业的发展并未引起严重的经济分化和阶层分化，进而避免了阶层分化撕裂熟人社会。一般而言，市场经济的发展会引起严重的经济分化，经济分化继而转化成阶层分化，破坏既有的社会整合。但眉县猕猴桃产业的发展之所以没有引起明显的经济分化，原因就在于它是建立在小农经济的基础之上。在中国的集体土地所有制度下，土地分配强调公平原则，小农之间在土地占有上的分化非常小，因而，猕猴桃产业发展的市场红利得以为大多数农户所共享。在李魏村，大部分农户的家庭收入为 5 万元至 10 万元，约占 80%；经济收入超过 20 万元的不到 10%，超过 50 万元的不到 5%，且其收入来源主要来自于做生意、办厂等非农渠道；而经济收入低于 5 万元的农户也约占 10%，主要是家庭成员生病丧失劳动能力的农户。由此可见，大多数农户的收入都处于中间水平，经济分化程度不大。在这种情况下，村庄中的富人只是极少数，不可能从根本上改变熟人社会中的亲密性社会关系。

三　猕猴桃产业有助于实现村庄社会的"善治"

李魏村的小组在村庄治理中发挥了巨大的作用。首先，小组是一级自治性非常强的治理单位。这主要体现在小组内部所形成的公共性上。一是形成了土地调整的默认规范；二是村民对于小组长形成了普遍的角色期待，即为村民解决公共品供给问题，村民称其为做"实"事，以区别于上级下传的"虚"事，并且要做到资源分配的公平性。在此基础上，如果组长不能有效地尽到责任，甚至侵害村民的利益，村民也会联合起来罢免组长。这是以小组具有自己的资源基础为前提的，村里的收入主要来自于机动地，难以负担小组的公共品供给，主要依靠小组自身的力量，由于小组具有自己的经济收入，因而能够有效解决公共品供给问题。其次，小组是村庄治理的执行主体。从现在的趋势来看，村干部的工作重心在于两点：一是跑项目和落实项目；二是落实上级下达的任务。而这两项任务的具体落实都需要小组长来承担。在项目落地过程中，小组一方面要解决占地问题中的钉子户治理问题，另一方面又要配套一部分资金。钉子户的赔偿和地基清理、水井打井的费用都是由小组承担。而在政策落实中，大量的入户工作也是由小组完成的，比如土地确权中，小组长要到每家每户去让户主签字。由于有小组作为村庄治理的抓手，李魏村的村庄治理整体上较为有序，称其为"善治"也不为过。

那么，小组治理又建立在什么样的基础之上呢？猕猴桃产业的发展使得土地上的利益较为密集，农户对于土地利益比较看重，而小农经济的生产需要公共品供给上的外部合作，围绕着农业公共品的供给，在小组内部的村民中间才形成了比较强的公共性规则，这就为小组治理奠定了一个坚实的基础。此外，小组长的工资为每年3200—3800元不等，应该说这个收入水平是比较低的。那么，为什么还有人愿意当小组长呢？原因在于小组长多是在村庄中种地的村民，其家庭收入主要来自农业，因而其对于农业公共品供给和土地分配等村庄公共事务也非常关心，正是因此，他才有积极性去当小组长。由此可见，猕猴桃产业的发展也为村庄治理留住了人才。

第四节　李魏村猕猴桃产业的潜在问题及对策

一　猕猴桃农技推广中存在的问题

现有的农技推广体系在实践中发挥了巨大的作用，促进了猕猴桃种植技术的传播和猕猴桃产业的发展。对于农技推广来说，其最终的着眼点是让技术传播为农民带来实惠，因此，农技推广的成功与否，最重要的是看农民是否从中获得了最大化的实惠。从这个角度看，目前的农技推广仍然存在一定的问题，具体而言，主要表现为技术的虚假饱和和技术瓶颈难以攻克两个问题。

（一）技术的虚假饱和

从李魏村的现实情况来看，存在一个极为矛盾的现象。一方面，无论是村干部还是村民都认为自己对猕猴桃的技术基本掌握了；另一方面，农户之间客观上仍然存在技术分化，尤以管理技术的分化最为明显。大部分农户的管理水平居于中游，相差不大，而管得好和管得差的都是少数农户。如果以管理得好的农户作为参照点，大部分农户的管理水平仍然存在改进空间。我们称其为技术的虚假饱和现象。那么，问题在于农户管理技术并不是最好的，农户为什么不进一步改善自己的技术呢？

该村的种植大户杨贵华道明了一些原因。在他看来，只有勤快的人猕猴桃才作务得好，勤快的人都是懂技术的，不然到田里也不知道干什么。杨贵华也列举了村组上一户猕猴桃种得最好的农户，他和妻子平时就住在田地里，吃饭的工夫就能在地里转一圈，这也印证了当地的一句俗语"远田薄地不发家"。在这里，技术和劳动的投入是一体的，种得好一方面是劳动投入多的原因，另一方面也是在劳动投入的过程中不断学习不断积累经验的原因。因此，农户的管理技术差异很大程度上来自时间投入上的差异。

从这个角度来看，农业在家庭生计中的地位对于家庭劳动力的投入具有重要的影响。一般管理技术水平较高的农户都是中年农民，夫妻两个在家务农，且处于上有老、下有小，生活压力最大的阶段。这些农户的家庭收入主要来自农业，如果种不好，家庭生计就会受到影响，所以不敢马虎，愿意多投入时间。大部分的农户都是兼业农民，在务农之余务工，家庭劳动力的配置没有全部集中在农业上，对农业收入的依赖性比较小，这也会影响其在农业上的投入时间。在此，也体现了小农经济的一个显著特点，在缺少其他劳动力出口的情况下，小农在农业上的劳动投入是有弹性的，几乎没有上限，换一个词就叫"精耕细作"。但是，在劳动力流动性不断加强的今天，只有少数家庭劳动力主要集中在农业上的农户才会选择"精耕细作"，大部分农户在农业上的劳动投入是有限的。简言之，生计压力和劳动投入是影响农户技术水平的重要因素。

劳动时间的投入虽然是影响农户技术水平很重要的一个因素，但还不是唯一的因素，只能说时间投入多的农户技术水平高的概率较大，所以这种解释还不全面。技术虚假饱和还有很重要的一个原因是技术传播的权威性不足。技术需要通过权威性的载体向下传播，对于农户来说，技术本身的效用是待检验的，其对技术的认可很大程度上来自对传播技术的个人或机构的信任。在管理技术上，农户的技术来源主要有政府培训和乡土社会自发传播。政府培训侧重于常规技术，去听培训的主要是种植大户和新栽种的农户。新栽种的农户主要是学习基本技术，而种植大户则是试图从培训中学习新东西，回来后先尝试，若有效果后面就坚持使用。值得注意的是，农户不会按照专家培训的内容来进行操作。原因在于，专家所传播的是标准化的知识，与农户所面临的实际处境存在脱节。比如，从理论上来说，专家会讲每棵树每年保持多少的挂果量是最好的，但是农户需要考虑市场行情，并根据市场行情来调节产量。比如，在进入产量稳定期后，猕猴桃树会出现"大小年"现象，即一年的产量高，下一年的产量低，这是由于前一年的梳花梳果工作没有做好，产量过大消耗了树的营养。以海沃德为例，大年的产量为 6000 斤，小年为 3000 斤，相差一半，并且树很容易得黄化病。通过梳花梳果将产量控制在 4000 斤以内，就可以避免大小年现象。但是，若市场行情好、果形小也能卖好价钱的话，农户也可以利用大小年现象，有意识地提高产量。

从"大小年"的现象来看，市场和技术是有矛盾的，而这种矛盾的存在消解了专家的权威。专家权威的消解还有一个重要原因是标准化知识在地转化的难题。也就是说，以标准化知识的方式提出的解决方案并不总是有效的。而农户对专家的预期却是"全能性"的，认为专家应该能解决所有的问题，如果出现解决方案无效的情况，农户就会对专家的权威提出质疑。因而在政府组织的公益性培训中，表面上看是自上而下的知识输送，农户是被动的；实际上，农户并不会严格按照专家讲的进行操作，而是"以我为主"地进行评判和选择，这种情况下，专家所提供的知识并不具有权威性。在这里，农户本来对专家存在一种抽象的信任，但是，由于专家所提供的知识难以满足农户的需求，这种信任也就遭到了破坏。

那么，在村民中间是否会形成技术权威呢？我们的判断是形成较大范围内（全村或全组）认可的技术权威比较困难，但是，小范围技术权威的形成是可能的。这里的小范围是指在同一小组内相邻而居的农户。农户平时主要是各忙各的，在技术上的交流仅限于邻居或地邻之间，而在销售时节，猕猴桃如果能够卖一个高价钱，才会成为较广范围之内的公共事件，农户也是看重最终的经济收益。虽然技术好的农户的猕猴桃一般都能够卖一个好价钱，但是，其并不一定总是卖得最高的农户，因而也难以为大多数农户所注意到并得到认可。影响猕猴桃的长势的因素除了技术之外，还有其他因素，这些因素混杂在一起，弱化了技术在其中所起的作用。比如，前文中提到的2组住在地里的那一户，除却其技术水平很高外，同时他也是管水员，能够利用管水之便多浇几遍水。有的农户卖得好，不是因为技术水平高，而是因为舍得投资，施肥施的是自家购买的农家肥，用种植大户杨贵华的话讲"金钱就是技术"。由于这些原因，技术水平高的农户尽管存在，但是并不一定能得到多数村民的注意和认可。

然而，小范围的技术权威能够形成，原因在于彼此邻近的农户相互之间比较熟悉，交流也比较多，能够在平时的交往中对各人的技术水平做出评判。在小范围内，农户会主动向其所认可的技术权威请教技术问题。比如，村民杨小林是2组唯一一个通过看书自学的农户，其对技术的掌握水平比较高，一般的技术问题都能够解决，附近的农户也经常向其请教。还有一个原因是，村民之间在经济水平上相差不大，在社会层面比较独立，技术水平高的农户一般是家庭生计完全依赖农业的农户，在经济上并没有和其他农户在经济收入上拉开差距，甚至有可能是在村庄内人品较差或比较边缘的农户，在这种情况下，由于缺少社会权威，即使其技术水平得到认可，村民也不会主动去向其请教。

第三个原因是群体的惰性。小农最擅长的是"跟风"和"随大流"，所以大部分农户的技术水平都是相差不多，技术水平高的只是少数农户。农户最怕的是自己和别人不一样，很多农户只是看到其他人都做了，就不问所以然也去做，不去追问为什么要这样做，否则内心总没有安全感。以打药为例，很多农户不知道为什么要打药，看到别人都打了，自己也去打。因而，在小农之中，技术传播最重要的途径就是相互模仿，而技术越程式化越容易模仿。而技术除了程式化的一面之外，还有技巧的一面，技巧性的东西主要依靠个人领悟，是难以模仿的，因而，农户只有看到程式化方面的显著差别才会注意到一项技术，而技巧性的东西主要依靠农户个体的摸索，难以传播。以打农药为例，最初只打两次农药，是为了防螨虫和红蜘蛛；后面一些田地里出现新的病虫害，需要打四次药。这种变化最初只是在遭受病虫害的农户那里发生的,其他农户看到后,马上就会注意到并且也跟进。大多数农户的技术水平难以灵活性地应对突发情况,但是可以通过将技术措施常规化来进行反应,虽然这种反应总是滞后的。因此,虽然部分善于钻研的农户积累了大量技巧性的知识,但是,这种知识难以为其他农户所注意到并得到传播。

(二) 小农的技术瓶颈

前面探讨的虚假饱和问题主要体现在管理技术上,而在病虫害防治技术上,农户面临着另一个问题,也就是无法突破技术瓶颈的问题。病虫害的出现具有不确定性,对于新出现的病虫害,农户缺少应对经验,只能求助于农资店。农资店主的经验比较丰富,同时也能够向外求助于专家,并向农户提供解决方案。但是,解决方案并不总是有效的,一般对于小病的解决效果较好,而对于大病则效果欠佳。比如,花腐病是2015年才在李魏村出现的,农户最初并不知道是什么病,通过向农资店咨询才得知是花腐病,而该病在其他地方已经出现,农资店主对该病也已有所了解,因而配药比较有效。但是,对于"黄化病"和"溃疡病"这两种农户口中的猕猴桃"癌症",农资店也没有很好的治疗办法,只能预防,但是预防效果也不佳。如溃疡病2008年在李魏村出现,是从外面传进来的,该病对果树的影响非常大,能够造成30%的减产,甚至造成果树死亡。农资店的解决方法是在清园以后打杀菌药预防,但是效果不佳,目前仍是影响猕猴桃的最主要病害,基本上每家每户都有得溃疡病的病树。另一种是黄化病,不能根治,难以预防。对于这两种病害,农户将其定义为"癌症",实际上是认为在现有的技术条件下无法解决,那么,实际上,是否真的是如此呢?以黄化病为例,由于主要在沙土地上出现,农户认为是土质的问题。而村民杨小林则通过自己的长期摸索找到了根治的办法,他认为黄化病是由于产量超负荷造成的,因而根治的办法是要养树,让病树休息三年,再慢慢恢复。而对于溃疡病,杨小林也认为必有医治之策,他的90多棵秦美树中,有70棵得了溃疡病。杨小林打算冬天到杨陵的农博会去请教专家,再慢慢探索解决的办法。

这里出现的问题在于,小农遭遇到的技术瓶颈其实是有知识资源可以解决的,但是,这些知识资源无法传递到小农那里。农资店的技术水平是有限的,难以攻克疑难杂症。而政府培训侧重常规技术,在针对性地解决农户的技术需求方面，难以有效发挥作用，对于该种疑难杂症的解决，所需要的并不仅仅是标准化知识的传入，而且需要专家与农户的多次互动，这种互动的组织成本显然是比较高的，而且是当前的农技推广体系所难以承担的，所以农户通过政府请求专家解决问题只能是个案，如前文所述的葡萄赤霉病的医治。在这种情况下，疑难杂症被大多数农户宣布为"癌症"，并放弃了治疗的希望。只有少数善于摸索的农户一直在进行着个体性的摸索。

总的来说，在技术方面，农户的技术水平是趋同的，只要少数农户的技术水平较高，农户在技术上仍然存在改进空间，但是，农户对自己的技术水平却又是满意的，而不去有意识地设法提升。在这种情况下，除了劳动时间投入的差异之外，还有两个重要的原因是技术权威难以树立，以及群体惰性。此外，在村庄内部仍然会面临一些整体性的技术瓶颈，而攻克这些技术瓶颈的方法尽管是存在的，但却需要外部专家与乡土社会的多次互动，这种方式因组织成本过高而不可能。因而，由于组织性的障碍，一些本可以解决的技术问题变成了"技术瓶颈"。也正因此，通过技术推广促进农户的利益仍然存在空间。

二　政策建议

在农技推广环节，政府重点要解决的是与分散的小农对接的问题。在目前的组织体系下，政府的农技推广主要是借助基层乡镇政府与村级组织，乡镇一级的专职化农技推广体系被整合进了乡镇政府，这无疑从组织层面弱化了政府与小农对接的能力。由于组织力量的弱化，培训这种低成本的农技推广形式就占据了主导地位，而培训所援引的外部专家权威是以标准化知识的面目出现在乡村社会中的，与农户的需求存在一定程度的脱节。在这种情况下，由于农民与其所需要的知识资源之间没有建立直接的联系，只能通过政府官僚体系获取外部知识资源，这使其无法获得快速的、在地化的技术指导。政府为了克服自身组织力量不足的弊端，应当充分利用乡土社会内部的技术自发传播机制，发挥科技示范户的示范作用。目前，虽然政府组织评选了科技示范户，但是其在技术推广中并没有发挥实质作用。原因在于，科技示范户的评选缺少竞争性和权威性，并未得到农户的认可，在乡土社会内部面临权威不足的困境。我们以为,应该加强科技示范户的在技术传播中的作用,具体而言,可以分为以下两点。一是加强科技示范户评选的竞争性,动员农户积极参与评选,并通过严格的标准进行评选,确保最终选出的科技示范户具有足够的技术能力;二是将科技示范户半行政化,其主要职能是带领群众解决技术难题,同时为农户提供实地的技术指导,政府则积极地为其协调所需的外部资源,并组织常规化的培训,最后再根据其在农技推广中的业绩表现进行考核,并支付一定的薪酬。如此一来,由于科技示范户是选拔性评选出的,并且得到了政府的半正式授权,就能够解决乡土社会技术精英权威性不足的问题,进而借用熟人社会内部的社会资本降低农技推广的组织成本,并通过科技示范户将外部标准化知识与农户实际需求连接起来,解决标准化知识难以进入乡土社会的问题。

第 九 章

推广改变社会：豆家堡村篇

第一节 豆家堡村庄概况

豆家堡村是陕西省宝鸡市眉县横渠镇的一个农业型村庄，地处秦岭以北，位于关中平原和秦岭的交界地区。村庄地型以平原为主，村庄边缘有狭长的"垣子"，312省道穿村而过，村庄交通便利。豆家堡村共有720户村民，3000人口，由8个村民小组，5个自然村组成。其中，1组是曹家村，2组是苏家村，3、6组是于家园，4、7组是豆家堡，5、8组是齐家堡，各个自然村以一两个姓氏为主掺杂一些小姓。各个小组都有组长和会计，小组的独立性比较强，小组（自然村）是一个相对完整的认同和行动单位，豆家堡村的行政和村庄建设任务大多以小组为单位来实施。这样也表明在关中农村，小组在村民的生产生活中的作用是比较实在的。豆家堡村作为眉县的明星村，体现了地方治理的行为逻辑，项目进村作为地方治理的重要方式，迎检成为村庄日常行政任务的重要组成部分，对豆家堡的村庄治理产生了重要影响。在2008年之后，项目资源撬动了村庄政治，豆家堡村迎来了依靠项目发展的黄金期，几年间从脏乱差的落后村变为县级、市级的明星村，争取到的项目资金逾三千多万元。

作为关中平原的典型村庄，豆家堡同其他村庄一样，村庄的历史久远，村民们集体共享较长的历史记忆，一些上百年的村庄历史遗迹在村庄中还有较多存在，由于长时间的历史积淀，豆家堡村的文化氛围还是比较浓重的，与关中平原厚重的历史感是相一致的。村庄中门户认同还有较强的延续，户族作为村庄中的血缘存在，在村民的日常生产生活中有着较大的影响,是农民的一个基本认同与行动单位,尤其是在红白喜事方面有着明显的作用,一些礼仪习俗需要户族成员共同参与。村庄民间信仰较为发达,这与传统时期的文化记忆是分不开的,新中国成立前民间信仰就是重要的村庄公共活动。80年代初期,民间信仰的复兴也是作为村庄(自然村)重要的公共性文化活动的形式进行的。各个村民小组或者自然村都有自己的庙宇,有些小组还不止一个,比如2组苏家村只有几百人,但是小组范围内却有大小庙宇6个。这些民间信仰的场所在村民的文化活动中发挥着重要的作用,除了农历每月初一、十五的上香之外,基本每个庙宇每年都有定期的庙会活动,参与者可达百人甚至数百人。除了民间宗教信仰,豆家堡村有以村组为组织单位的"唱戏",有着地方特色的"秦腔"就是老百姓所喜爱的,一些秦腔名角也成了年纪稍长者口中的明星,每个人都能说出两三个人名,一些大型村庄举办公共活动时都会请戏班来助兴。村组作为村庄中重要的文化活动单位,也会组织一些常规性的唱戏活动,每隔一段时间唱一次戏,这是重要的组织动员村民的重要形式,关中地区流传着关于唱戏的地方性规范,"唱戏唱一年下一年不再唱可以,但是唱两年必须要唱第三年",这种地方性规范的约束性较强,豆家堡村的唱戏活动必须要连唱三年,每年正月唱一次。横渠镇作为大儒张载的故里,张载文化的影响是深远的,村民注重教育是较为明显的体现,一些张载文化的理念不但灌输到农民的日常生活中,甚至对乡村治理也产生了影响。关中农村的封闭性相对较强,但是现代化已经给村庄文化生活等方面带来了冲击,逐步重塑着农民的价值行为观念,传统文化活动逐步显现出名实分离的情况。

豆家堡村是典型的小农经济村庄,有着中西部农业型村庄的共同特征,但是由于豆家堡村以种植猕猴桃等经济型果树为主,也具有自身的特色。土地是小农经济的重要生产生活资料,对于豆家堡村民来说土地是重要的,全村有5500多亩土地,其中耕地4800多亩,其他是林地,人均一亩多土地。由于土地分配是以小组为单位,各组土地资源和人口是有差异的,因此小组之间人均土地存在差异,其中1组和2组土地资源较多,人均两亩土地,其他小组人居土地只有一亩多。在豆家堡村土地调整从80年代分田到户一直延续至今,成为村庄资源利益分配的一大特色,土地调整以小组为单位,五年进行一次土地调整,2012年是村里进行的最近的一次土地调整。土地调整规则是地方性的，能够体现出村庄的公平正义观念，"生增死减"是基本规则，外嫁女和去世的老人都要退出土地，娶进的媳妇和新生儿要相应增加土地，土地调整按地块面积与地块质量搭配进行绝对平均的分配是村庄土地调整的特色，每次调地都会牵动到村庄的每个农户，是村庄和农户的大事。

种植经济作物在豆家堡村是有传统的，早在集体时期，辣椒和苹果的种植就已经在生产队中存在了，分田到户之后村庄对原有的种植结构还有所延续。80年代豆家堡村以种植小麦和小麦辣椒套种为主，苹果树的种植也在村庄中少量存在，辣椒的种植一直延续到2010年左右，只不过随着猕猴桃的推广种植，辣椒种植规模逐渐减少。豆家堡村猕猴桃种植开始于80年代末90年代初期，产业结构在之后二三十年间慢慢调整着，猕猴桃种植是一个缓慢的推广过程。90年代初少数头脑灵活的村民率先尝试猕猴桃种植，经过十来年的缓慢推广，到2004年之后有一个明显的快速推广期，2010年之后基本全面推广开来，全村基本100%的种地农户都有猕猴桃种植，80%—90%的土地都进行了猕猴桃的覆盖种植，猕猴桃成了豆家堡村农业种植的主导产业，对农民的生产生活有着深远的影响。

与小农经济生产相关的是小农家庭劳动力的安排，因为种植经济作物等缘故，豆家堡村40岁甚至35岁以上的农村劳动力基本都没有常年外出打工的经历，完全务农或者小农兼业是这部分农户的主要劳动力配置方式。基于此，本地劳动力市场也比较活跃，完成基本的农业种植的壮年劳动力会在农闲时间选择在本地务工市场上进行兼业，而妇女和健康状况允许的老年人也会在本地的用工市场上进行劳动力匹配选择，因为经济作物种植的一些关键环节对劳动力的需求较大，也很好地吸纳了农村的剩余劳动力，一个劳动日五六十元到一百多元的用工价格，对用工者和农闲的打工者来说都是十分重要的。小农生产是中老年人的事情，对35岁以下的年轻人是没那么大吸引力的，豆家堡村35岁以下的年轻人基本都是进城务工，很少有留在村庄的，家庭代际间劳动力的分工及生计模式有着明显的半工半耕特征。

第二节 豆家堡村农业产业结构的调整

一 豆家堡村农业产业结构调整

豆家堡村是农业型村庄，农业种植一直都是农民家庭就业及经济收入的重要来源，人均1—2亩，户均6—10亩土地。正如农户所说"种地的饿不着，也活不旺"，但正是在这不多也不少的土地上，豆家堡的村民精心经营着自己的生活，盘算着家庭的未来，土地对于每一个生活在农村的家庭都是重要的。虽然以务农为主，但是豆家堡村民并不是沿袭着传统的种植结构一成不变，他们在几十年的农业生产中不断地进行着新的探索，尽管关中农民有着知足常乐的传统品质，但对未来美好生活的想象却一直在推动着他们进行农业产业结构的调整，直到走上猕猴桃种植的致富路。豆家堡村农业产业结构从对集体时期的沿袭到分田到户后的摸索，经历了几十年的历程，期间有几个明显的阶段区分。

集体时期的种植结构及分田到户初期的延续：20世纪50年代，眉县提出了"十万亩花果山"的宏大规划，在集体时期眉县的苹果种植就已形成规模。豆家堡村是关中平原末端的村庄，虽然秦岭举目可及，以平原为主的地形还是决定了村庄农业种植结构以粮食种植为主，五六十年代豆家堡村还是以粮食为主导。60年代生产队开始多种经营，1965年各个生产小队尝试进行苹果种植，其中齐家堡苹果种植面积80亩，豆家堡上百亩，苏家村30多亩，曹家村30多亩，于家园60多亩，全村苹果种植面积在60年代达到300亩左右，成为农业种植的有机组成部分。70年代开始尝试小麦和辣椒套种，自此开启了豆家堡村未来二三十年麦椒种植的传统。70年代末，在一部分土地上全部种植辣椒，但是效果并不是很好，单纯种植辣椒很容易产生病害，根据农户的摸索经验还是小麦辣椒套种收效更好。80年代初，集体体制进行改革，分田到户后农户获得了自己拥有自主经营权的土地，集体时期种植结构的惯性还在延续，小麦和辣椒套种成为农户的普遍选择。80年代全村的椒麦套种面积在50%左右，90年代高峰期可以达到60%—70%。分田到户后的苹果种植面积也有所扩大，户均两三亩的苹果园，全村苹果种植面积在40%左右。在苹果种植面积扩大的八九十年代，豆家堡所在地区的苹果产业开始走下坡路，种植面积扩大，价格就下来了。更为严重的是，渭北苹果优生区的种植推广挤占了本地苹果市场，本地苹果质量无法与之形成竞争。正如农民所说"农村哪个卖钱种哪个"，"一贵就多，一多就贱，一贱就烂，一烂就砍"，这也成为豆家堡苹果种植的命运，新的种植结构调整也在酝酿中。对农民来说，什么挣钱就种什么，但是真正率先迈出步子进行探索的只能是少数农民，大多数农户是不会轻易尝试新品种的种植的，这也是小农生产中农民应对风险的理性选择，毕竟"跟着走""大家干啥我干啥"才是最保险的。在辣椒种植和苹果种植不再那么赚钱的时候，少数"脑袋灵光"敢闯敢干的农民开始进行新的探索，猕猴桃种植逐步进入村民的视野。

80年代末到90年代猕猴桃种植的探索：80年代猕猴桃在关中地区算是比较稀罕少见的水果，一般农户信息闭塞也没有勇气去轻易尝试猕猴桃的种植，对于未来市场的前景担忧成为猕猴桃种植初期的阻碍因素，豆家堡村进行猕猴桃引进和试种经历了较为艰难的摸索，少数先行者的摸索为猕猴桃的推广打下了基础。临近的周至县是比较早进行猕猴桃种植的，周至猕猴桃试验站在猕猴桃早期种植推广中发挥了一定的作用。80年代中后期，横渠镇文谢村进行猕猴桃种植示范点，给予了一定的优惠扶持措施，以此影响和带动了周边地区的猕猴桃种植。豆家堡村最早的猕猴桃种植尝试开始于80年代末到90年代初期，这些敢于率先尝试新花样的农户被别人称为"脑袋灵光"的人，敢想敢干、勇于冒险是他们的共同特征，摸索成功会得到村民的效仿称赞，但是摸索中的挫折及负面评价只能由他们自己承担，这部分人是村庄的少数，是不同于大多数不冒尖的普通农户的，在某种意义上算是村庄的能人。下面几个豆家堡村比较早尝试猕猴桃种植农户的案例有一定的代表性，他们是村庄第一批种植猕猴桃的先行者，在村庄猕猴桃种植推广和产业结构调整中发挥了不小的作用。

案例一：因为80年代就有一些村镇或县率先进行了猕猴桃种植示范，产生了一定的效益，但是豆家堡并不是这些早期的示范点，很多村民只听说过附近有种猕猴桃赚钱的，却并没有见过。豆家堡村7组50岁的豆某也只是听别人说过种猕猴桃赚钱，但是自己没有种过，也不知怎么种，想尝试新鲜东西的探索欲望推动着豆大叔和另外四五户迈出了猕猴桃种植的第一步。当时他们听说西安市灞桥区猕猴桃种植比较早,于是就几个人一起坐车过去参观学习,这几户农户参观学习后就决定回村开始猕猴桃试种。因为村里有一户和陕西果树研究所的专家有亲戚关系,托此关系,豆大叔和另外几户在 1987 年左右从陕西果树研究所买了嫁接苗子,开始了豆家堡村最早的猕猴桃种植。刚开始尝试猕猴桃种植,大家都没有种植经验,也不懂种植技术和管理,风险问题也是他们需要考虑的,毕竟农民尝试新事物的风险承担能力是不足的,为了控制风险,他们没敢进行大面积的试种。豆大叔用自家的三分地进行猕猴桃种植的尝试,一半继续种植粮食,一半拿来种植猕猴桃,这样不至于颗粒无收。直到 1995 年豆大叔才扩种了 2 亩地,2005 年再种植 1.5 亩,2010 年之后又种了 1 亩多。因为是初次尝试,不懂技术,没有管理经验,大家就相互学习,慢慢试错,摸索种植经验,摸索总是要走弯路的,什么时候上架、哪个时期进行哪项管理等,他们都是不那么明晰的,本来四五年可以长起来挂果的树,他们却摸索了七八年树才挂果。猕猴桃果树挂果后,相对于一些其他的经济作物,经济效益更高,这也吸引了部分农户尝试种植。总体而言,农业科技的推广程度比较慢,一方面是因为果农的猕猴桃作务技术还没有基本掌握,另一方面是果农对于猕猴桃这种新鲜事物的前景也没有把握,这成为种植推广中的大难题。因而,80 年代末和90 年代初期,豆家堡村猕猴桃种植的摸索推广是极为缓慢的,还处在少数先行者摸索的阶段。

案例二:豆家堡村 6 组于会平是村里的科技示范户,也是村里最早一批尝试猕猴桃种植的先行者;现在家里建了 5 个冷库,也是村里的猕猴桃种植大户。于会平生于 1960 年,1975 年中学毕业后回村从事农业劳动,1978 年当上生产队队长,因为本地一直有种果树的传统,他和村里几个人就合伙到外面跑苗木批发,一个合伙人的小舅子是陕西省杰出青年,办过酒厂,路子比较广,为他们打开销路提供了便利。70 年代末 80年代初,于会平只是零星地做苗木生意,1989 年他开始大规模地做苗木生意。陕西省果树研究所在青化乡(现在已经并入横渠镇)有个猕猴桃试验站,试验站专家以科研为主,也做果树推广,一边试验一边做推广,对本地的果树种植提供了技术指导。果树需要嫁接,新品种的接条试验站给提供,自己嫁接成品苗向外销售,苗木有认证,对于试验站的苗子比较信任,试验站也为自己的苗木销售牵线搭桥,一个接条一年后就会变成多个接条,新品种的苗木也就慢慢推广了。集体时期,豆家堡村传统的种植模式是小麦和辣椒的种植,分田到户后生产队时期的辣椒粮食的种植模式还在延续,农业种植结构缓慢调整,于会平的苗木培育和销售在种植结构调整中发挥了一定的作用。因为跑苗木生意的缘故,于会平对外面的信息掌握相对多一些,1987年左右他就开始种植猕猴桃,通过试验站苗木专家的介绍,他从四川引进猕猴桃苗子,不但自己种猕猴桃,还培育猕猴桃苗木销售。在果树的推广中,除了技术障碍以外,市场销售也是较大的阻力,很多农户不敢轻易尝试猕猴桃种植也是考虑到不明朗的市场前景。在外跑市场多年的于会平总能走在前列,1997年他就开始建造冷库,是村里乃至镇里较早建造冷库的。第一年建冷库收果价格每斤1.4元,出库销售价格可以在2.6元,较大的价格差,使他第一年就赚够了投资冷库的钱。到现在,于会平一共建造了5个冷库,冷库的建造对猕猴桃销售和价格稳定起到了不小的作用,"有冷库心不慌",也逐步打消了农户的市场风险顾虑,促进了猕猴桃种植的推广。

案例三:于海林是豆家堡村乃至横渠镇为数不多的乡土专家,从事果树种植比较早,大集体时期就在集体的果园当技术员,分田到户后把集体的果园承包过来继续搞果树种植。他比较善于钻研,对果树的生长习性及经验技术掌握较多,在村庄和镇里的名气也较大,经常参与上面研究单位的专家学习活动。于海林开始接触猕猴桃是在80年代早期,当时他给集体交苹果时,遇到一个省外的大个子贩子来收野生猕猴桃,山上的野生猕猴桃收购价1毛钱一斤,而苹果卖到每斤1.7毛,经过交流他觉得猕猴桃没什么优势,又没那么好吃,吃起来还脏兮兮的,对猕猴桃并不抱太大希望。之前村里几户80年代末先引进了猕猴桃种植,到了1994年每个自然村种植猕猴桃的也有七八户的规模,但依然还是少数农户在尝试。1991年于海林到县里园艺站去办事情,正好碰到邻镇熟人,这个熟人的猕猴桃树已经挂果并且产量不错,价格还不错,当时苹果几毛钱一斤,而他的猕猴桃可以卖到一两元一斤,这深深刺激到了于海林。于是,1992年于海林不再搞苹果树种植,反复考量后他决定种植猕猴桃。因为本地的猕猴桃秧苗不多,于海林干脆跑到四川去了解猕猴桃的种植习性,并且买了苗子回来试种。于海林因为种植果树时间较长,也长期担任技术员,与相关农业部门比较熟悉,因而他经常跑到周至试验站去考察请教技术问题。他参观学习了周至试验站的猕猴桃种植园,并向试验站的张庆明老师提了很多问题,他的疑惑得到了解答,并且获赠了 4 份资料。1992 年于海平从四川买了苗子种植后,次年猕猴桃嫁接他专门请了四川的师傅,接穗则由周至试验站提供。一个接芽要一毛钱,他养育了六七千株成品苗,除了自己种还卖了一部分,但是当时不大好卖,因为很多农户不愿种。1994 年于海平种了 5 亩猕猴桃,这批猕猴桃到了 1998 年左右开始挂果,经济效益比较明显,种植面积也随之逐步扩大。但是猕猴桃种植的推广并不是一帆风顺,应了农民口中的"一多就烂"那句话。1998 年价格很高,最高价可以达到每斤 3 元,但是之后价格开始下降,2003—2004 年连续两年猕猴桃价格只有三四毛钱一斤,经济效益急剧下降,远远不如种植粮食辣椒。这时出现了一批砍树的农户,全村 1/10 左右的猕猴桃树被砍了。之后猕猴桃价格开始上涨,两年实现了翻倍,价格回升到 1 元以上,并且之后价格逐渐稳定下来,全村的猕猴桃种植迅速扩展。敢于尝试走在农户前列可以获得较好的经济效益,但是风险也是巨大的,于海林作为乡土专家,经验技术都是较为丰富的,但是也遇到过不小的失败,至今仍有遗憾。2008 年,于海林经熟人的介绍尝试种了 3 亩中华系的黄金果新猕猴桃品种,挂果后卖了两年好果子,价格十多元一斤,是普通品种的几倍。但是之后猕猴桃遇到了"倒春寒",冻害严重,得了溃疡病,果树几乎全毁了。于海平也感叹,尝试一个新品种很难,超前就容易玩火失败,自己受了损失不说,还成了百姓的谈资。

80 年代末 90 年代初期是村里第一批猕猴桃种植的探索期,到 90 年代中后期这部分先行的探索者逐步见到了经济效益,逐步影响到身边的农户,越来越多的农户开始种植猕猴桃。前期的探索者虽然种植规模不大,但是却十分重要,因为这对其他农户的行为选择会产生决定性的影响。对普通农户来说,冒风险去尝试新鲜事物是不大可能的,所以村庄中少数头脑灵活的农户迈出第一步就很重要,有了实实在在的效益就会带动农民跟风效仿。亲眼看到的总是比道听途说的宣传作用更大,身边活生生的种植猕猴桃获益农户的示范效应,加快了豆家堡村猕猴桃种植规模的扩展。第一批探索者算是村庄的能人,经过摸索也掌握了一定的种植技术,奠定了市场基础,一定程度上消解了模仿种植农户的技术和市场担忧,他们会主动向先行探索者进行请教学习观察模仿,种植成本就比探索成本要小很多,门槛也降低了。90 年代后期豆家堡村猕猴桃种植规模有了明显的扩大,这也得益于这段时期猕猴桃价格的升高,远比粮食、辣椒和苹果要有更高的经济效益,对农户的吸引力是很强的。豆家堡村主要种植结构的调整发生在 90 年代后期,80 年代辣椒小麦的种植规模在 70% 左右,苹果等果树种植占到 30%,80 年代末从事猕猴桃种植的也只有十来户;到了 90 年代末,猕猴桃种植的规模达到 20% 左右,挤占了苹果等杂果的种植份额。这一时期,猕猴桃种植规模是扩大了,但是市场却并不稳定,1998 年价格高峰期可以达到 3 元一斤,到了 2003 年左右只有 4 毛钱一斤,因此出现了比较多的农户砍树现象。在这一时期,猕猴桃种植在豆家堡村的推广是农户自发地缓慢进行的,算是初期的摸索期。

2004 年之后猕猴桃种植的快速扩展:经过了前几年的价格低谷,到 2004 年价格开始上升,并且之后保持了相对的稳定,重新树立了农民的市场信心。正如 8 组的齐会计所说,"看到先种猕猴桃的经济条件好了,楼房盖上了,脑筋转得快的 2004 年之后都种上桃了",老百姓最见不得的就是自己落后于原来与自己水平差不多的身边农户,看到别人家因种猕猴桃经济条件改善了,自己也必须跟上,因此 2004 年左右村里猕猴桃种植面积开始迅速扩展,由 90 年代末的 20% 扩展到 50%,并且在之后的几年,种植面积一直在逐步增加。在这一阶段,猕猴桃种植的迅速扩展得益于市场的稳定以及种植标准化技术的摸索。2004 年之后,种植规模扩大了,市场销售体系也逐步完善,既稳定了市场价格,也基本解决了猕猴桃的销路问题,这既增加了农户的种植信心,也增加了政府推广种植的信心。2010 年,政府开始主动鼓励农户进行猕猴桃种植,当年每新增一亩猕猴桃种植面积,政府给 200 元的补贴,这些补贴对于一亩 1000 元的投资有较强的促进作用。猕猴桃种植在 2010 年之后全面推广开来,百分之八九十的土地都种上了猕猴桃。除却眉县政府的推动,这一时期推动农户进行猕猴桃种植的还有种植技术的普遍推广。猕猴桃种植的管理一直是一大难题,在 2000 年之后,科技推广的服务体系不断完善,种植技术也变得简单易学。一方面是自上而下的农技服务体系的作用,另一方面种植猕猴桃较早的农户也扮演着指导技术推广的角色,很多后来种猕猴桃的农户,种植技术都是向身边种植较早的农户请教学习得来的。

二 农业结构调整的影响因素

在豆家堡村的猕猴桃种植推广和种植结构调整中,存在着众多的影响因素,猕猴桃等经济作物的种植不是一蹴而就的,而是农户在复杂因素交互影响中根据自身实际情况做出的理性选择。从豆家堡村的情况来看,影响农户进行经济作物种植行为选择和农业产业结构调整的影响因素主要有市场、收购商、贩子、农村经纪人、冷库、合作社和农户等。

(一) 市场

猕猴桃作为本地少见的"新鲜事物",在前期的种植推广中,一个很重要的影响因素就是市场问题,这也正是农民经常说到的"市场前景"问题。在 80 年代后期和 90 年代的猕猴桃种植中,不要说是普通农户,就是早期的探索试种农户,对市场前景也是没什么把握的,这也在一定程度上决定了猕猴桃种植前期推广缓慢的状况。"农民只有见到钱才会去种",这也形成了在此之后的每个价格高峰期就会有一波猕猴桃种植规模扩展的现象,比如 90 年代末的价格高峰促进了种植的推广,也因规模扩大带来了 2000 年之后两三年的市场价格的波动。八九十年代既处于猕猴桃种植的探索期,也是市场的探索期,这一时期的市场销售体系是不完善的,因此市场波动较大,也影响到了小农户的种植行为。像猕猴桃这样的经济作物的种植,是农户的市场行为,这类经济作物最终是要对接大市场的,因此解决小农户与大市场的对接问题是经济作物种植推广的关键环节。

2004 年之后市场价格的稳定与猕猴桃种植规模的扩展,是和我国市场体系不断完善密切相关的。在市场开拓的摸索中,逐步建立了小农户与大市场对接的服务体系,猕猴桃的销售不再是影响农民积极性的大问题。大的收购商、贩子、冷库、合作社、农村经纪人、农户等形成了较为完善的市场销售服务体系,既便利了农户的猕猴桃销售,也稳定了市场价格,这些方面都共同促进了小农户的猕猴桃种植积极性。

(二) 收购商

收购商作为大市场的代表,不仅直接掌握着市场信息,而且相较于农民而言,这种信息是一种不对称的信息,这些本地甚至外省的客商们会根据实际收购情况进行价格的调整，货源紧张时适当抬高价格，而货源充足时就会压低价格，从而形成买方市场。在市场体系不完善时，农户是缺少议价能力的，这也就形成了 90 年代和 2000 年初期价格较大幅度的波动，影响了农户的种植行为。猕猴桃销售对接的是全国性的大市场，因此客商也多是从外省过来的，他们能够掌握市场信息，但是对地方性的农户销售信息往往是难以把握的。在早期的销售中，客商也多是直接运输鲜果到外面的市场去销售。大市场与小农户对接的中间环节是缺少的，这也给农户和客商带来了不便。猕猴桃产业刚刚起步的时候，大市场和小农户的直接接触，既增加了农户的销售难度，也不利于市场价格的稳定，农户的种植风险是较高的。

（三）贩子

市场关系中贩子是农户进行猕猴桃销售的重要渠道，相比于大的客商，贩子一般都是小的市场收购主体，他们中不乏本地人，因此对于地方性的销售信息有较多的掌握，也会存在与单个农户议价的情况。在农民的观念中大的收购商和贩子是类似的市场性收购主体，这些收购者在现在的市场情况下为了减少交易成本，一般不会与单个的农户进行直接交易，而是寻找更为熟悉地方情况同时又是本地人的中间人来进行代理交易，把分散的小农交易尽量整合起来。这些中间人一般都是本地市场行为中发展起来的农村经纪人，在农村市场中叫作代办。

（四）农村经纪人

农村经纪人叫作代办，豆家堡村有大大小小的代办几十个，代办充当农村经济交易中小农户和大市场对接的中介，代办一般都是双重代理身份，既是农村熟人或者半熟人社会中农户的代理人，也充当收购商或者贩子的代理者，代办正是靠勾连市场信息和小农户销售信息来挣取代理费用，解决市场中信息不对称的问题。在小农经济作物种植销售中，存在比较大的市场难题，一方面是分散的小农户获取市场信息的能力较弱，也没有联合起来议价的能力，销售渠道和市场价格的把握对小农户来说都是困难的；另一方面大市场在与小农户进行经济交易时也会存在较高的交易成本，农户的分散经营，种植作物的品种和质量存在较大的差异，不利于统一收购，同时和分散农户达成统一价格方面也存在较高的议价成本，农村市场交易农户主体并不是那么均质的，对于外来客商来说,交易成本就十分高昂,农村经纪人的出现很好地协调了两者之间的矛盾。农村经纪人是熟人社会的经济主体,代办可以是小组内的人也可以是小组外半熟人社会中的人,他们的经济活动范围可以适当跨越熟人社会延伸到半熟人社会,这些人一定是对农户种植和销售情况比较熟悉的人。代办要具有较强的能力,人际关系也要比较广,与农户打交道和协调分散农户的基本能力要具备,既要精通市场规则也要谙熟农村社会规范,他们是嵌入在农村社会和市场中的经济主体。因为猕猴桃种植的品种不一,收购时间存在差异,单个农户种植的质量也有较大差异,靠外来客商进行筛选是不大可能的,一般都要通过代办来进行收购。代办的作用主要是整合分散的小农信息以及调解矛盾,对于熟人社会的代办来说,这是轻车熟路的。收购商与代办达成收购品种和收购数量及质量的意向后,代办就负责来与分散的小农户打交道,通过协调分散的农户来达到收购商的收购需求,这就需要代办能跑、能说、会协调。猕猴桃销售中矛盾的产生主要在价格和质量两个方面,在看好猕猴桃的长势议好价格后,一般是代办带着雇的人到农户地里去摘,摘果的人一般会按照收购商的标准进行选择,猕猴桃的差异越大中间产生的矛盾往往也会越多,在对猕猴桃的形状、大小等方面挑选中产生的矛盾要由代办来进行调解,因此办事公道是代办需要具备的重要品质。当然代办作为熟人社会的代理人,也要平衡熟人社会的关系,正如一个代办所说"亲戚熟人之间最多一毛钱的浮动",小小的一毛钱既照顾了熟人的人情关系,也不会对市场交易的规则带来大的冲击,平衡人情和市场公平原则是代办需要注意的。代办的收入与他的销售业绩是相匹配的,代办通过收取收购商的中介费来获得收入,一斤猕猴桃提成几分钱,交易量越大收入也越多,手中掌握的客商资源多收入就会很高。在豆家堡村,有的代办因为掌握的客商资源多,一年可以获得几十万元的收入。代办的出现很好地弥合了小农和市场对接的矛盾,对于完善农村经济作物市场销售体系发挥了巨大的作用,促进了当地猕猴桃产业的发展。

(五)冷库

在之前的农户和市场对接销售中,一般进行的是鲜果交易,往往因为大量鲜果同时上市而压低了农户的销售价格。在现在的销售链条中,冷库的出现延长了市场销售链条,冷库作为收购和销售主体,形成了农户—冷库（小贩子）—市场的销售链条，在一定程度上解决了销售时间的延迟问题，以时间换取了销售空间和价格优势，对于稳定农户的销售价格和扩展销售渠道具有重要作用。2000 年之后，豆家堡村逐步建了七八十个冷库，一般的冷库存储量是 5 万斤，七八十个冷库为本村甚至附近的猕猴桃销售带来了便利，也极大地稳定了市场价格，提高了农户应对市场风险的能力，冷库可以延迟鲜果上市时间，推迟几个月上市既可满足市场需求也提高了销售价格。冷库经营本身也是一种市场行为，在因上市时间延迟而获得差价收益的同时，也会承担一定的市场风险，只不过是把市场风险的承担主体从小农转移到冷库经营者，正如 6 组的于会平所言"建冷库就是一种赌博的心态"，是在与外部市场做博弈，这几年建的冷库多了，收益也有一定减少，甚至是亏一年赚一年。冷库经营的收购源主要是本地货源，一般情况下也会通过代办进行收购，销售并不是直接对接市场，而是通过外面的收购商进行销售，因此小型冷库的风险还是比较大的，很难把握到在低价收入高价售出的时机，甚至因此带来亏损，豆家堡村的冷库去年盈利了，但是前年大前年的效益并不是很好。冷库的建造一般是农户个体的行为，即便政府有一定的优惠政策，但是真正能得到支持的只是少数农户，如于会平共建造经营着 5 个冷库，在豆家堡村一户建一个以上冷库的并不在少数，这对于提高本地猕猴桃产业应对市场波动的能力是作用巨大的。

（六）合作社

合作社是近年来农业经营中政府有意扶植的经营主体，但是在豆家堡的农业经营中，合作社的作用并不是很明显。村里的经纪能人办的齐峰果业合作社只在农户猕猴桃销售中发挥了一些作用，因为对果品的质量要求高，对一些品质不太好或者大小不达标的果子淘汰率较高，这也影响了农户果园中质量稍差的果子的销售，因此农户并不愿意选择把果子卖给合作社，而是卖给筛选不那么严格，一些稍微差的果子也能一起卖出去的收购商。合作社是要解决分散农户的规模经营和销售的问题，但是现实中的合作社却很难做到有效地将农户与大市场联系起来。齐峰合作社收购的猕猴桃品质要求比较高，很难大量收购猕猴桃，也无法有效做到带动当地的猕猴桃产业直接产生效益。但是，通过合作社可以较为方便快捷地将眉县的标准化作务技术传递下去，从而从整体上提升猕猴桃的品质。

(七) 农户

小农经营是豆家堡村猕猴桃等经济作物种植的特征,分散的小农怎样去对接大市场,成为豆家堡村民猕猴桃种植及种植结构调整中的关键因素。上面提到的农村经纪人、冷库等,在小农对接大市场中发挥了重要作用,农户在自身的经营销售中也会主动去应对市场需求。"搭伴"是豆家堡村民进行猕猴桃销售中的主动选择,因为是小农经营,每个农户种植的猕猴桃数量都不是太多,很难一次性满足收购者的数量需求,在熟人社会中的搭伴销售就产生了。与同样有销售需求的邻居或者亲朋协商一起销售成熟的果子,凑在一起满足数量和质量的要求,方便彼此少量的猕猴桃销售。现在的农民搭伴销售行为没有固定模式,是一种在熟人社会中根据实际需要灵活进行的市场销售策略。

三 农业科技推广的多元力量主体

因为猕猴桃的种植在豆家堡并没有传统经验可以借鉴,属于新鲜品种,之前农户从来没有接触过猕猴桃的种植,没有相关的种植经验,所以猕猴桃的种植技术指导就显得十分重要,这尤其体现在猕猴桃种植早期。在豆家堡村猕猴桃种植发展的过程中,技术成为影响猕猴桃种植推广的关键因素之一。前期的缓慢探索正是因为不懂得种植及管理技术而收效较慢,比如7组的豆某等最早尝试猕猴桃种植的几户农户,因为不懂种植技术,只有边学边干边摸索经验,本来四五年可以挂果的猕猴桃,因为摸索种植用了七年时间才挂果,这也影响了豆家堡村猕猴桃种植的推广速度。

在猕猴桃种植的早期,只有少数农户在摸索学习中掌握了种植技术,但是一般老百姓对于猕猴桃种植技术还是陌生的,不懂种植技术就不敢轻易尝试规模种植,在前面摸索的农户以及后面跟着种植的农户都是从小规模开始尝试的,主要是为了降低风险,通过小规模试种学习技术、积累经验,当有了种植经验之后才会慢慢扩大规模,大多数农户开始时只用少量土地种植猕猴桃,见到收益后再扩展到其他土地上种植,这就决定了豆家堡村猕猴桃种植是由农户自发地慢慢扩展的。在猕猴桃种植推广的后期阶段,正是因为技术门槛已经解决,猕猴桃种植规模迅速扩大，一方面，完善的猕猴桃技术服务及推广体系的建立，方便了农户种植关键技术的指导服务；另一方面，经过前期的小规模种植，农户已经掌握了基本的种植技术，积累了种植管理经验。对于大多数农户来说，种植管理方面已经不存在什么问题了，这样猕猴桃种植的推广就没有太多的技术壁垒，种植规模迅速扩展。在猕猴桃种植推广过程中，逐步形成了立体化多主体的农技推广服务体系，这对于解决猕猴桃种植管理等方面的技术难题作用显著，同时也因为技术壁垒的解决而促进了猕猴桃种植的推广和农业种植结构的调整。

（一）政府公共服务性质的农技推广服务体系

专门性质的政府机构对农技推广服务的作用是很大的，比如农技站、农机站、园艺站以及现在的专门的综合性农技服务推广部门。作为政府性质的农业服务体系，这些机构承担着政策下达及对接农户的任务，技术服务和推广的公共性较强，既有技术优势也有政府公共性权威。一方面对农户做直接的技术指导，解决农户种植中的技术难题；另一方面也组织公共性的农技推广服务活动，比如组织对农户的技术培训、请专家讲课、进行推广宣传等。豆家堡村早期的猕猴桃种植探索中，农户得到了园艺站等部门的技术和苗木等方面的支持和指导，一定程度上克服了早期的摸索困难。

县乡政府和村委这一承接政策的基层组织在农技推广服务中作用也是明显的，这类政府组织并不掌握直接的技术，也不会进行直接的技术指导，但是在促进农业技术服务推广和组织分散农户进行技术学习等方面的作用是很大的。主要是做直接的政策性推广，眉县的猕猴桃种植是离不开地方政府的大力倡导和推动的，尤其是进行政策性的大规模种植，推动了县域内的猕猴桃产业的发展。在猕猴桃产业发展的早期，政府性试点的作用是明显的。80年代末，眉县在横渠镇文谢村进行了猕猴桃种植试点，为农户提供了政策性的支持。正是文谢村的试点带动了周边农户的自发学习，豆家堡村最早一批进行猕猴桃种植的农户很大程度上正是受文谢村熟人关系的推动，这种小范围的试点在熟人社会中的示范推动作用是比较强的。对于加快推动农户自发种植的扩展速度，政府的政策性鼓励也是起了作用的。2010年之后豆家堡村猕猴桃种植扩展很快，除了市场已经稳定、基本技术需求得到满足以外，政府对新增一亩猕猴桃补偿200元的政策鼓励也提高了农户种植猕猴桃的积极性。种植规模的扩展有利于技术服务推广的进行,在豆家堡村猕猴桃种植全面扩展之后,政府对农户的技术服务也加强了,政府会经常性地组织技术指导培训,每年都会有十次之多,这其中既有政府组织的专门技术下乡、专家讲课,也有专门的对农技人员和种植户的讲课培训。

在类似的技术服务中,政府主要是搭建公共服务平台,请来专门的技术专家,并组织分散的农户、相关的技术员和乡土专家、科技示范户等进行培训学习,这其中政府的组织作用是十分重要的。豆家堡村就经常动员组织农户参与上面来的专家进行的技术指导和讲课培训活动,有时还会主动去请技术专家来村进行技术指导。在豆家堡村进行猕猴桃推广时期,村里为引进苗木也组织农户到外面多次学习,带领村为单位各小组组织几个有头脑、容易接受新东西、适应能力强的人到外面去参观学习,还组织大家听专家讲课。村级组织更多的是起到牵线搭桥的作用,它并没有实际权力,只有进行不断的宣传推广,让农户们接受新技术,进而促进农技推广。政府组织的技术指导和农技推广工作,既是要层层下达完成政府性的工作任务,同时也是政府服务功能的彰显,为分散的千万家农户服务是各级政府的职责所在。

事实上,政府在技术推广服务方面也扮演着中介的作用,它是技术和农户对接的中介和组织者,一方面是自上而下地向农户普及推广农业技术;另一方面也会承接农户反馈上来的农业技术难题,并组织专门的技术力量来进行解决。有困难找政府也是农户种植难题的解决路径之一,比如猕猴桃种植管理中的一些疑难病害,如果农户难以靠自身的力量进行解决,就会向相关政府部门反馈,农户经常会拿着害病的果实或叶子到政府部门寻求帮助,如果出现大面积的病害,政府也会组织专家进行现场考察诊断。政府整合各方信息和技术力量,这对于解决农户种植中的技术疑难和病害作用重大,对区域性的猕猴桃产业健康发展作用显著。

(二) 科研单位

科研单位是标准化技术的代表,科研单位对标准技术的推广一般通过三种渠道:一是科研单位本身的技术试验和推广;二是政府与科研单位的合作;三是依靠熟人关系直接与农户对接。在豆家堡等地的猕猴桃种植推广及技术推广中,西北农林科技大学试验站发挥了巨大的作用。

科研单位是进行技术研发创新的机构，同时也会起到技术推广服务的作用。科研单位的技术生产一般会以试验区作为技术试点，这种试点本身就是技术创新的环节，同时也是和农户接触和进行技术推广的方式。在豆家堡村猕猴桃种植的过程中，农户会经常提到陕西省果树研究所、试验站和西北农林科技大学等科研单位，这些机构对农户的技术推广一般采用将研究成果直接推广给农民的实物推广方式，比如提供果树苗木和接条等，为豆家堡村猕猴桃种植的前期探索保驾护航。政府和科研单位的合作也是重要的技术推广形式。西北农林科技大学在眉县地区的猕猴桃种植推广中发挥了很大的作用，技术支持和新品种的推广促进了本地猕猴桃产业的发展。眉县和横渠镇作为校地合作的重要示范点，实践证明，政府力量和科研单位的良好对接能加快农业新技术的推广应用，加速技术转化为生产力的步伐，同时对地方性的农业产业持续发展提供技术服务和方向指导。在农户和科研单位的技术对接中，除了正式的沟通渠道外，非正式的熟人关系也是技术推广的重要形式。豆家堡村早期进行猕猴桃种植，就是因为一位试种者与陕西省果树研究所的工作人员有亲戚关系，通过熟人关系的介绍和帮助，嫁接技术和优质接条被引入村庄，这对豆家堡村猕猴桃种植的技术指导和种植推广的作用是明显的。乡土专家于海林在多次的交流培训中，与西北农林科技大学的教授建立了良好的私人关系，他引进试种的三亩中华系黄金果正是西北农林科技大学教授介绍的，虽然试种失败，但熟人关系也是技术对接农户的重要途径，只不过这种对接只是小区域的技术推广形式，速度是较慢的，影响范围并不那么广泛。

（三）乡土专家、科技示范户

在标准化技术推广应用中，除了自上而下推广服务体系的建立，更重要的是技术怎样进入村庄并被小农接受，实现技术落地。乡土专家和科技示范户在技术进村和技术在农户中的扩散应用发挥了很大作用。标准化技术的推广并不是技术服务组织直接与小农对接，而是依靠示范带动效用在农户中进行扩散，这也是农村中技术推广的选择偏好，乡土专家和科技示范户这样的乡村精英正是技术推广中的技术传播者。

豆家堡村的乡土专家和科技示范户大多是开始种植猕猴桃比较早的农户，他们对技术的掌握既有自己长时间种植而摸索到的经验，也有自己主动到外面去学习所获得的知识,他们对经验和技术的掌握都是比较到位的。农民学习接受新技术遵循"看着学",只有看到实际效果,新技术才会在农户中进行扩散。乡土专家和科技示范户是乡村熟人社会的一员,他们本身学习和接受新技术的能力比普通农户要强一些,他们的主要身份还是农民,需要进行农业劳作,依靠他们的技术示范带动作用,农户更容易接受新技术,田间地头、茶余饭后的农闲时间都可以进行技术交流和学习,这种农业技术推广就是嵌入在乡土社会中的。乡土专家和科技示范户经常会参加政府或者农技服务组织的技术交流培训,他们自然成为新技术的接触者和引进者。

乡土专家在村庄熟人社会中进行技术传播也是讲求策略的,首先在关系好的熟人中进行传播,毕竟是新技术,这些人是最容易建立信任关系的,对其他农户传播技术他们不一定相信,只有别人主动请教,乡土专家才会进行技术传授,依靠这种熟人信任机制,新技术逐步向外传播。这些乡土专家和科技示范户是村庄中的技术能手和乡村精英,是技术传播的代理人,一方面他们是技术传播的代理者,同时他们本身也会对新技术进行选择,毕竟他们也是农民,也在种地,对农户的技术需求是比较了解的。一般情况下,农户会向这些技术能手主动请教,他们也会乐意指导交流,这些人一般是不会去主动进行技术传播的,即使说了其他村民也不一定相信他们的技术,他们更多的是靠自己的种植示范,让老百姓看到实实在在的效果,这样农户就会接受新的技术。乡土专家、科技示范户一般都毫无保留地对农户进行技术传播,但有时有些科技能手对自己摸索出的关键技术是有所保留的,他们担心自己摸索出来的有效的技术被全部传播开来后,自己就会丧失对这种技术垄断所可获得的利润。这种保留并不利于技术的传播,同时,这些乡土科技能手通过长期摸索钻研,掌握了比较好的技术,如治疗溃疡病的方法和猕猴桃保鲜技术,而这些技术因为无法得到产权认可,不被重视而得不到推广,一些有效技术没有转化为生产力,这也是有些乡土技术能手存在的困扰。

于海林是镇上为数不多的有名的乡土专家。1978 年集体时期,于海林就在集体的果园管理,分田到户后,1984 年他承包了原来集体的 15 亩果园。他对果树种植有特殊爱好,也十分喜爱钻研果树生长习性及种植管理技术。集体时期挣工分,主要解决温饱问题;等到分田到户承包果园后就是个人问题,有粮食吃还要有钱花,怎样种好果树有钱花是要考虑的问题。于是,于海林开始钻研果树种植。80 年代后期,于海林到渭北地区参观学习苹果种植技术,得知渭北因为海拔、土壤、气候等条件,是苹果种植的优生区,而家乡并不是苹果优生区,无法与渭北竞争,就开始考虑转种其他新品种。于海林 90 年代初就从苹果种植转为猕猴桃种植,不但自己喜好钻研,还经常到外面向专家请教学习,当初为了更好地了解猕猴桃的生长习性而专门跑到四川去实地参观学习,并多次去周至试验站向专家请教学习,学习了解之后便下定决定进行猕猴桃种植,一次性种了 5 亩猕猴桃,在当时算是种植规模比较大的。他与眉县境内的乡土专家经常一起交流相互探讨学习,但彼此的意见很多时候并不统一,与西北农林科技大学的专家也保持着良好的关系,并经常进行交流。2008 年尝试黄金果种植失败后,他深感理论和实践有着很大的距离,"三年可以学个秀才,却学不来一个庄稼汉",做农民就要不断摸索学习,种植结构调整和技术推广并不是那么容易的,老百姓换一个品种很难,太超前就容易失败,所以大多数农民跟着大众走就是最稳的,大家搞啥咱搞啥。作为土专家,于海林并不主动对农户进行技术指导,只有别人向自己问了才会讲,农村人只愿意打听谁用的肥料好,对于其中的很多知识都不去关心了解。现在基本种植技术都不成问题了,很多农民都认为自己的技术已经不存在问题,动不动都给别人讲,但其实还是需要多观察多学习。

(四) 市场主体

在豆家堡村这样的经济型果树种植的村庄,市场性的技术服务主要来自于农资店等商业销售点,这些农资店老板在销售化肥农药等农资的过程中,了解了更多的专业知识,他们会在售卖农资时向农户进行传播。农资店对接的是农资生产的专业厂商,其中有针对猕猴桃种植的具有针对性的农资产品,一些配方套餐经常是农资店的销售特色,它们的商业销售对农业技术的传播推广也有一定作用。对于怎样施肥、什么时候施什么样的肥料、农药的应用等问题,农户虽然有自己的经验积累,但是很多时候这些问题是不需要农户去花大心思的,因为农资销售系统在这些问题上对农户有重要的指导作用,有些农户也会专门去向农资店进行请教。

四 影响农户种植猕猴桃的主要因素

在豆家堡村，一个以经济型果树种植为重点的村庄，影响猕猴桃种植的因素是复杂多样的。在前文中，我们已经论及了影响猕猴桃产业结构调整的几个因素，并且也讨论了农业科技推广体系中的多元力量主体。而要了解一个村庄内部的猕猴桃种植情况，更需要从农户的角度来理解他们所考虑的问题，这就涉及村域里农户的自身因素。除却外来的力量推动猕猴桃的相关技术，农户自身的衡量抉择才是最重要的。从这个角度来说，影响农户猕猴桃种植的主要因素有以下几个方面。

（一）资本

猕猴桃种植是高投入的，每亩需要一两千元的投入，所以经济条件稍差的农户是无法承担起较大规模的种植面积的，更是无法承担猕猴桃种植中的风险，投资大成为猕猴桃种植推广中的一个重要阻碍因素。同时，猕猴桃种植之后回报周期是较长的，一般需要四五年才能见到收益，经济条件较差的农户也是很难承担得起等待成本的，大规模一次性的种植就会受到阻力。一般农户都是先用一部分土地种猕猴桃，等到有收益了再慢慢扩展，普通农户家的几亩地往往需要分几次，历时一二十年才能扩展开来，这也影响了猕猴桃种植推广的速度。在豆家堡村这样的小农经营模式下，每户并不会有太多的土地去种植猕猴桃，每户的种植规模不会太大。90 年代猕猴桃种植存在投资成本的压力，但是对于现在经济条件大为改善的农户来说，猕猴桃种植的投资还是承担得起的，一定程度上来说，资本对于猕猴桃种植的推广并不是决定性的因素。

资本投资的限制更多的是表现在冷库的建造经营上，正如豆家堡村民所说"建冷库要有钱有胆"，有胆是要敢于承担市场风险，有钱则是要有经营冷库的资本实力。建造一个 5 万斤储量的冷库需要 10 万元，再加上收购果子的资金则要几十万元，如果没有一定的经济实力是很难想象的，很多想建冷库的农户被高额的投资阻挡在了门外。例如，7 组的豆某已经把建冷库的土地留出来了，但是因经济能力有限，加上妻子的反对，蠢蠢欲动好几年都没有迈出步子。这也就说明了，经济作物的种植是市场行为，需要资本投入，而经营冷库更是在玩市场游戏，必须有更为雄厚的资本做支撑，大多数农户是被阻挡在游戏之外的。

(二) 劳动力

猕猴桃种植是劳动力密集型产业,对劳动力的需求量大,一般青壮年夫妻两个劳动力的种植限额在 5 亩左右,再多就忙活不过来了,需要雇人来进行田间管理。在豆家堡村猕猴桃种植的劳动力影响因素中,家庭劳动力结构和农村劳动力市场是两个重要方面。

豆家堡村的分家模式决定了不可能形成大的家庭结构,一般家庭中都是夫妻两个劳动力,父母跟着一起生活的儿子会得到父母的劳动力,但是父母一旦上了年纪也就帮不上忙了,而年轻的子女很少有留在村庄进行农业劳作的,子女的劳动力也是无法指望的。人均 1—2 亩,户均 6—8 亩土地,夫妻两个劳动力很难满足家里的所有土地都种上猕猴桃的劳动力需求,一般的家庭都会根据劳动力状况把家里的土地进行种植结构的分配,一部分土地种猕猴桃,另一部分土地种植李子等杂果,这样就可以错开农忙时间,也不会严重影响种地收入。对于子女进城或者长期在外的留守老人来说,劳动力就是更为重要的限制因素,两个老人所能承担的劳动强度是有限的,家里的土地根本无法全部耕种,更无法全都种上猕猴桃,必须做出合理取舍。比如,豆家堡 2 组的苏大爷 73 岁了,儿子读书出去后现在在西安工作并定居,苏大爷与老伴两人在家里,共有 4 亩土地,没法全部耕种,给大女儿 1.3 亩,给二女儿 1 亩,自己还留 1.8 亩种植猕猴桃。年老以后不种点地生活也很无聊,种点猕猴桃每天到地里除除草还可以打发时间,但年纪大了浇水施肥都不大方便,他还经常叫女儿来帮忙,其劳动能力已经大为下降,他计划再过两年就把两亩猕猴桃园都给女儿种。

从村庄的情况来看,夫妻两个劳动力可以完成家庭土地上的常规劳动任务,但是对于一些特殊劳动环节则是无法完成的,比如猕猴桃的授粉,在短短的不到一周的花期里必须尽快完成授粉任务,不然会影响到猕猴桃的产量。再比如猕猴桃采摘环节,也是比较耗费劳动力的,采摘运输都需要在短时间内完成。经济作物种植中的这些特殊环节根本无法依靠自家的劳动力来完成,必须要有外面劳动力的补充,不然仅靠自家劳动力种植规模就会受到限制,夫妻两个劳动力种植 5 亩以内算是比较合适的,就这样一些关键环节也还是劳动力不足,再多种一些根本忙不过来。豆家堡村在长期的猕猴桃种植中逐步形成了较为完善的劳动力的互助体系,以及市场化的劳动力服务体系,这些都很好地缓解了家庭劳动力不足的状况,让一部分家庭可以适当扩大种植规模,本来只能种 5 亩,现在可以把自家的 8—10 亩地都种上猕猴桃,通过互助或者市场化的方式为果农补充了劳动力。

豆家堡村经济作物种植的劳动力组成部分主要有帮工、换工和雇工三种形式,这些用工形式都是家庭劳动力的重要补充,对猕猴桃种植规模的扩大有重要作用。

(三) 土地

土地是农业生产的重要影响因素,是农民家庭的重要生产资料,也是家庭经济收入的重要来源。像豆家堡村这样种植经济作物的村庄,土地的重要性就更为凸显。豆家堡村的土地是以小组为单位进行土地人均分配的,从 80 年代分田到户开始到现在一直都保持着土地五年一调整的习惯,因此豆家堡村户均土地占有量是较为平均的。除 1 组、2 组以外,其他 6 个小组人均 1 亩多土地,户均土地 6—8 亩;1 组、2 组土地资源较多,人均可达 2 亩,户均在 8—10 亩。这种相对较为均质的土地占有状况,保证了小农生产的进行,每个农户都有足够的土地进行土地种植结构的配置。村庄中大多数农户都是少量李子和猕猴桃搭配进行种植,既可以保障家庭劳动力的时间分配,也能保障土地的经济收入。在豆家堡村的猕猴桃产业发展中,土地耕种条件和小农土地耕作状况是重要的影响因素。

土地耕作条件。豆家堡村从分田到户开始,就把村庄的土地根据耕作条件的差异分为 4 个等级,各个等级的土地质量差异较大,不但影响粮食作物的种植,同时对猕猴桃的种植也产生了影响。一、二等的土地进行猕猴桃的种植问题不大,但是三、四等的土地进行猕猴桃种植就会存在问题,不进行耕作条件的改善很难保障猕猴桃的产量,因此,三、四等土地大规模种植猕猴桃还是生产条件改善后进行的。水利灌溉不便是三、四等地的重要缺陷,关中平原夏季灌溉是农业生产的大事,一般都是打井利用地下水灌溉,随着水资源的减少,地下水位下降,井也越打越深,从原来的二三十米到现在的几十米甚至上百米,打井成本和本身的地理位置、土地质量等条件限制了差等土地的猕猴桃种植。2004 年之后,村里引进了高标准农田和土地整治两个大的农业项目,大大改善了农业生产条件。全村打了几十口机井,解决了大多数土地的灌溉难题,推进了猕猴桃的种植推广,这也是与 2004 年之后猕猴桃种植规模快速扩展的时间段相重合的。

小农经营与土地流转。小农土地占有与耕作就决定了豆家堡村猕猴桃种植是不可能有太大规模的,全村最大规模的猕猴桃种植也只有十多亩,对于少数想扩展种植规模的农户,土地占有量成为重要的限制因素。豆家堡村经济作物种植的历史是较长的,经济作物附加值较高,是农民家庭重要的经济来源,分田到户之后一直进行着辣椒和果树的种植。因此,农户对土地是特别看重的,村里四十岁以上的农户很少有常年外出打工的经历,种地是他们的老本行和重要就业方式,把自己的土地流转出去是不大可能的。由于土地是家庭经济收入的重要来源以及果农对土地的重视,豆家堡村的土地流转很少,除却一些子女进城定居或者长期在外有稳定工作的老年人,当他们的劳动能力渐渐减弱之后,才会考虑把自己的土地流转出去。不过,这类情况大多是给自家的亲戚邻居耕种,大规模种植在豆家堡村是不太具备条件的。小农经营因为对自家土地的重视而不愿流转出去土地,而以自家劳动力为主的劳动力结构决定了小农户很难把自家的所有土地都种上猕猴桃。豆家堡村多数农户选择李子或其他杂果和猕猴桃搭配种植,这对于猕猴桃的种植推广和统一管理等也带来了不利影响。比如,齐峰合作社在豆家堡村计划进行几百亩的规模种植,但是农户的流转意愿并不强,"把土地流转出去就没什么事干了",同时即便是 800 元左右的流转价格也还是会影响到农户的土地收益,流转一事还是停留在规划阶段。小农经济的种植特色,也形塑了豆家堡村乃至整个眉县农村猕猴桃种植的渐进式推广的特色。

五 小农经济中农技推广的困境

在小农经济生产中,农技推广最终目的是想使分散的小农能够接受和应用,这就存在标准化技术和小农对接的张力,是农技推广的困难所在。虽然现在建立起了较为完善的嵌入乡土社会的农技推广服务体系,但是农技推广过程中的张力依然存在,也阻碍了标准化技术的推广应用,对猕猴桃产业的良性发展造成影响。在早期的猕猴桃种植中,种植和管理技术是十分重要的,但是在猕猴桃种植推广后期,技术已经不再是主要限制因素,在长期的种植经验积累和技术学习中,基本的种植技术已经被大多数农户所掌握,农业技术被农户所经验化。技术本身是不过多考虑经济因素的,作物生长及猕猴桃产业的长远发展是技术所关心的,这往往会与农户追求的短期可见的经济利益形成张力,最终阻碍标准化技术的应用。

有机品牌的打造是对猕猴桃产业长远发展有利的,也是政府和一些农技员所提倡的,但是在实际倡导中却遇到了阻力,很难整合分散的小农进行标准化的有机种植,比如,豆家堡村乡土专家于海林就受此困扰。有机种植基地对于化肥的使用是严格限制的,但是缺少化肥必然在短期内影响猕猴桃的长势和产量,进而影响到农户短期的经济效益,因此"你说不让上化肥,他偏要上化肥"。为了保障猕猴桃的品质,曾经倡导过不要使用膨大剂,但是不用膨大剂后在猕猴桃收获时,因为果子瘦小,影响了销售,之后再倡导减少使用膨大剂,农户也鲜有理会的了。小农户是注重短期的经济效益的,赚到手里的才是钱,长远的预期对他们没有那么大的吸引力,改变农户的这种观念是十分困难的。专家在进行技术推广指导中,根据猕猴桃树的生长周期和习性,提倡的技术是要求实施单杆上架,在早期技术实施中也有农户遵照了单杆上架的技术要求,但是一个杆生病剪掉了就会影响好几年的收成,而多杆上架,一个杆出问题了其他的枝干还可以结果,对于短期的收益是有保障的,在这种对比中农户普遍根据经验采取了多杆上架。另外,按照标准技术的要求,猕猴桃的种植株距要在 4 米 ×3 米的范围,一亩也就五六十棵果树,但是现在农户普遍的种植密度都在一亩地 110 棵左右,比技术要求的密度翻了一倍,这样的种植密度是可以在短期内见到经济效益的,种植密度大的农户在猕猴桃种下几年进入收获期时,每亩地产量要比按照技术标准进行种植的农户高得多,以至于很多按照技术标准种植的农户抱怨"人家种得密的都卖到钱了,自己按照专家的种根本卖不到钱"。现在很多原来按标准种植的地里,在两株猕猴桃树中间又加种了一株树苗,技术标准和经验的冲突影响了农户的种植行为。

再比如,标准化技术追求的是遵循果树的生长习性以达到长远利益,按照标准技术进行栽培管理,猕猴桃树一般可以达到 30 年的生长期,而农户根据经验达到了短期即可见到经济效益的目的,大大缩短了猕猴桃的回报周期,本来 30 年生长期的果树,十多年就已经老化。但是农户不管这些,今年能收两万干吗还要等着今年一万明年再收一万?追求短期经济效益形成了种植经验和标准化技术之间巨大的张力,这使得技术推广走了型,难以持续下去。标准化技术的推广和农户种植经验的张力以及和农户短期经济效益的张力,使得技术推广受阻,很多农户抱怨按照专家的做法还没有自己种得好,专家成了"只会纸上谈兵"的人,专家进行的技术推广失去了早期的神秘性,不再被农户所崇拜和严格遵循,每个农户都觉得自己是专家了,正如于海林所说的"农民各个都觉得自己是专家了,懂不懂都给人讲,其实好多知识都不懂"。技术推广的投入和产出失调,致使农技推广陷入内卷化的困境。

标准化技术的推广和农户短期的经济效益和种植经验存在一定的张力,这种标准化技术一般都是常规性的种植技术,虽然和农户的种植经验积累有一定的差异,但是按照农户的种植经验本身进行种植管理也不会产生大的问题,技术被农户经验化了,这种标准化的技术就失去了神秘性。但是对于一些疑难杂症的解决,标准化的专业技术也是难以从根本上解决问题的,比如溃疡病这种猕猴桃的癌症,现在的技术就很难解决,这也让高高在上的技术在农户中失去了权威,变得不再那么神秘。有问题解决不了,推行的一些技术还影响短期收益,农户对技术推广的兴趣越来越淡,这明显表现在农户对于技术培训的态度上,现在豆家堡村进行技术培训已经很难再吸引那么多人了,技术和专家的权威性大大下降了。

分散的小农对技术的需求和猕猴桃种植的预期是不同的,这也会影响到技术的推广。虽然猕猴桃的种植都是小农户,但是农户之间的差异是很大的,中年劳动力和老年种植农户之间对技术和猕猴桃产出的预期就有巨大反差,也会影响到他们对技术的接纳。中年人上有老下有小,视猕猴桃收入为家庭的重要收入来源,一般对猕猴桃种植业比较上心,掌握的技术就会比年纪大的人多一些,管理得也好一些。没有家庭负担的老年人,种上两亩桃树算是自己的养老营生,身体条件允许了就多投入些精力,身体条件不允许就少管理一些,自然对一些新技术也并不那么关心,挣一点收入也就可以了。小农虽然有很多共同的特征,但也并不是均质化的,农户之间的异质性很强,在标准化的技术推广面对分散化异质化的小农时,遇到阻力就是必然的。在豆家堡村有机品牌打造的理想中,整合分散的小农就变成几乎不可能的事情,统一的标准技术的应用很难实现,就连基本的打药施肥都很难统一。农户之间的异质性还体现在不同农户对技术掌握的差异性,一些农户掌握有关键技术,"怕人富,笑人贫"的心态就会让他们把这些关键技术当作秘密,从而阻碍技术的传播。比如风池村一农户探索了一种打上一种杀菌剂就可以延迟猕猴桃采摘40天的技术,这里面就蕴含着巨大的经济空间,因此这项技术被视为秘密,不愿向外人透露,阻碍了技术创新和推广。

第三节　豆家堡村猕猴桃产业对村庄的影响

豆家堡村农业产业结构调整是多种因素共同作用的结果,作为典型的小农经济模式,豆家堡村农业产业结构的调整是嵌入在村庄社会中的,同时也是和农民家庭相契合的。豆家堡村种植结构的调整经历了漫长的过程,从分田到户的80年代初就一直缓慢进行着,农户的自主自发性得到了充分的发挥,这种缓慢的产业结构调整对农村社会结构和家庭结构并没有太剧烈的冲击,而是在村庄社会结构和家庭结构中进行的,是相互形塑的有机过程。

一　对农村劳动力就业结构的影响

农业作为农村劳动力就业的重要形式,劳动力的安排对农民的生产生活产生着重要的影响,农业产业结构的调整对豆家堡村劳动力就业结构影响深远,形塑了农民家庭劳动力配置结构,同时对村庄劳动力就业结构也影响巨大。

首先是家庭中劳动力的配置。分田到户后豆家堡村农户便在自家的土地上延续着集体时期的辣椒和苹果的种植,经济作物的种植是比较耗费劳动力的,因此八九十年代外出打工的农户并不多,大多数农户留在家里从事经济作物的种植,农闲时间则在附近打些零工。2000年之后,虽说打工市场更加开放了,但是猕猴桃种植也在村庄全面推广开来,猕猴桃这样的经济型果树是更为耗费劳动力的,两个壮年劳动力也只能比较好地管理五亩左右的果园,一旦猕猴桃挂果农闲时间也就少了,从事猕猴桃种植基本不会有长期外出打工的时间。因此，村庄里 40 岁以上种植猕猴桃的农户，基本没有长期在外打工的经历，顶多在附近的零工市场打些散工，作为农闲的补充。豆家堡村 3 组的马大叔是村里比较典型的能平衡打工和农业种植的例子：马大叔今年 57 岁，两个儿子还都没有结婚，小儿子在海南上大学，大儿子常年在西安打工。夫妻两个种了八亩猕猴桃，2001 年种了 1.6 亩，2011 年又把家里其他 6 亩多地全种上了猕猴桃。之前种植猕猴桃数量不多，自己还可以经常在外面打工，自己有个小货车也可以跑跑运输，家里的土地老伴一个人就可以管理，这期间一年可以有半年的打工时间，靠打工挣个两万多元，再加上土地上的收入，日子还算过得去。但是 2015 年猕猴桃开始挂果了，卖了 8000 元，2016 年开始果子产量会逐年增加，没挂果前自己没有在管理上费过心思，但是挂果了就需要好好管理了。2016 年马大叔外出打工就少了，全年打工只有 1 万元的收入，但是地里的收入却多了，估计有三四万元。2017 年还会更多，只是打工就没那么多时间了。猕猴桃的管理一年没有多少空闲时间，冬季需要剪枝、上肥、绑枝，紧接着就要除草浇水，发芽开花时就要对花、打药、掐尖等，挂果期间的打药、施肥、除草、浇水等活计不会间断，持续到卖掉猕猴桃就又接上下一轮的农活了，期间的关键环节还需要雇请劳动力来帮忙，也只能抽零散的空闲时间在附近打打零工、跑跑运输。像马大叔这样的能做到打工和种地的平衡安排是豆家堡村多数家庭的常态，农民的生活生产主要还是围着猕猴桃种植在转，打工是经济作物种植的补充。

从事农业生产的是农村的中老年劳动力，中年人在农闲时可以到零工市场上打打工，而老年人的农闲要么是在村庄做雇工，要么就闲着等着后面的农活，这是从事农业生产的农户的就业结构。而 35 岁以下的年轻人如马大叔的大儿子就很少有留在村庄的，他们多是到城里长期打工或者定居，在家庭中代际劳动力的配置上，基本是年轻的子女到城里务工，而中老年的父母在家里从事农业生产。年轻人除了对城市生活有预期外，家里的小农生产对他们的吸引力也并不那么强，"饿不着也富不了"的小农经济并不是年轻人所甘愿留守的，他们年轻时努力进城，但是人到中年还无法体面立足城市的话，重新回到农村也是他们必须做出的选择，同时，他们的父母也年纪大了，家庭劳动力需要完成接力。

其次是农业种植结构调整对村庄劳动力就业结构的影响。猕猴桃大规模种植前,豆家堡村中年剩余劳动力大多是利用农闲到附近用工市场上去打零工,因此村里的各类匠人还是比较多的,而妇女和老年剩余劳动力则只有闲在家里,等着下一次的农忙。猕猴桃规模种植后,豆家堡村逐步形成了市场化的用工市场,对于种植规模稍大的农户,日常性的田间管理也是需要雇请劳动力的,而这恰恰为农村剩余的妇女和老年劳动力提供了不错的就业机会,每个劳动日几十元的收入对他们来说是有吸引力的,既可以照料自家的土地,又可以充分利用闲散的时间补充种植规模有限方面的经济收益。农业产业结构的调整,对于激活农村剩余劳动力市场,活跃农村经济起到很大的作用,不管土地多少、猕猴桃种植规模大小,每个家庭都在平衡着种地与打工方面的劳动力安排,能充分利用农闲时间,日子都还过得去。

二 对农民家庭经济状况和消费的影响

猕猴桃产业是经济附加值较高的,一亩地有几千元甚至上万元的经济收入,这对于小农家庭经济条件的改善来说是重要的。2004 年之后,豆家堡村猕猴桃种植的快速扩展也是得益于农户看到别人家卖到钱了,"别人先种猕猴桃的把房子建起来了,大家就跟着种"。同时产业结构调整后,活跃了村庄的用工市场,原来农闲只有壮年男性劳动力投入到零工市场挣取家庭经济收入,而现在农村剩余的妇女和老年劳动力也得以在村庄的雇工市场中发挥价值,这对于家庭经济条件的改善是有益的补充,加上几亩猕猴桃收入,即便是老年人,只要身体条件还可以,日子也能过得比较红火。

农民家庭经济条件的改善突出体现在建房、买房和房屋装修方面。豆家堡村有两次明显的建房潮,一次是 90 年代以砖木结构的房子替代六七十年代留下来的土木结构的房子,另一次是 2000 年之后为改善住房条件而建起的楼房。90 年代的建房并不简单的是为了追求住房质量的改善,集体时期建造的土木结构的房屋到 90 年代已经难以继续居住,不得不进行房屋的更新换代,这时大多数农户建造新房还是要向亲戚朋友借一部分钱的。2000 年之后持续近十年的建房潮,明显是与产业结构调整后经济收入增加所相关的,大多数农户外出打工时间并没有增加,但是土地上的产值明显是增多了，具有十来年历史的砖木结构的房子已经难以满足居住舒适度的需求了，很多经济条件率先改善的农户建起了楼房或者改造了原有的住房，也开始了村庄里新一波的建房潮。最近的这次建房潮更多的是农民经济条件改善后的主动选择，手里有余钱了也就有了建房的想法，这次建房潮中借钱建房的农户就很少了，手里有钱才去建房。2010年之后，猕猴桃种植全面推广，进一步增加了农民家庭在土地上的收入，本身并不注重住房享受的关中农民的消费观念开始慢慢变化了，村庄里一部分农户开始讲究起住房的装修质量，很多农户会花上几万元进行房屋装修，而这并不是为了儿子结婚，只是为了自己居住得舒适，毕竟装修房子的花费也就是土地上一年的收入而已，而自己却能享受几十年。

豆家堡村农业产业结构调整增加了农民的经济收入，村庄人均收入从2000年初期的2000多元增加到现在的14300元。在快速的收入增长中，农业产业结构调整带来的土地产出增加做出了巨大贡献。家庭经济收入的增加逐步形塑了农民的消费观念，买房、买车、房屋装修等新潮流也逐渐在豆家堡村兴起，甚至婚姻彩礼这两年也快速增加，有人认为，彩礼作为养女儿的辛苦钱，嫁个女儿彩礼给个十万元也是可以开口要的，"给得太少还不如自己猕猴桃地里一年的收入多"。这些行为方式的兴起是以经济条件为基础的。

三　对农村社会结构和乡村治理的影响

经济作物的种植对村庄的社会结构会产生一定的影响，首先表现在经济分层结构上。猕猴桃的种植固然有较高的附加值，但是由于村庄中土地按人均分配，并且一直延续着土地五年一次的调整，每个农户的土地规模并不会有太大的差异。另外，由于土地附加值高，农户一般都不愿意进行土地流转，大规模经营难以进行，因此豆家堡村基本都是小农家庭的猕猴桃种植模式。上述两个方面决定了村庄中每个农户的猕猴桃种植面积相差都不会太大，由此引起的收入差距也不会太大。

上面我们还分析了小农家庭在种地与打工之间做出的平衡逻辑，土地种植面积不太多，也可以有更多的时间用于打工，这样家庭收入也不会与种植土地多而打工时间少的农户存在大的差距。经济作物的种植本身会产生经济收入的差异,但是土地按人均分配以及延续着的土地调整,保障了农户土地种植规模的均质化,加上小农家庭的灵活的劳动力配置,这些都在一定程度上抑制了由经济作物种植而可能引发的经济分化。不过,猕猴桃等经济作物的种植业也带动了相关产业的发展,种植上农户间收入差异并不容易显现,而在这些相关行业上的收入差距却是很大的。这尤其表现在农村经纪人、冷库主等和普通果农的区别上。农村经纪人是随着猕猴桃种植的推广而增多的职业,这些经纪人如果善于钻营,每年的收入甚至比猕猴桃种植本身还高,豆家堡村经营最好的经纪人一年可以有几十万元的收入,自然迈入村庄的上层。冷库的经营是存在风险的,风险大投资高当然收益也高,也决定了冷库经营的门槛是很高的,豆家堡村七八十个冷库的经营者也只是村庄的少数,大多数农户是没有这个经济实力也无法进入这个行业谋取可能更高的收益。冷库的经营者如果不遇到大的风险,收益也是不菲的,他们算是村庄的上层。

由产业结构调整而带来农户间的就业层次的不同,引发了一定的经济分化和社会分层,村庄中的上层,年收入可以在 10 万元以上,这部分群体占 10%—15%。而大多数以种地为主的农户收入差距并不大,年收入在 5—10 万元,他们是村庄中的绝对多数,占 50% 左右。而年收入 3 万元以下的农户占 20% 以下,主要是家庭劳动力结构不完整或者家庭其他方面负担较重的农户。产业结构的调整还是带来了一定的社会分化的产生,但是并没有形成明显的阶层或者社会排斥,以农业为生的农户还延续着纯朴的性情。

豆家堡村农业产业结构调整对村庄的年龄群体结构影响也是明显的。不同于大多数中西部农村外出打工而形成的空心村状况,豆家堡村绝大多数青壮年劳动力都是在村的,尤其是村庄中四五十岁的一代农民,这对保持村庄活力作用很大。猕猴桃等经济作物的种植带来土地产出的增加,能够留得住农村的壮年劳动力,“在家种地和外出打工的收入差不多甚至还要好一些”,留在村里务农自然成为农户们的选择。

中年群体留在村庄充当村庄治理的主体,对村庄秩序的维持和村庄发展作用是巨大的,他们一般具有较好的经济基础,个体能力也很强,在村庄内部和村庄外的社会关系都较好,尤其是在村庄发展更多依靠外部资源注入的时期,这些中年人依靠在外部经营的良好社会关系网为村庄争取更多的项目资源，促进村庄的发展。这些壮年劳动力一般都是从事猕猴桃种植的农户，他们本身对土地较为看重，对改善土地种植条件有强烈的需求。他们为了改善生产条件，不断向外部争取资源，同时也动员村庄本身的资源，几年间修建硬化了豆家堡村大部分的道路，引进项目打了几十口机井，从根本上解决了农业生产的灌溉难题，几年间豆家堡村便发展成为远近闻名的明星村。豆家堡村近几年的快速发展，与这些村庄中的壮年劳动力的贡献是紧密相关的，项目引进和项目实施中，最为活跃的就是这一年龄群体的人。